Lágrimas de Compaixão

E a Revolução Silenciosa Continua!

Lágrimas de Compaixão

E a Revolução Silenciosa Continua!

Pierre Weil

EDITORA PENSAMENTO
São Paulo

Copyright © 1999 Pierre Weil.

Todos os direitos reservados. Nenhuma parte deste livro pode ser reproduzida ou usada de qualquer forma ou por qualquer meio, eletrônico ou mecânico, inclusive fotocópias, gravações ou sistema de armazenamento em banco de dados, sem permissão por escrito, exceto nos casos de trechos curtos citados em resenhas críticas ou artigos de revistas.

Edição	O primeiro número à esquerda indica a edição, ou reedição, desta obra. A primeira dezena à direita indica o ano em que esta edição, ou reedição, foi publicada.	Ano
2-3-4-5-6-7-8-9-10-11		01-02-03-04-05-06-07

Direitos reservados
EDITORA PENSAMENTO-CULTRIX LTDA.
Rua Dr. Mário Vicente, 368 – 04270-000 – São Paulo, SP
Fone: 272-1399 – Fax: 272-4770
E-mail: pensamento@cultrix.com.br
http://www.pensamento-cultrix.com.br

Impresso em nossas oficinas gráficas.

A origem de toda alegria neste mundo
é a procura da felicidade alheia.
A origem de todo sofrimento neste mundo
é a procura da minha própria felicidade.

Shantideva

O que me faz mais feliz? Ser útil aos outros.
A coisa mais bela de todas? O Amor.

Madre Teresa de Calcutá

Agradecimentos

Este livro é inteiramente dedicado à Pemala Wangyal Rimpoché, cujo exemplo me inspira a todo momento.
Minha gratidão pela ajuda que recebi:
Do professor Rubens Eurípedes de Oliveira, pela sua orientação sobre informática e revisão do livro.
De Chagdu Rimpoché, que me orientou sobre a tradição tibetana da Lágrima da Compaixão.
Aos inúmeros amigos e amigas, cujo convívio me propiciou as vivências que foram fontes de aprendizagem para mim.
Aos poucos que me frustraram e, com isso, permitiram que eu detectasse as minhas limitações.
A todos os que ajudaram na obra da Unipaz, cujos nomes figuram no final do livro.
E minha gratidão especial a Manou e a Vivianne, minhas filhas queridas, que aceitaram uma longa separação, permitindo que eu fizesse o meu retiro de três anos.

Sumário

INTRODUÇÃO: *E a Revolução Silenciosa Continua!*...... 15

I ANSEIO PELA PAZ E PELA PLENA CONSCIÊNCIA...... 19

Abertura para o que der e vier 19
Planejando o futuro 24
Vivendo várias vidas numa só 27
Sinais precursores do fim de uma era da minha existência 29
Compasso de espera 30
Vida amorosa e sublimação 31
A prática tântrica ou a ioga do amor 32
A minha experiência tântrica 35
Qualidade da meditação e sincronicidades 40

II CONVITE PARA UMA GRANDE VIRADA 43

Uma carta inesperada 43
Dúvidas atrozes 44
O outro lado da balança 46
Sinais do alto 49
Fechamento de um ciclo 51
Uma mudança consciente 52

III SALA DE ESPERA 54

A chegada 54
Ambiente de aprendizagem contínua 56
Lavando pratos 58
Fantasias do dentro e do fora 60
Um balanço final 61
Ensinamentos preliminares 63
Um aniversário diferente 69
Uma história de rabino 69

IV ENFIM, DENTRO! 72

Tomada de refúgio 72
De cabeça raspada 74
O ritmo cotidiano 75
Onde está o dentro? 76
As práticas meditativas 77

V A PRÁTICA DA TRANSFORMAÇÃO 80

Descobrindo a minha raiva 80
Mergulho no meu orgulho 83
A volta das cabeças cortadas 86
A ioga do sonho 88
Uma avaliação da transformação 89
A continuidade da consciência 90
Caminhando pela floresta 92
Sonho e vigília 94
Um mundo ilusório 97
A descoberta da impermanência 99

VI ABERTURA DO CORAÇÃO 101

A prática da compaixão 101
A lágrima do Buda 102
A lenda de Chenrezi 103
A mensagem de Pemala 104
Um poema sobre as minhas próprias lágrimas 105
Aumento da criatividade 106

VII NO AUGE DA CRIATIVIDADE 111

Explosão de beleza e simplicidade 111
Reflexões e *insights* 112
Sonhamos no cotidiano? 113
Conexões espontâneas 115
Um sonho lúcido: Amante da sabedoria 116
Estados de graça 117
Por que me levanto de manhã? 118

VIII DESFAZENDO AS MALHAS DO TRICÔ 121

O descondicionamento 121
Estratagemas de resistência do ego 123
A equanimidade como desencadeadora do processo
    ou imparcialidade 124
Descoberta da semelhança entre meditação,
    sonho e estado de vigília 127
A morte da morte 131
A clara luz 132

IX DE DENTRO PARA FORA 134

Preparando a partida 134
Serei um novo bodhisattva? 136
Arrumando as malas 137

Nascendo a precognição 138
A festa de despedida 139
Valeu a pena? 141

X PÉ NA ESTRADA 146

Um encontro marcante 146
Decisões importantes sobre o futuro da universidade holística 148
Retomando contatos com o meu mundo 149
Encontro com Jean Yves Leloup 149
Decisões e trabalho a três... 151
Fenômenos estranhos durante o seminário................................ 152
A nova marselhesa como hino ao planeta.................................. 153
Reuniões periódicas do "trio" 156

XI A CONCRETIZAÇÃO DE UM VELHO SONHO 158

Convite de um governador 159
Uma decisão de longo alcance... 161
O preparo de um evento significativo e histórico....................... 162
A realização de um evento histórico.. 162
Um encontro inusitado em Paris 164
A segunda medalha da minha vida 166
Concretização de um sonho 166
Arriscando a vida... 167
Descoberta de um espaço predestinado 168
O sonho-visão de Dom Bosco 169
A instalação da universidade 170
Uma visita inesperada: a alma do general... 171
Celebrações inaugurais 172
A transformação simbólica do lugar 172
Um novo sistema educacional para a paz 174
Pesquisa sobre transcomunicação... 177
Consertando os estragos do ser humano 178
A comunicação da paz 179

Uma semente que brotou 180
Uma experiência comunitária 181
Implantando uma nova transdisciplinaridade 182
Expandindo-nos para o mundo... 183

XII Descoberta de um elo entre espírito e matéria 184

Meu encontro com Amyr Amiden 184
As primeiras manifestações na Unipaz 185
Aparições de inscrições e hóstias 187
Materialização na ausência de Amyr 187
Onde se manifesta um modelo holístico 188
Pensando em São Francisco 189
Um livro significativo 190
Encontro de Amyr com alguns amigos 191
Abençoando o sino da paz 192
Volta inesperada da lágrima da compaixão 193
Quem é Amyr? 194
Em contato com seres de luz 195
Aporte de Amyr e de outros sensitivos para a ciência 196
A passagem da minha secretária 196
Contatos com outros sensitivos 199
Amyr e o *big-bang* 199

XIII Como eu soube que estava ficando velho... 202

Festejando os meus 75 anos 202
O primeiro aviso 203
Amigos e conhecidos 204
Um preconceito pernicioso 205
Estado de conservação 206
Ritual de iniciação num aeroporto 206
Gesto magnânimo num banheiro 208
Eu ainda quero... 208
Homenagens e prêmios 209

O golpe de misericórdia 210
Continuar praticando 210
A minha vida sexual... 211
Nada mesmo? 211
Questões essenciais da vida... 212

XIV E AGORA, JOSÉ? 213

Lembrar-se do essencial! 214
Cidadão do mundo 215
Espiritualidade transreligiosa 216
Homenagem a Muktananda 219

XV DEUS MORREU!... VIVA DEUS!... QUE DEUS? 220

Por que evito usar a palavra "Deus" 220
Meu Deus!... quem é você? 222
A descoberta da "outra dimensão" 224
A morte da morte 225
Estados de consciência e realidade 228
O que é ser iluminado? 230
Fim da normose de separatividade 230
Deus como Luz? 231

CONCLUSÃO: IR ALÉM 233

OBRAS DO AUTOR 238

POSFÁCIO 241

Anexo — Colaboradores da Unipaz 242

Introdução

E a Revolução Silenciosa Continua!...

> *Um ser humano faz parte de um todo que chamamos de "universo"; ele permanece limitado no tempo e no espaço. Ele faz a experiência do seu ser, dos seus pensamentos e de suas sensações como estando separados do resto — uma espécie de ilusão de óptica da sua consciência. Essa ilusão é para nós uma prisão, limitando-nos aos nossos desejos pessoais e a uma afeição reservada aos nossos próximos. Nossa tarefa é nos libertar dessa prisão alargando o círculo da nossa compaixão a fim de que abrace a todos os seres humanos e a natureza inteira no seu esplendor.*
>
> Albert Einstein

Escrever as próprias memórias já é por si só uma tarefa estranha, pois nunca se sabe se agimos certo, sobretudo no que se refere à oportunidade do tempo. A razão essencial disso é que não sabemos como e quando é o momento de começar e também de acabar!...; pois ignoramos o momento da nossa morte. Assim sendo, ignoramos também quando é o momento propício para continuar um livro já publicado há mais de quinze anos. É o caso do meu livro intitulado *A revolução silenciosa*, que descreve a minha existência desde o nascimento até o ano de 1980. Por que não esperar mais uns anos? Terei mais para contar.... Mas e se eu morrer antes? Terei perdido a oportunidade de satisfazer a curiosidade dos inúmeros leitores e amigos que leram o primeiro livro. Além disso, terei deixado de mandar mensagens que se revelam importantes para dar maior sentido à existência deles, quando não de ajudá-los a descobrir esse sentido.

Foram essas reflexões que me levaram a escrever o livro *A revolução silenciosa*. Tal como o faço agora, preferi decidir escrevê-lo logo, a me expor ao risco de morrer e de não escrever mais nada. Se depois de terminá-lo passarem alguns anos, sempre terei a oportunidade de continuar. Foi o que eu fiz e faço agora, como já disse há pouco. Fica mesmo difícil explicitar esse dilema para mim mesmo!

Eis um resumo dessa primeira parte da minha história, tal como a relato em *A revolução silenciosa*. Nesse livro, eu conto como nasci numa família de três religiões em conflito entre elas, numa região fronteiriça de dois países, a França e a Alemanha, periodicamente em guerra, a Alsácia, mistura de duas culturas com duas línguas usadas nas conversas entre os meus pais.

Com 8 anos de idade eu brincava com os meus primos de criar a Associação Católica dos Judeus Protestantes a favor do Maometanismo Budista. Era minha maneira engraçada de reagir às tensões geradas pelos desentendimentos religiosos da minha família.

Essa situação ímpar me levou a um agnosticismo e a uma descrença reforçada, em que se aprende, sobretudo, a duvidar de tudo. Após ter me tornado um pesquisador materialista, com a atenção voltada para os chamados fatos objetivos nos meus estudos de pedagogia e de psicologia, a descrença em qualquer assunto espiritual aumentou ainda mais.

Isso fez com que me tornasse um *bon vivant* materialista, realizando na prática o que os meus pais me ensinaram: ser famoso, um "doutor" e ganhar bastante dinheiro.

O livro mostra, então, as conseqüências desse comportamento: tornei-me um escritor, um educador e um psicólogo de sucesso, e famoso, ganhando bem mais do que o necessário para o meu sustento.

Paradoxalmente, entrei numa profunda crise existencial, conseqüência de TER tudo, e mais do que eu queria, e de não ter encontrado a felicidade que deveria ser o resultado da aplicação dos princípios ensinados e transmitidos pelos meus pais. Mais ainda: estava muito infeliz. Essa situação me levou a ter um câncer que foi devidamente tratado, mas me deixou com a dúvida se eu iria sobreviver. Mostro então como eu descobri o valor da minha crise existencial: comecei a me fazer as perguntas essenciais em relação à minha existência, isto é, ao verdadeiro sentido da vida e do que existe depois da morte, já que eu não sabia se ia sobreviver ou não. Descobri aos poucos que eu tinha conjugado o verbo ter em todas as suas formas, mas que não tinha aprendido a SER.

O livro conta, então, como encontrei a saída da crise, bem como respostas para a paz. É o que eu vou a relatar neste volume...

Com o recuo dos quinze anos que me separam da época da publicação de *A revolução silenciosa*, fica bastante claro para mim que, sem essa minha crise existencial e o sofrimento que ela representou, bem como o amadurecimento que a existência me ofereceu, minhas perguntas essenciais nem teriam sido formuladas. Submeti-me a uma longa psicanálise e, conjuntamente com a prática da ioga, descobri a minha vocação de humanista aliada a um verdadeiro chamado místico, que se revelou à medida que a ioga me fez descobrir capacidades ditas paranormais em mim e nos outros, bem como a existência de outros estados de consciência, mais particularmente o estado transpessoal. Progressivamente, despertei de um estado de ignorância. A existência revelou-me o seu verdadeiro sentido e mudou totalmente de rumo: encontrei o caminho que leva à paz e à serenidade por meio da descoberta da verdadeira natureza do espírito.

A descrença e a dúvida transformaram-se numa certeza inabalável. Não precisei mais de crença. Pude afirmar: *"Eu sei!"*

Cheguei também à conclusão de que não foi por acaso que nasci nessa família contraditória e num lugar de lutas de fronteiras e também ter sido guerrilheiro da Cruz Vermelha para não matar ninguém. Eu fui preparado para ser o que me tornei aos poucos: um educador. Jamais teria condições de continuar a minha caminhada nem de contar em novo livro o que aconteceu. Quando falo com gratidão da existência, nela estão incluídos em prioridade todos os mestres e amigos que contribuíram para essa descoberta.

Vou escrever o livro movido por várias razões. Em primeiro lugar, porque é difícil resistir ao ímpeto de passar para as outras pessoas descobertas essenciais. A situação é mais ou menos idêntica a de um filme que o entusiasmou de maneira especial. Você então corre para os amigos a fim de sugerir-lhes que o assistam.

Em segundo lugar, porque a experiência me mostrou que A *revolução silenciosa* teve efeitos benéficos para inúmeros leitores que, ao se identificarem comigo, reconheceram neles mesmos o potencial para saírem da sua própria situação de desespero e de encontrar o seu caminho. Outros se sentiram menos sozinhos e isolados ao descobrir que tiveram experiências semelhantes às minhas.

Houve, e ainda há, verdadeira chuva de expressões de profunda e sincera gratidão. E são inúmeros também os que me afirmam até hoje: "Este livro mudou completamente a minha existência!"

Em terceiro lugar, enfim, muitos leitores querem saber o que aconteceu durante esses quinze anos. O desejo deles se torna um dever para mim.

Este livro não é nada mais do que a continuação natural do primeiro, pois só existe um fluxo da vida e da consciência.

Tenho, porém, maior facilidade em redigi-lo, pois aproveitei a experiência adquirida: durante esses quinze anos; tomei nota dos fatos essenciais num diário íntimo, o que inexistia quando escrevi *A revolução silenciosa*. Naquela época, tive de recorrer quase que exclusivamente à memória.

Muitos eventos ocorreram, tanto no plano da minha vida interior como no plano exterior, alguns dos quais nunca pensei que fosse possível me acontecer, mais particularmente o de fazer um retiro de três anos com mestres tibetanos e, posteriormente, assumir a direção de uma Fundação e de uma Universidade para a Paz.

Por que e como isso aconteceu é o que vou começar a relatar a seguir.

Alguns podem perguntar se me sinto a mesma pessoa hoje, depois de tudo o que vivi. Sem dúvida vivencio uma continuidade da consciência; da mesma consciência, e que ela assiste e acompanha o desenrolar da minha caminhada. Neste momento, só posso afirmar uma coisa: "A revolução silenciosa" não terminou. Ela continua num certo ritmo mais acelerado, embora eu sinta a caminhada como sendo bastante lenta.

Para terminar, só me resta emitir um voto: que você possa usufruir desta obra, tal como aconteceu com os leitores do volume anterior, para o seu benefício próprio e para o de todos os seres que encontrar no seu caminho.

I

Anseio pela Paz e pela Plena Consciência

Senhor!
Faça de mim um instrumento da sua paz!

Francisco de Assis

Abertura para o que der e vier

Estamos no fim de 1980. A crise mundial está no seu auge com a permanente ameaça nuclear vinda da crescente tensão entre os dois blocos, o capitalista e o soviético. Muita gente morre ao tentar pular o Muro de Berlim e se refugiar na parte ocidental da cidade.

O meu anseio pela paz mundial está no máximo. Eu gostaria de fazer algo de concreto. Escrevi ao meu primo e amigo, André Chouraqui, de Jerusalém, que na qualidade de vice-prefeito de Jerusalém e amigo pessoal do rei do Marrocos lançou as bases dos acordos de paz entre Israel e o Egito por meio dos acordos de Camp Davis.

Atendendo ao meu apelo para empreendermos algo em conjunto, eis o que ele me escreve, com carta datada de 1º de dezembro:

> É claro para mim que, tal como você, eu penso em uma possível ação, de envergadura internacional, a fim de tentar reagir contra as tendências suicidas do nosso tempo, mas não sei como nem com quem empreendê-la para que ela tenha, de saída, algumas chances de credibilidade. Talvez os tempos

ainda não tenham chegado. Quando chegarem, eles ditarão por si mesmos a forma de agir.

Esse trecho de carta deve traduzir o sentimento de impotência de muitos líderes e formadores de opinião da época. Sei que traduz o meu próprio sentimento.
Mas não me dei por vencido. Em 9 de agosto de 1981, escrevi uma nova carta a André. Nela, eu falo que acabei de escrever *A revolução silenciosa* e que me sentia disponível para alguma ação conjunta em defesa da paz. Eis um texto da minha carta:

> O que podemos fazer para salvar a humanidade da sua própria destruição? Durante muito tempo, usando o meu velho bom senso de alsaciano, eu tinha resolvido fazer o que está ao meu alcance por meio da minha profissão de terapeuta (nome de origem judaica), reconciliando casais desunidos ou desenvolvendo a consciência do grande *Self*, deste EHEIEH, (O QUE É) que dorme em cada um de nós. Isso eu continuo a fazer.
>
> Mas eu acredito que podemos tentar ir além, atingindo e tendo acesso às pessoas-chave que constituem as variáveis da provável grande explosão.

Depois de mostrar que mesmo Israel só poderá se salvar dentro de uma expansão das Nações Unidas, abrindo suas próprias fronteiras junto com todas as nações do mundo, reitero o meu apelo para ele se juntar a mim, dentro do espírito do que redigi em Genebra, num congresso de psicologia humanista.

Jerusalém é o principal explosivo do mundo. Mais uma vez, Israel poderia fomentar a paz por meio de André Chouraqui, um dos raros líderes que tem acesso e livre transito aos três povos em conflito, cristãos, muçulmanos e judeus.

Só um grupo de pessoas bastante conhecidas e respeitadas poderia ter poder moral suficiente para agir sobre governos e forças militares. O lugar de Jean-Paul Sartre como líder mundial da paz está vazio. A política tradicional está bastante desprestigiada e, de outro lado, as pessoas começam a cansar de textos de protesto, logo engavetados e esquecidos. É preciso uma ação direta, tanto nos campos capitalista e socialista, que visem canalizar as formas destrutivas em formas construtivas de energia.

Cito, então, os esforços do escritor Roger Garaudy, que eu tinha encontrado em Genebra, no sentido de aproximar os campos opostos das ideologias comunista (ele foi secretário-geral do Partido Comunista da França) e espiritualista (ele teve uma revelação divina).

Eu, então, falo da minha situação econômica atual que me permitiria ficar mais ou menos à toa, desfrutando a existência como um *bon vivant*. Eu não consigo fazer isso. Pelo contrário, uma força maior do que eu impele-me a agir em proveito da paz e da plena consciência.

Uma voz interior me diz que há outras coisas a fazer. Talvez seja um engano. Mas eu também estou bastante consciente de que forças superiores ocultas estão agindo por detrás dos eventos e que tudo que está acontecendo talvez não seja tão negativo como parece à primeira vista. No fundo, somos canais de mensagens e de ações do Tetragrama nesta Terra e transformadores de energias densas em formas mais sutis, mais sagradas. Talvez devêssemos nos contentar com essa ação mais limitada à esfera de cada um, tal como eu falava no início desta carta.

Tenho absoluta certeza de que você não vai me classificar como ingênuo, por eu ter-lhe expressado todas essas preocupações, e sei que elas também são suas. Vocês dois vivem na fronteira do conflito do petróleo. Eu, aqui, vivo na fronteira da miséria do sul do mundo. Somos seres conscientes e, como tal, mais responsáveis.

Insisto, então, no convite a André, e termino a carta anunciando a minha eventual visita a Jerusalém, com essas finalidades.

A resposta de André foi imediata. No dia 24 de agosto, ele declara que, embora ele mesmo faça parte integrante de congressos, como o que acabara de assistir em Nova Delhi sobre religião e paz, também acha que essas declarações têm valor mobilizador de testemunha, mas que a salvação não virá das *"vacas sagradas"*, e sim de uma mobilização popular do mundo inteiro e, mais particularmente, dos jovens. Essa é uma sugestão do seu próprio filho, Emmanuel, que propõe o fomento de uma greve mundial a favor da paz e do fim do estado de coisas em que estamos.

Fiquei pensando sobre o que responder até o mês de outubro. Eu não podia me associar a um movimento de greve geral na hipótese de que isso fosse possível. Isso não seria uma repetição de velhos chavões? Greve para mim é responder à agressão pela agressão. Mesmo sendo branda e não violenta, ela poderia alimentar ainda mais os fabricantes de armas com reações sangrentas e violentas, sobretudo nos países em que imperam ditaduras que se sustentam pela repressão violenta.

Resolvi, numa carta de 6 de Outubro, expressar esses sentimentos.

Aliás, foi nessa época que redigi um poema sobre a juventude ante todos esses desafios. Ele mostra o quanto eu estava em sintonia com André Chouraqui a esse respeito. Imaginei que poderia ser uma declaração dos jovens da Terra. Eu o inclui no meu livro *Sementes para uma nova era*. Reproduzo-o a seguir, pois talvez algum leitor tenha prestígio para divulgá-lo ainda mais pelo mundo afora. Tenho certeza de que é isto que os jovens pensam ainda hoje.

DECLARAÇÃO DOS JOVENS DA TERRA

Nós os jovens
de todas as idades,
de todos os povos,
temos direito
à vida.

Nós temos o direito
de participar
das suas decisões,
que preparam
os nossos amanhãs.

Nós temos o direito
de impedir que elas
ameacem a existência
do nosso próprio futuro.

Nós estamos dispostos,
com todas as nossas forças;
com toda a nossa alma;
com todos os nossos meios;
a impedir
esta guerra dos ...ismos.

*A impedir que a morte
se apodere da humanidade
de amanhã
em nome das suas divisões
de hoje
já ultrapassadas
pela verdade
da unidade do universo.*

*Nós exigimos
a transformação imediata
de todas as forças armadas do mundo
em serviço civil e
a parada imediata da fabricação de armas
e a destruição de todos os estoques
    existentes.*

*Nós pedimos
a abertura de todas as fronteiras,
a criação de uma moeda única,
o reforço do poder
das Nações Unidas
como governo federado
de todos os povos da Terra.*

Há pouco tempo, voltei de uma viagem ao Oriente Médio, depois da Guerra do Yom Kippur. Como mostrei no fim do livro *A revolução silenciosa*, essa viagem me deixou ainda mais preocupado e com maior vontade ainda de agir, fazer alguma coisa eficaz e significativa.

Mas, tal como Chouraqui, que encontrei pessoalmente nessa viagem, resolvi dar tempo ao tempo e aguardar os sinais dentro de um ato de confiança: abertura para o que der e vier.

Só me restava, por conseguinte, decidir fazer a minha parte possível e ao alcance das minhas modestas possibilidades, isto é, cuidar do desvelar da plena consciência e da paz em mim mesmo e nos outros.

Eu cheguei à certeza da possibilidade de termos acesso à nossa verdadeira natureza e tinha seguramente dado os primeiros passos nessa direção. O meu livro sobre a revolução silenciosa descreve com muitos detalhes como se deram os primeiros passos. Quanto à situação mundial e ao meu próprio futuro, decidi entregar-me a essa força que levei tanto tempo para descobrir e de cuja existência eu não tinha mais a menor dúvida. Como já citei anteriormente, eu não precisava mais crer, eu sabia. Consegui, pela vivência e experiência direta de outras dimensões do espírito, substituir a crença, a fé ou a dúvida pela certeza do saber.

Compreendi o profundo sentido e realidade da via mística de todas as religiões. Eu estava praticando a ioga na linha de Muktananda, depois de ele me ter comunicado uma experiência mística do despertar da energia kundalini, já descrita na parte anterior destas minhas memórias.

Profissional e pessoalmente, eu tinha encontrado uma coerência de ação e de prática em torno da psicologia transpessoal. Eu já estava convencido de que precisava ultrapassar a dualidade entre o domínio absoluto do transpessoal e o relativo do pessoal. Só mais tarde é que encontraria uma solução verdadeiramente holística. Eu desconhecia esse conceito na época.

No momento, ignorando o meu futuro, o jeito é confiar. E, ao mesmo tempo, como estamos no fim do ano, fazer a minha parte consiste em planejar o ano de 1981, fixando-lhe as principais metas, que estão, evidentemente, impregnadas dos cenários exterior e interior que acabei de expor.

Planejando o futuro

Fazer planos faz parte das atividades humanas, embora possa parecer um sinal de vaidade e onipotência. No meu caso, faço planos de modo flexível, disposto às mudanças que o céu me indicar. "Ajude-te e Deus te ajudará", diz o velho ditado.

Assim sendo, eis o que planejei para o ano de 1981. Se o realizei, este livro vai lhe contar.

❏ Finalidade da minha vida

✓ Transcender o mundo relativo para entrar na consciência cósmica, ou melhor, realizar experimentalmente que eu sou essa consciência.
✓ Transmitir para os outros tudo que aprendi.

❏ Objetivos gerais para 1981

- Sínteses progressivas em todos os atos da minha vida diária entre as dimensões pessoais e transpessoais.
- Presença de espírito e imparcialidade a todo momento.
- Meditação siddha ioga.
- Experiência de Tarthang Tulku sobre tempo, espaço e conhecimento.
- Procurar ter maior convívio com toda espécie de pessoas, de maneira imparcial, porém com amor e compaixão.

❏ Plano pessoal e transpessoal

- Corpo: todas as manhãs, hatha ioga.
- Saúde: acupuntura para rinite alérgica.
- Vida Sentimental: abertura para o alto. Abordagem tântrica com plena atenção e imparcialidade.
- Conscientização: manutenção de um diário.
- Transpessoal: meditação diária.
- Lazer: se sentir necessidade, praia, piscina, conversas informais com amigos.
- Em caso de qualquer crise: Psicossíntese e orientação do I Ching.

❏ Plano profissional — Faculdade

- Curso de psicologia transpessoal.
- Curso de extensão: Introdução à psicologia transpessoal e energia no homem e no universo.
- Pesquisa: terminar e redigir pesquisa sobre pineal e fenômenos parapsicológicos e experimentar Cosmodrama 2.
- Criação do Setor de Psicologia Transpessoal.

- ❏ *Consultório*
  - Atendimento normal.
  - Terapias breves.
  - Continuação dos grupos de psicodrama triádico, iniciando enfoque transpessoal em Belo Horizonte e Recife.
  - Cosmodrama em Belo Horizonte, São Paulo, Recife, Bahia e Brasília.

- ❏ *Leituras*
  - Concentrar-se na psicossíntese.

- ❏ *Aperfeiçoamento*
  - Psicossíntese.

- ❏ *Escrever*
  - Publicação de *A revolução silenciosa*.
  - Artigo: "Símbolos orientais tradicionais e modelos evolutivos modernos" para o Congresso Transpessoal de Bombaim.

- ❏ *Plano paz mundial*
  - Divulgar o passaporte planetário do Planetary Citizens.
  - Iniciar correspondência sobre Adendo à Carta das Nações Unidas, que dá o direito a qualquer cidadão de um país também obter o título de Cidadão da Terra.
  - Reativar e incentivar movimentos comunitários, tais como o do Retiro das Pedras.

- ❏ *Horário diário*
  - 6h às 7h30   Ioga e meditação
  - 7h30 às 8h30   Caminhada
  - 8h30 às 9h   Desjejum
  - 9h às 9h15   Redação do diário
  - 9h15 às 10h   Práticas de Tarthang Tulku
  - 10h às 12h30   Redação e leitura
  - 12h30 às 14h30   Almoço — Sesta
  - 15h às 19h   Faculdade ou consultório

Esse planejamento mostra que, naquela época, de 1980 a 1981 tive uma vida regrada e harmoniosamente distribuída e que procuro reforçar esta existência direcionada em torno de um grande enfoque: a transcendência. Sua transcrição integral pode ser um tanto enfadonha para certos leitores, mas serve de ponto de referência, permitindo entender uma mudança radical que surgiu na minha existência.

Pois tudo isso, em pouco tempo, foi desmanchado, varrido como por um furacão, o qual simplesmente desfez toda essa maravilhosa estrutura! O que aconteceu eu vou contar no momento oportuno.

Por enquanto, estou implantando novo sistema de diário, inspirado em um livro que fez bastante sucesso nos meios terapêuticos nos Estados Unidos, o Jornal *Workshop* de Ira Progoff, um discípulo de C. G. Jung. Esse sistema permitiu-me fazer várias descobertas.

A mais importante vou contar agora.

Vivendo várias vidas numa só

O sistema do jornal íntimo montado por Ira Progoff constitui poderoso instrumento de constantes *insights* e tomadas de consciência a respeito de muitas facetas da existência, tais como a relação com o nosso corpo, as emoções e os papéis, o sábio dentro de nós, os sonhos, as pessoas com as quais convivemos, os conflitos, a época ou fase que estamos atravessando, a nossa vida instintiva e sentimental, entre outras. Nossos diálogos com todos esses aspectos, em estado de relaxamento profundo, colocam-nos em contato com facetas por nós desconhecidas em estado de consciência de vigília. Isso faz do jornal íntimo um meio bastante eficaz de evolução e progresso pessoal. O próprio planejamento do ano que acabei de relatar faz parte do sistema. O jornal ajudou-me muito a compreender-me melhor e, sobretudo, entrar em contato com a área transpessoal. Além disso, ele me fez descobrir que a minha existência passa por várias fases.

Essas fases são verdadeiros marcos, e cada marco é caracterizado por um aspecto dominante. Isso pode ser determinado por interesse, como colecionar selos, recuperar-se de uma doença, um novo relacionamento amoroso, uma paixão ou uma separação dolorosa malresolvida, mudança de profissão ou novo emprego e assim por diante.

Cada marco pode ser descrito por meio de um desdobramento de vários aspectos que o definem quanto à sua qualidade, como por exemplo, os estados de saúde e de humor predominante, o relacionamento amoroso, a vida profissional, os tipos de sonho, entre outros.

Tenho anotações de 28 de fevereiro de uma listagem dos marcos da minha existência, desde o nascimento até essa data, passando por diversas etapas que coincidem mais ou menos com os diferentes capítulos ou mesmo certos parágrafos do meu livro anterior, *A revolução silenciosa*. Mas o ato de dar um enfoque especial a determinados períodos confere ao assunto um relevo todo peculiar. Dei-me conta, mais particularmente, de que os meus principais relacionamentos sentimentais, incluindo os meus casamentos, constituem verdadeiras unidades quase autônomas, com começo, meio e fim.

Tudo se passa como se tivesse vivenciado várias vidas numa só existência. É como se fossem vidas passadas em outras existências, numa só existência, sem ter morrido no plano físico. Se houve morte foi a da relação e do convívio diário. O amor e outros sentimentos, como a mágoa, continuam. Quando entro em contato novamente com as pessoas das quais me separei, é como se fosse um fantasma, porém com verdadeiros sentimentos, embora vivendo outra vida e outra fase.

Procurei compartilhar esse sentimento com alguns amigos meus, que me disseram que se passa algo análogo com eles. Isso me ensinou a tomar muito cuidado quando, por diversos motivos, tenho de me afastar definitivamente. Procuro dissolver mágoas e ressentimentos, pois sei que eles continuam agindo a distância, por meios telepáticos ou mesmo psicokinésicos, podendo até ser responsáveis por doenças.

Pensando bem, esse sentimento de várias vidas se aplica também à minha existência como profissional. Quando, por determinado motivo, vou visitar o meu lugar de trabalho de um passado remoto, tenho a mesma impressão. O mesmo se dá com a minha cidade natal, Estrasburgo, onde retornei nesse período. Foi como um sonho...

Se tivesse de definir o marco desse fim de ano de 1980 e os primeiros meses de 1981, apesar dessa impressão de coesão causada pelo planejamento anual, com a distância de quase vinte anos, eu o chamaria de fim de uma era da minha existência. Como esse período se desfez e quais os principais sinais dessa liquidação, é o que vamos descrever a seguir.

Sinais precursores do fim de uma era da minha existência

O que domina este período é, ao mesmo tempo, a adaptação a uma separação bastante difícil, já definitiva, e uma tentativa de reorganizar minha vida nos moldes acima descritos. Isso deixa ao meu lado uma sensação de vazio quase física. Ao mesmo tempo, minha sensibilidade sentimental se encontra à flor da pele. Tenho a certeza de que a verdadeira tranqüilidade nesse terreno será alcançada quando eu conseguir transmutar toda a energia sensual e distribuir amor para todos os seres. Essa sublimação me faz passar por períodos de uma tal intensidade energética que pessoas dos meus grupos sentem essa vibração nas minhas mãos ou percebem uma luz azul em volta de mim. Está se estabilizando o estado em que me encontrava na minha última viagem à Califórnia.

Ao mesmo tempo, ainda procuro pela alma gêmea, motivação que continuará a mobiliar o meu mundo interior durante muitos anos ainda. Tenho a sensação de que existe uma pessoa no mundo à minha espera e que nós nos reconheceremos quando se der um encontro ou reencontro. Só essa espera já torna este período por si só provisório.

No plano da saúde, fui submetido em novembro passado a uma cirurgia de um divertículo na bexiga em que tive a experiência de sair do corpo descrita no livro anterior. Essa experiência também me incentivou a procurar algo mais do que eu estou fazendo agora, isto é, saber mais a respeito da passagem para o outro plano.

Nisso, a linha tibetana da ioga está muito presente. Eu sabia que os mestres tibetanos têm muito a me transmitir. Recebi notícias do meu amigo Clóvis Correia. Ele tinha sido convidado por Pemala para fazer um retiro de três anos, e já o tinha iniciado. Isso havia me tocado fundo, e surpreendi-me escrevendo uma carta à Pemala pedindo explicações mais detalhadas. No fundo, estava me perguntando se eu não queria ir também. Pois se o leitor se lembra, eu fui muito tocado por Pemala, quando ele me disse, no alto do Himalaia, para ver o Buda em tudo. Começou com isso, e a dissolução de toda espécie de dualidade continua até hoje.

Mas perdi a ocasião, e a minha carta a Pemala não estava muito clara a respeito do meu desejo, que, aliás, era apenas eventual e não firme. Mas essa minha vacilação se acrescenta aos sinais de vontade de dar mais um pulo no caminho da transformação interior.

Além disso, estou cumprindo as linhas gerais do plano anual. Isso significa que continuo com os meus grupos de terapia, com as aulas na faculdade e atendo no meu consultório. Mas estou começando a cansar da rotina do consultório. Tenho a sensação de que não irá demorar muito...! O que mais me torna irrequieto é a minha vontade de entrar num movimento pacifista. Estou, por exemplo, muito atraído pelo livro de Bernard Benson sobre a paz mundial. Também não abandonei a idéia de criar uma comunidade do tipo de Findhorn, apesar do esfriamento causado pela experiência malsucedida do Retiro das Pedras.

Apesar de todas essas perspectivas que me desviaram do meu planejamento, a sua aplicação progressiva levou-me durante o ano às várias experiências em outras dimensões, experiências estas que vou descrever mais adiante. Antes disso, convem mostrar como se desenvolveu esse período, que passarei a chamar de "compasso de espera".

Compasso de espera

Nesse período de transição para uma etapa ainda desconhecida, continuei com os meus grupos de terapia atendendo no meu consultório. O início da aplicação do planejamento do ano provocou em mim um aumento de energia e de alegria de viver. Essa alegria foi se manifestando cada vez mais à medida que dava de mim mesmo nos meus grupos ou consultas, e também visitava os meus amigos ou fazia novas amizades nas minhas inúmeras viagens pelo Brasil ou fora dele. A alegria de descobrir o mundo, próprio da adolescência, ainda continuava bem presente.

Apaixonei-me pela astrologia. Antes de cada nova consulta comecei a fazer rapidamente o mapa dos clientes, o que muito me ajudava a entendê-los melhor e me dava um roteiro de compreensão evolutiva ímpar. Também introduzi o assunto nos meus grupos.

Perdi a inibição perante os meus colegas, pois a demonstração experimental já era suficiente para mim, desde as pesquisas de Jung sobre a influência das conjunções lunares sobre a escolha dos pares em casais. Além disso, pesquisas realizadas por um ex-colega bastante conhecido pelo nome de Gauquelin demonstraram a relação existente entre a escolha da profissão e as conjunções planetárias. Ao querer destruir a astrologia, usando centenas de milhares de sujeitos, ele acabou se convertendo a essa nova e bem antiga ciência e se apaixonou por ela tal como eu...

Mas, ao olhar o meu diário, devo reconhecer que esse período ainda está dominado pelas minhas relações sentimentais. Vamos, pois, dar um destaque maior a esse aspecto da minha existência.

Vida amorosa e sublimação

O lugar vazio que sinto ao meu lado, a necessidade de dar e receber carinho, um potencial imenso de ternura, fazem-me cada vez mais sensível ao outro sexo. E como bom ariano, tenho extrema facilidade em pegar fogo, fogo este que pode se apagar tão facilmente quanto se acendeu, o que cria, às vezes, sofrimentos penosos, para mim e para outrem.

A essa situação vem se acrescentar a convicção da qual eu já falei da existência de uma alma gêmea à minha espera. Um longo trabalho de ioga tântrica faz com que a minha energia se concentre mais no meu coração e na minha ternura do que no meu sexo, e, mais ainda, na minha ânsia por espiritualidade e aspiração aos aspectos sagrados da vida, e a concretização dos valores supremos, tais como a beleza, a verdade, o amor e a plenitude.

Dentro dessa conjuntura, estou naturalmente aberto a um novo relacionamento com uma companheira que tenha as mesmas aspirações que eu e que, quem sabe, seria a minha alma gêmea. Isso faz com que, depois da expectativa de um novo encontro e do primeiro entusiasmo, verifique que não era isso que eu esperava. E onde há esperança, há também risco de decepção. De decepção em decepção, acabo sozinho à procura da alma gêmea. E o círculo vicioso continua, um círculo de compulsão e repetição, como diria Freud.

Como sair disso? Tem de haver uma saída! A porta de saída fará parte da mudança repentina já anunciada mais acima, e que descreverei mais adiante. Estou numa espécie de estado intermediário, em que o antigo Pierre, muito centrado em sensualidade e erotismo, não se aceita mais nesse patamar, pois desfrutou a qualidade de vida amorosa mais ampla e mais sublime.

A solução virá. Por enquanto, estou vivendo intensamente cada novo relacionamento, com uma precaução, a de não prejudicar outrem. Isso exige de mim muita franqueza sobre os meus sentimentos e minhas intenções, o que nem sempre é fácil, pois do outro lado também há projeção de expectativas que nem sempre são conscientes. Isso complica certas situações. De qualquer forma, a psicanálise e o psicodrama tornaram-me mais livre, mas ao mesmo tempo, mais responsável e sensível ao sentimento do outro. Continuo aprendendo, apanhando, porém prejudicando menos. Sinto-me mais feliz e passo isso para quem eu convivo. É o que eu posso fazer atualmente.

Essa nova maneira de viver com mais amor e com a energia sublimada a maior parte do tempo em níveis superiores do meu ser, reforçada e facilitada pelo meu programa de ioga e de meditação, aumentou as sincronicidades na minha existência. É sobre isso que vamos falar mais adiante.

Antes, porém, muitos leitores estão provavelmente querendo saber o que significa o termo "tantrismo" e quais os seus efeitos. Essa é uma longa história que vou contar agora.

A prática tântrica ou a ioga do amor

Desde a minha adolescência, fiquei fascinado pelo encontro do olhar com certas pessoas do sexo oposto. Contei, em *A revolução silenciosa*, o meu encontro com Jeanine, quando ela e eu tínhamos 14 anos. Como o leitor deve se lembrar, foi uma vivência sublime, sagrada e divina que se reproduzia a cada encontro, e esses encontros foram muitos, bem platônicos, de janela a janela, entre dois prédios!

Durante toda a minha vida até agora, essa forma de encontro entre almas tem dentro de mim o efeito de um abalo sísmico. Embora percebido como algo natural, seu efeito é irresistível.

Com o passar do tempo, descobri que havia uma relação contrária entre a freqüência da minha atividade sexual e ocorrências amorosas mais sutis do que o orgasmo propriamente dito. Além dessa sensibilidade ao encontro pelo olhar, observei também uma propensão a maior ternura, romantismo, criação poética, generosidade, amor altruísta e universal, em períodos de abstinência sexual.

Já com 18 anos, interessei-me pelo assunto da sublimação sexual ao realizar uma pesquisa sobre a masturbação e sua contenção no escotismo. Fiz disso um trabalho para a obtenção do meu diploma de psicologia e pedagogia na Universidade de Lyon.

Assustado pela fogosidade da minha própria sexualidade, eu quis saber como isso se passava nos jovens escoteiros. O resultado me tranqüilizou, ao demonstrar, com apoio em dados estatísticos, que 75% dos escoteiros se masturbavam, apesar da existência de uma contenção moral, contida no artigo dez da lei dos escoteiros que diz que o escoteiro deve ser puro nos pensamentos, palavras e ações. Que alívio para mim constatar que eu era "normal"!

Em um segundo livro sobre o amor, escrito em 1964, uns quinze anos antes desse período ora em foco, eu já fazia uma nítida distinção entre o que passei a chamar a "forma genital do amor" e a sua forma existencial, em que se opera um encontro das essências de cada ser. Nesse livro, chamado *Amar e ser amado*, título dado pela editora contrariando o meu parecer, eu descrevo a comunicação profunda na relação amorosa. Eu desconhecia naquela época qualquer literatura sobre o assunto, a não ser publicações repressivas e moralistas.

Só me restava descrever, de forma literária, minhas vivências e experiências. Nessa época, eu estava participando de grupos de psicodrama em Paris, onde fiquei muito impressionado por momentos de encontro em profundidade que envolvia o grupo inteiro do qual participava.

A palavra comunhão é a que mais expressa o que eu estou descrevendo. Esse fenômeno era idêntico ao do encontro pelo olhar. Fiquei bastante surpreso no dia em que Anne Ancelin Schutzenberger, a nossa psicodramatista, convidou-nos para fazer uma experiência de encontro pelo olhar, em que todo mundo podia encontrar todo mundo pelo olhar sem palavras. A experiência desse encontro no aqui e agora, livre das barreiras e inibições dos nossos condicionamentos e superego, ela chamava de "encontro existencial". Passei muito tempo à procura de literatura sobre esse tipo de encontro, que se multiplicava na minha vida naquela época.

Foi nos Estados Unidos que tive ao mesmo tempo um encontro desse e a indicação de uma pista importante: Abraham Maslow. O seu trabalho sobre a experiência culminante e a sua escala de metamotivos humanos abriu-me os olhos, confirmando as experiências de encontro existencial: o que se passava comigo, desde a adolescência, tinha sido identificado por psicólogos de renome. Eu não estava sozinho nessas experiências. Elas tinham significado. Muito mais, elas apontavam para o verdadeiro sentido da vida, aquele que eu procurei desesperadamente, depois da minha crise existencial já descrita no outro livro.

E o que mais me impressionou é que Maslow, ao entrevistar seus estudantes, passou a distinguir dois tipos de relacionamento amoroso: O D. Love ou amor baseado no Desejo (*Desire*), e o B. Love ou amor fundamentado no Ser (*Being*). A maioria absoluta preferia o B. Love, pois o amor baseado no desejo leva a decepções por não ser duradouro, enquanto o B. Love tem sabor de eternidade.

Eu estava reencontrando a mesma distinção que eu mesmo tinha feito entre os dois tipos de relacionamento: o amor genital e o amor existencial.

A minha própria crise existencial foi em grande parte causada pelo excesso de D. Love e a falta de B. Love. Isso me levou a um tédio profundo e a uma tristeza sem fim. O leitor deve lembrar-se como saí da crise: ioga aliada à psicanálise.

Mas faltavam-me mais provas da relação entre atividade sexual e o verdadeiro amor. Eu precisava de uma maior explicação a respeito do que um provérbio latino já afirmava: "*Triste est omne animal post coitum.*"

Depois do coito, todo animal, incluindo o homem, fica triste. É o que eu sentia sem saber o que fazer. O impulso era muito forte, a tal ponto que havia um eterno recomeço do ciclo vicioso em que eu estava fechado: atração, carícias, gozo, depressão, vazio, nova atração, carícias, etc. etc.

Resolvi, então, estudar mais sobre o assunto e, usando a minha maneira de pesquisar, decidi escrever um livro sobre as origens da repressão sexual. Algo me dizia que eu encontraria uma resposta, pois não me satisfazia o tabu muito antigo e de natureza predominantemente religiosa, ligado à relação sexual. Algo estava errado, mas o quê? Por trás desse tabu, não haveria uma explicação mais profunda da sua verdadeira origem e causa?

Comecei, então, a vasculhar inúmeros aspectos do tabu sexual, realizando verdadeiro trabalho interdisciplinar, o qual abrangia, entre outros, as religiões comparadas, as tradições esotéricas, a fisiologia, a antropologia cultural, a psicologia, a psicopatologia, a educação, a simbologia, a psicanálise, e a ioga em que eu já estava bastante mergulhado. Foi um trabalho muito útil que publiquei na França e no Brasil com o título de *A Mística do sexo*. O próprio título já indica a descoberta que fiz, pesquisando muitos autores.

Duas pistas foram-me especialmente úteis. A primeira fornecida pelo próprio Freud ao afirmar que o casal que quer manter a ternura precisa limitar a freqüência das relações sexuais. E a outra foi-me fornecida pela ioga, pela descoberta do tantrismo, ao qual vou consagrar um parágrafo especial a seguir.

A minha experiência tântrica

O *Tantrismo* é um conjunto de métodos que visam a transmutação da forma sexual da energia em níveis de valores universais, de sabedoria e de verdadeiro amor.

O segredo da alquimia, que visava transmutar o chumbo em ouro, era exatamente esse objetivo. A alquimia era a forma ocidental do tantrismo. Existem formas hinduístas, budistas, taoístas, judaicas e cristãs de tantrismo.

O meu livro sobre a mística do sexo mostra justamente que a origem da noção de pecado sexual se encontra numa opção que os candidatos ao sacerdócio tinham a respeito da abstinência sexual: dar vazão ao impulso sexual ou alcançar o "Reino do Pai", isto é, o estado transpessoal. Essa opção foi esquecida com o tempo, e a abstinência sexual tornou-se obrigação e o sexo objeto de desconfiança e de repressão de toda ordem.

No hinduísmo, no budismo e no taoismo, existem até hoje métodos que visam chegar ao mesmo fim. Na realidade, o tantrismo é uma forma de viver que consiste em aproveitar a força no nível em que se encontra para transmutá-la. Por exemplo, se você estiver dominado pela gula, o seu mestre de tantra jamais irá lhe proibir de consumir guloseimas. O que ele vai lhe aconselhar é que, a cada garfada, enquanto desfruta o doce, você imagine o trabalho de todas as pessoas que possibilitaram essa delícia chegar à sua mesa e, com todo amor do seu coração, expressar gratidão para elas.

Ao fazer isso, a pessoa fará subir a energia do nível do seu estômago, a gula, para o nível do seu coração, sob forma de amor e gratidão. A energia é a mesma, mas a sua qualidade e nível de expressão são diferentes. É o que, na alquimia, denominava-se sublimação. Freud retomou esta expressão para indicar a possibilidade de a energia ou libido subir de nível e se colocar a serviço de atividades úteis.

Como se pode depreender por esse exemplo da gula, o tantrismo não se limita ao nível sexual de energia, mas é muito mais amplo. Houve no público ocidental uma deturpação do sentido da tradição tântrica, em grande parte pelas ilustrações eróticas explicativas de certas técnicas de transmutação sexual, as quais, vistas por quem não entendeu ou experimentou a questão, são interpretadas num nível vulgar de pornografia. Muito pelo contrário, estamos aqui em presença de uma conjugação de arte, de estética, de ética, e de uma ciência muito antiga, da qual precisamos muito nestes tempos de degenerescência.

O aspecto mais interessante do lado científico do tantrismo é que ele está na essência da ioga, isto é, no conceito do ser humano como um ser energético, constituído da mesma energia que a do próprio universo.

Essa energia, ao mesmo tempo que constitui o corpo físico, também circula nele através de canais também de natureza energética. Esses canais se concentram em sete entroncamentos principais ou rodas ou chakras, em sânscrito.

Trata-se de centros de distribuição da energia vital ao longo do corpo físico. Cada um deles corresponde a funções bem definidas e — o que foi uma surpresa para mim — é uma das principais escolas de psicologia e correntes filosóficas atuais, em geral, em conflito entre elas. Resumindo essas funções, podemos enumerá-las a seguir: segurança, sensualidade, poder, amor, inspiração e transpessoal. O leitor interessado poderá encontrar maior desenvolvimento do assunto no meu livro sobre fronteiras da evolução e da morte e também na nova ética.

No que se refere ao sexo, as práticas tântricas, tal como no caso da gula, consistem em desfrutar a vivência sensual e, paralelamente, atrasar o orgasmo por meio de relaxamento e meditação sobre o aspecto divino do companheiro ou da companheira. Pode-se, assim, transformar a relação sexual em êxtase divino a dois, sem orgasmo no nível genital.

No meu livro, *Amar e ser amado*, eu conto o caso de uma pessoa que, no auge da relação sexual, teve um vislumbre sagrado e exclamou: "Meu Deus!" Esta pessoa era eu... Conto tudo isso para mostrar como, aos poucos, descobri o caráter sagrado da relação sexual. Descobri também o porquê da minha decepção posterior à relação sexual; o que me desesperava eram relações sexuais sem amor verdadeiro! Isso está mais claro para mim hoje, na hora de escrever estas linhas. Mas, na época, a luz se fez aos poucos. Havia muitas dúvidas, segundo as minhas anotações sobre o assunto feitas no final de 1981 e nos primeiros dias de 1982. Por essas notas, está bastante claro que a retenção do orgasmo durante vários dias aumenta a ternura e o sentimento de amor. Também noto um incremento da relação telepática. A energia aumenta, e às vezes, eu a percebi diretamente ou a perceberam em mim.

Se, pelo contrário, há orgasmo rápido, surge uma queda vertiginosa da ternura seguida por um desinteresse total. Segue uma descrição do círculo vicioso que já contei mais acima. Notei, no entanto, que se há um adiamento do orgasmo, e a relação se mantém no nível da ternura, sem pensar em orgasmo, isto é, ficando no aqui e agora, desfrutando os sentimentos de amor recíproco e de entrega das almas, inexiste depressão e desinteresse. Muito pelo contrário, os sentimentos amorosos se elevam cada vez mais em direção ao sublime.

Estas anotações são seguidas de comentários e indagações dirigidas a mim mesmo: Como deve ser lindo um casal que tivesse completamente sublimado o nível sexual de suas energias. E vou mais além. Se eu conseguisse sublimar permanentemente a minha energia, poderia lidar com todas as mulheres do mundo sem lhes dar motivo para possessividade.

Faço também uma série de hipóteses sobre a depressão pós-orgasmo. Elas são escritas em termos bem acadêmicos, como se pode constatar a seguir.

Parece que a depressão posterior no homem acontece, sobretudo, quando:

- a descarga sexual é muito rápida;
- a relação sexual foi realizada sem amor;
- o encontro se fez com objetivo sexual específico, isto é, quando houve um plano prévio.

Em outras palavras, a depressão acontece quando o homem só pensa em atingir o orgasmo como um fim, e não como expressão espontânea do amor.

De fato a minha vida amorosa se encontra numa ambivalência muito grande em relação à minha sexualidade. De um lado a vejo como uma ameaça destrutiva do amor; de outro, como fonte do amor verdadeiro, desde que canalizada para os chakras superiores. Em suma, é um obstáculo e é um meio de acesso ao transpessoal.

Alguns sonhos do período traduzem muito bem essa duplicidade.

No primeiro (22/1/1981), encontro-me com uma amiga com a qual mantenho uma relação de amizade e de intercâmbio espiritual e profissional. Estou meditando, quando ela me mostra o seu seio, que eu estava contemplando como se fosse uma simples forma redonda. Então, peço desculpas a ela por não ter visto que se tratava do seu seio.

O sonho mostra claramente que reprimo a idéia de uma relação espiritual ter componente sexual. Lembro-me agora de que em uma das minhas anotações eu me queixo de que haja evidência de que os nossos sentimentos elevados possam depender das nossas glândulas. Eu não consigo me conformar com essa idéia!

No segundo sonho (12/2/1981), estou em frente a uma cobra amarela comprida e enrolada. Eu a provoco para ver se ela dá o bote. Mas ela não o dá por muito tempo, durante o qual a estou estimulando; até que, de repente, ela levanta a cabeça e me ataca. Nesse momento, eu acordo do sonho.

A cobra é um símbolo arquetípico muito antigo, que representa a energia, mais particularmente na sua forma sexual. É o tema do meu livro *A mística do sexo*. Realmente, ela tem todas as características da energia: ondula, tem muas, isto é, transforma-se, simboliza a terra onde rasteja, a água onde nada, o fogo, pois a sua picada arde, e assim por diante.

Na ioga, a cobra simboliza a energia da kundalini, enrolada no chakra da base da espinha. Em suma, é o símbolo tântrico por excelência.

Para mim, o sonho mostra-me que é preciso tempo para que a energia desperte, para que a serpente se desenrole. Ao mesmo tempo, esse despertar me assusta e tenho medo de morrer, embora procure fazer tudo para esse despertar. Medo de que, senão o da morte do ego?

Durante o período, aparecem sonhos de luta, de mosteiros, de atos generosos, e temas sexuais.

Num dos sonhos, a cobra reaparece, mas muda de cor. Agora é vermelha e preta, enrolada junto a uma criança loirinha, isto é, com toda força vermelha do amor, mas acompanhada do preto, cor do luto, o luto do ego... Esse sonho é acompanhado de temas sexuais (19/3/1981).

O tema de sublimar o sexo em amor para a humanidade aparece na forma de um sonho bem característico (23/4/1981).

Sonho que achei como um meio de comunicação com a humanidade; é um símbolo metade humano, metade animal. Mas há um dilema: se o animal é a parte de baixo, não pode haver relações sexuais. Mas se a parte animal estiver na parte de cima, também não pode haver sexo.

Esse sonho expressa muito bem como eu me sentia naquela época. Para me tornar verdadeiramente humano, eu tenho, ao mesmo tempo, de aceitar a minha parte animal, mas sem dar vazão a ela. Isso é tipicamente um símbolo do caminho do "fio da navalha", nome dado à linha tântrica.

Um outro sonho (24/4/1981), na noite seguinte, vem reforçar a ambivalência em que me sinto: duas tartarugas. Uma está solta e pode sair e voltar para a sua casca quando quiser. A outra está presa dentro da carapaça. O fato de se tratar de tartaruga reforça essa noção já simbolizada no sonho da cobra, isto é, o fator tempo. Esta libertação leva muito tempo para ser alcançada totalmente.

Meu sentimento é realmente este: ou eu tomo as devidas providências, usando plenamente os métodos tântricos para libertar a energia, e assim haverá a verdadeira liberdade, ou, então, vou continuar preso às limitações do meu ego. A simbologia pode também referir-se à alternativa de poder sair do corpo físico. Pois estou neste ano, treinando esta saída, como o assinalo mais adiante. Isso vem reforçar a interpretação anterior, pois a saída do corpo físico é um dos concomitantes da experiência da kundalini.

Estou me dando conta agora de que não há nenhuma anotação a respeito dessas interpretações dos meus sonhos. Naquela época, eu não tinha consciência nenhuma do seu significado, como não tinha nenhum controle lúcido da mudança em que eu estava. Essas interpretações são feitas, agora, com o recuo de mais ou menos dezoito anos...!

Seguem-se muitos sonhos com temas variados, uns em que salvo populações ou grupos da destruição, outros que indicam situações sentimentais não-resolvidas, outros, ainda, em que ensino a saída do corpo físico ou em que eu estou voando para fora do corpo.

Volto então a sonhar com cobras (28/6/1981). Estou no mato; uma cobra cinza-branca com manchas pretas está com sua boca encostada no dedão do meu pé esquerdo. Eu retiro o pé devagarinho. Aí vejo outras cobras, aos montes, por todos os lados. Digo à pessoa que está comigo que nunca vi tanta cobra na minha vida.

A mudança de cor, para um cinza branco com manchas pretas, está apontando para a pureza do branco, a pureza da realização transpessoal, mas essa pureza está misturada com manchas pretas, do medo da morte do ego. O branco vira cinza. E, diante dessa ambivalência, aumenta o número de cobras, bem como a força do chamado para a grande mudança.

Essa mudança vai ser anunciada em dezembro. Isso explica o sonho (21/12/1981) em que eu mesmo me faço explodir colocando dinamite em torno de mim e botando um estopim com um tipo de alavanca. Mas aí estou me adiantando ao que vai acontecer no fim do ano.

Como eu já disse, esse acúmulo de energia aumentou consideravelmente os meus períodos e momentos de paz, plenitude e felicidade, mas ainda as sincronicidades aumentaram de modo significativo. É disso que vamos tratar agora.

Qualidade da meditação e sincronicidades

Naquele ano de 1981, tenho anotadas umas quarenta sincronicidades, o que representa uma média de mais de três por mês.

Junto com as práticas tântricas, continuo a meditar. Ao acúmulo de energia na parte superior do meu ser, a meditação vem acrescentar uma abertura para outras dimensões, por meio de um aquietar progressivo da minha agitação mental. As práticas programadas de Tarthang Tulku Rimpoché sobre tempo, espaço e conhecimento aumentam a minha percepção e experiência da vacuidade de tudo.

As minhas anotações assinalam algumas vezes visões de pontos azuis. Há também um desenvolvimento da capacidade de ver a aura das mãos, minhas ou de outras pessoas. Começo a observar o aspecto precognitivo de alguns de meus sonhos. Eu sonho e o conteúdo do sonho acontece.

Também se multiplicam as coincidências significativas para mim. Por exemplo, eu penso numa pessoa e ela aparece, ou telefona. Aconteceu de algumas vezes, eu ver à minha frente, ao andar na rua, uma pessoa conhecida que eu não via há muito tempo. Ao ultrapassá-la, constato que me enganei. Alguns minutos depois, encontro a verdadeira pessoa. Esse tipo de sincronicidade acontece-me geralmente na Lua cheia. Um dia em que estava almoçando num restaurante com uma amiga, contei esses fatos para ela. Qual não foi minha surpresa quando ela me disse que isso tinha acontecido com ela naquele mesmo dia: "Vi uma amiga na rua na minha frente. Quando olhei, não era ela. Imediatamente depois, encontro a verdadeira amiga!" O que significa isso?

Passo a constatar também que começam a acontecer certos desejos meus. É como se uma entidade lesse os meus pensamentos e atendesse a certas necessidades. Por exemplo, eu precisava de alguém para ocupar o quarto de empregada vazio, a fim de ter uma presença permanente preventiva de roubos e assaltos. No mesmo dia que pensei nisso, um empregado do vizinho veio se queixar do seu barracão e pediu-me emprestado o quarto que ele sabia estar vazio. É a força do desejo; no caso presente, desejo recíproco.

Isso me lembra a recomendação de Swami Chidananda, do qual eu falei no meu livro anterior. Ao se dirigir para o grupo de brasileiros, ele falou: "Cuidado com os seus desejos! Se você desejar o alto você obterá o alto; se você desejar coisas baixas, você conseguirá coisas baixas! Cuidado com os seus desejos!" Essa recomendação vale, sobretudo, para os que meditam e se submetem a uma formação espiritual. É por isso que os verdadeiros mestres cuidam primeiro da formação ética dos seus discípulos, pois alguém com poderes psíquicos desenvolvidos pode causar muitos prejuízos, para os outros e para si mesmo por ricochete.

No dia 7 de maio, conversei longamente com amigos sobre a questão da perda de energia nas relações sexuais. No dia seguinte, a Irmã Guiomar, da qual já falei no livro anterior, telefona-me, e diz que ela tem um recado do Espírito Santo:

> *Quem bebe desta água*
> *terá sede novamente;*
> *mas quem beber da água que*
> *eu lhe darei,*
> *nunca mais terá sede.*
> *Pois a água que eu lhe der*
> *tornar-se-á nele uma fonte de*
> *água jorrando para a vida eterna.*
>
> **João 4, 13-15.**

Essa mensagem calou fundo na minha alma, pois traduzia exatamente o que eu sentia em relação à precariedade da "água" do sexo. E agora associo com a afirmação de Francisco de Assis: "É morrendo que se chega à vida eterna." É claro para mim que se trata de morrer para si mesmo, de dissolver o seu pequeno ser para se chegar simplesmente ao SER... eterno...!

O leitor deve estar notando que, por tudo o que falei até agora, algo estava sendo preparado para que eu entrasse numa nova fase da minha existência, uma fase em que eu pudesse dar um salto quântico na minha vida amorosa no sentido de uma completa sublimação do sexo por meio de uma prática tântrica dirigida diretamente por um mestre reconhecido e competente entre outros.

Essa ocasião apresentou-se no fim do ano.

II

Convite para uma Grande Virada

Parece que cada vez mais pessoas estão tomando consciência das coincidências significativas que ocorrem todos os dias. Alguns desses acontecimentos são fenomenais e excitantes; outros são triviais e quase imperceptíveis, mas todos nos dão provas de que não estamos a sós, de que algum processo espiritual misterioso está influenciando a nossa vida.

James Redfield
(A Visão Celestina)

Uma carta inesperada

Espero que esteja claro para o leitor que eu tinha o sentimento — durante todo o ano de 1981, em que eu executava o planejamento feito no início dele — de que alguma mudança tinha de acontecer. A notícia de que Clóvis havia começado um retiro de três anos tocou-me o bastante para que eu me perguntasse se não seria oportuno e desejável que eu também entrasse em retiro. Mas o retiro dele já havia começado, e eu nem sabia da minha disposição para ir.

Eu não tinha idéia alguma de como se daria essa mudança que considerava desejável. O evento desencadeador aconteceu em momento e de forma inesperados.

Estávamos no dia 11 de novembro de 1981. Recebi uma carta de Anne Benson informando-me que Pemala estava me convidando para fazer um retiro de três anos, três meses e três dias, perto de Perigueux, no departamento da Dordogne, situado bem no centro da França. O tema central do retiro seria a descoberta da verdadeira natureza do espírito.

Um entusiasmo muito grande se apoderou de mim. Afinal de contas, como doutor em psicologia e professor dessa matéria na universidade, com consultório montado e grupos de terapia, eu ainda desconhecia a "matéria-prima" da minha própria profissão. Eu estava com 57 anos de idade e poderia me aposentar com um ano de antecedência. A lei me facultava isso. Por que não? Além disso, era bastante atraente a idéia de um retiro na França, minha terra natal, em vez de na Índia, onde as condições climáticas e de alimentação não seriam muito favoráveis. Pemala havia criado um centro tibetano de Dharma na Dordogne, em torno de um castelo medieval doado por Bernard Benson, líder e escritor pacifista e pai de Anne Benson, discípula de Kanjur Rimpoché, o pai de Pemala. Mas, imediatamente depois, vieram-me dúvidas. É o que vamos ver agora.

Dúvidas atrozes

Nossa mente é feita de tal modo que quando estamos prontos para tomar uma decisão importante surgem inúmeros argumentos contrários a ela. Por exemplo: você decide comprar uma geladeira ou um aparelho de TV. Logo em seguida, já depois de você ter feito o pagamento, surgem detalhes de outras geladeiras ou televisões que você considera bastante atraentes. E você entra em ansiedade, perguntando a si se tomou a decisão acertada. É o que se chama, em psicologia, dissonância cognitiva. Pois eu entrei em dissonância cognitiva! Eis como ela se manifestou.

Dúvidas atrozes invadiram a minha mente.

Em primeiro lugar, apareceram idéias de ordem profissional e ética. Será que eu teria o direito de terminar grupos de terapia, com o risco de frustrar muita gente que estava contando com o meu apoio permanente?

Depois, havia a minha cátedra de psicologia transpessoal, uma cátedra pioneira no Brasil. Cancelar uma iniciativa dessa importância? A seguir havia o meu compromisso de participar do Congresso Internacional de Psicologia Transpessoal em Bombaim, onde a minha desistência poderia decepcionar meus amigos Stan e Christina Grof, organizadores do conclave.

A esses argumentos profissionais vieram se acrescentar motivos de natureza econômica. Para começar, eu iria carregar para a vida inteira, ao aposentar-me com um ano de antecedência, uma diferença a menos no montante da minha aposentadoria. Além disso, estaria disposto a abrir mão de três anos de renda profissional, liquidando ao mesmo tempo as minhas economias? E isso numa idade em que não se deve brincar com um assunto desse...!

Enfim, emergiram dúvidas quanto à minha própria capacidade de largar uma situação de pleno conforto material e de tranqüilidade e estabilidade geral, com casa montada num lugar lindo de Minas Gerais, com muitos amigos ao redor. Será que iria agüentar viver numa floresta, dentro de uma cabana de uns 6 metros quadrados, e isso durante três anos?

E minhas duas filhas, como iriam aceitar o isolamento, durante três anos seguidos, de um pai que elas amam muito? Eu tinha o direito de privá-las da minha companhia? É verdade que uma era casada e a outra já exercia a profissão de médica.

Além disso, eu havia começado um novo relacionamento amoroso e, como bom ariano, estava no auge do entusiasmo... Eu tinha o direito de romper uma relação que contribuía para a elevação e evolução espiritual de nós dois?

Alguns dias depois, veio a notícia de que uma das condições do retiro seria a separação dos sexos, mesmo para os casais, sem possibilidade de relacionamento sexual. Será que eu seria capaz de passar três anos sem sexo? Talvez aí se encontrasse a minha maior dúvida e resistência.

Convém lembrar também que no meu planejamento figurava eu entrar num movimento pacifista. Estava convencido de que eu poderia fazer algo de útil. Eu tinha entrado em contato com o renomado pacifista Bernard Benson, o pai de Anne.

Enfim, eu tinha uma dúvida de ordem metodológica e, talvez, ética. Eu estava, como descrevi em A *revolução silenciosa*, praticando os métodos do siddha ioga, de Swami Muktananda, pelo qual tenho grande devoção e gratidão. Misturando com outra escola, não estaria criando confusão? Um dia, Baba Muktananda contou-nos a história de um praticante de ioga que seguia a orientação de vários mestres ao mesmo tempo. Durante um banho de mar num oceano em tempestade, ele perdeu o controle e começou a chamar e cantar o mantra de um dos mestres. Como o mestre não atendeu logo, embora já estivesse a caminho, ele chamou o segundo mestre, e o primeiro, vendo aquilo, retirou-se para dar lugar ao segundo. A história foi se repetindo até o ultimo mestre. Cada um deles demorava e era substituído pelo seguinte. Moral da história, o rapaz se afogou e morreu. Há uma história parecida no Ocidente — mais piada do que lição de sabedoria — do aviador que procurava se salvar de um incêndio do avião e o pára-quedas não se abria. Na hora em que, desesperado, pediu ajuda a São Francisco, uma mão segurou o seu pára-quedas e uma voz profunda perguntou: "São Francisco de quê?" "São Francisco de Paula!", foi a resposta. Naquela hora, a mão largou o pára-quedas. Era o outro São Francisco que ele havia chamado...

Embora um tanto humorística, a história de Muktananda aumentou o meu receio dos efeitos de uma mistura de escolas e um certo sentimento de infidelidade ao mestre. Esses aspectos afetivos também constituíam um peso grande na balança, contra a minha ida. Eram realmente muitos os argumentos para que eu desistisse! Mas havia também muitos argumentos que pesavam do outro lado da balança!

O outro lado da balança

A essa altura, vieram-me argumentos a favor da minha ida, além dos que já assinalei anteriormente.

Em primeiro lugar, tomei consciência de quanto eu estava apegado e que aquela era a grande oportunidade de me desapegar de vez daquilo tudo.

Já naquela época eu insistia com bastante convicção sobre os malefícios do apego e os benefícios do desapego; essa seria, portanto, uma grande oportunidade que estava me sendo oferecida para que eu desse o exemplo para os que seguiam os meus seminários.

É claro que eu sabia que não era pelo fato de eu largar coisas ou me separar de pessoas que iria desapegar-me automaticamente delas. Tratava-se mais de despertar dentro de mim uma atitude de desapego e de testar essa minha capacidade.

E nessa categoria de desapego se encontrava o desafio de três anos de abstinência sexual. Afinal de contas, eu já manifestei várias vezes, desde os tempos do meu primeiro livro, um certo anseio de conseguir de modo permanente a maravilhosa disponibilidade espiritual que experimentava nos meus períodos de sublimação sexual. Eis, pois, a grande oportunidade que me era oferecida para aprofundar esse aspecto do tantrismo. E o convite vinha de um autêntico mestre. Recuar seria falta de experiência e incongruência.

Ao evocar a idéia já relatada de conhecer a verdadeira natureza do espírito, lembrei-me de um assunto que tinha atraído a minha atenção e aguçado a minha curiosidade. Eu havia lido que a formação que davam os mestres tibetanos permitia que a gente se convencesse da semelhança entre os estados de vigília e de sonho. Eu não entendia como isso era possível. Tudo o que sabia era que existia uma prática tibetana, chamada "a ioga do sonho lúcido". Eu estava querendo praticar essa ioga e receber ensinamentos sobre ela. Os meus conhecimentos ocidentais sobre a psicologia da percepção e as ilusões perspectivas não eram suficientes para me convencer de que tudo na nossa existência é parecido com um sonho. Os tibetanos tinham algo mais a me ensinar.

Como eu já havia tido algumas experiências de saída do corpo físico, e tinha praticado uma série de exercícios com o ensinamento de Bianca dos OVNIs, mas com pouco resultado, eu queria aprender mais sobre isso, para saber como me conduzir na hora da morte. Eu sabia que os tibetanos ensinavam certas práticas a respeito, mas elas só podiam ser praticadas a fundo em regime de retiro.

Tenho de reconhecer que nesse balanço entrava também um certo sentimento de antecipação do efeito que eu iria causar sobre os meus futuros alunos quando dissesse, mais tarde, que eu havia feito um retiro com mestres tibetanos. Que prestígio isso iria me proporcionar! Em outras palavras, a vaidade e o orgulho também entraram em jogo. Tentei negar isso para mim mesmo, mas cheguei à conclusão de que era melhor eu tomar consciência disso, sem julgar. Foi o que eu fiz, e a questão um tanto moralista passou como uma nuvem. Quando chegarmos ao fim deste volume, talvez tenhamos a oportunidade de reexaminar essa questão do meu orgulho.

Mas o motivo mais forte que se apresentava à minha mente, como já assinalei anteriormente, era o tema principal do retiro: descobrir a verdadeira natureza do espírito. E dentro desse tema está o que passou a ser a grande finalidade da minha existência: alcançar o estado transpessoal permanente, a iluminação. E isso ainda nesta existência.

À medida que vinham as idéias em favor do retiro, apareceram também respostas e contra-argumentos em relação às dúvidas que eu tinha. No que se refere à minha casa, eu poderia cedê-la a um grupo de jovens amigos espiritualizados, para que criassem uma pequena comunidade. Com esse gesto, eu contribuiria para a evolução deles e eles cuidariam da manutenção da minha casa.

Em relação à cátedra de Psicologia Transpessoal, eu poderia passar a responsabilidade para o professor Antônio Luiz, que havia me acompanhado durante anos nas minhas investigações. Isso asseguraria a continuação dessa cadeira. Quanto ao Congresso de Bombaim eu ainda tinha tempo para tomar uma decisão.

No tocante aos meus grupos de terapia, lembrei-me de colegas que, numa situação análoga, tinham tomado a providência de avisar com dois ou três meses de antecedência. Esse tempo me daria margem suficiente para trabalhar a separação. Podia ser até uma boa oportunidade para tratar das fantasias de abandono e do que elas representavam na vida de cada componente. Isso daria também tempo para que procurassem outro terapeuta.

Do ponto de vista econômico e financeiro, o prejuízo resultante da antecipação da aposentadoria, pelos cálculos que mandei fazer pelo meu contador, era insignificante. Quanto ao meu medo de gastar as minhas economias, verifiquei que não tinha fundamento nenhum, pois o montante da minha aposentadoria era suficiente para pagar as despesas do meu retiro.

Viver três anos isolado numa floresta, separado de tudo e de todos que me cercavam, constituía realmente um desafio de conseqüências imprevisíveis para mim. Mas, afinal de contas, tudo tem o seu preço. Eu teria de assumir o risco de ter dificuldades em suportar a experiência, como também poderia ser um período bastante prazeroso para mim.

O grande obstáculo era formado pela minha paixão de então. Como falei, o ariano tinha, mais uma vez, pegado fogo. Eu não me via, tal era meu encantamento, abrindo mão dessa relação tão bonita e elevada! Veio-me, então, uma idéia meio louca para os nossos padrões: ela poderia me acompanhar e fazer o retiro comigo. Algo me dizia que ela aceitaria as condições das quais já falei, a respeito da separação dos sexos. Esse assunto entra também na questão do desapego, que já tratei anteriormente. Era uma grande oportunidade para testar o que havia por trás de todas as minhas paixões.

A dúvida ética e metodológica a respeito de Muktananda, eu poderia tratar disto com Pemala. Restava a quarta — a referente às minhas filhas, sobretudo Vivianne, a mais moça e solteira.

Apesar de todos esses argumentos positivos, fiquei temeroso de tomar a decisão de largar tudo e partir. Aí me veio a idéia de entregar a questão para o Alto e deixar a espiritualidade me dar sinais para ir ou ficar! E os sinais vieram sob a forma de inúmeras sincronicidades. Vamos falar das principais e mais significativas.

Sinais do alto

A própria carta de 11 de novembro de 1991 foi uma sincronicidade, pois, antes de ela chegar, eu sentia a necessidade de que Clóvis ou Anne servissem de intermediários entre mim e Pemala, pois Pemala não havia respondido à minha carta sobre a oportunidade de entrar em retiro. Ora, a carta de Anne preencheu essa necessidade. Ela é datada do dia 7 de setembro, que foi o dia em que anotei um estado muito especial de felicidade.

Foi no dia 23 de setembro que resolvi pedir sinais que facilitassem a minha decisão. Foram muitas as sincronicidades, uma depois da outra.

Numa visita, uma amiga me pediu notícias de Anne e do retiro de Clóvis no dia seguinte ao meu pedido de sinais.

Numa conversa com o meu amigo Jak Pilosof, dei-me, de repente, conta de que eu tinha vindo ao Brasil há 33 anos para ficar por três meses, o que dá o número 333 do retiro. Está anotado também que, na hora de tomar nota dessa conversa, me lembrei de que o número simbólico da esfinge, que calculei para a minha tese usando uma fórmula de redução aritmética da palavra Kerub, era 3.333.

No dia 24 de setembro, preocupado em falar com os meus jovens amigos sobre a comunidade na minha casa, eu os encontro, "por acaso", num restaurante vegetariano. Diante de minha proposta, eles concordaram com a idéia. Um deles estava sentado e tinha atrás das suas costas uma *tanka* ou mandala tibetana, praticamente a mesma que eu tinha em casa. Antes de deixar a minha casa, eu havia olhado para ela, perguntando-me se deveria fazer o retiro ou não. Isso já era demais para mim! Quem havia arrumado essa situação toda, com toda essa finura de detalhes?

Mas a história não pára aí! Eu precisava falar com Jak para saber se ele aceitava a incumbência. À tarde, Jak me telefonou para marcarmos um jantar. No momento em que ele aceitava a minha proposta, o garçom colocava os pratos na mesa. Jak me fez observar o engano do garçom; ele tinha colocado três pratos em vez de dois. Jak, ironicamente, disse: "333..."

Eu precisava conversar com o professor Antônio Luiz para saber se ele concordaria em me substituir na cadeira de Psicologia Transpessoal. Na mesma noite, encontro-o no *shopping center*! No dia seguinte, Nair, a secretária do meu consultório, anunciou-me que iria se afastar a partir de dezembro... Eu nem teria o trabalho e a frustração de despedi-la. No dia 26 de setembro, chegou uma carta de Anne dizendo que Pemala me aconselhava a me preparar para ir em fevereiro, e que eu podia levar a minha namorada, para o então orientador-geral do nosso retiro, Khyentsé Rimpoché, decidir sobre a conveniência do retiro para os dois.

Um detalhe: a carta estava datada do dia 24, correspondendo ao dia do maior número de sincronicidades. Mas as dúvidas continuaram. A natureza de um intelectual como eu é a dúvida: duvidar de tudo. Será que tudo aquilo não seria um conjunto de meros acasos, alimentados pela minha fértil imaginação?

Resolvi, então, no dia 13 de dezembro, pedir mais um sinal sobre a minha missão de transcender todos os "ismos". Cinco minutos depois, abri o livro de Needelman sobre as novas religiões. Fiquei pasmo, boquiaberto de surpresa. Era uma página sobre a linhagem tibetana dos Nyingma Pás, justamente a mesma a que pertencia Pemala. Mas não era só isso. Estava lá, naquela página, uma descrição do retiro 333!

Vou parar aqui de contar sinais, pois eles se multiplicaram a tal ponto que se tornaram habituais, e deixei de os anotar, pelo menos os mais banais. Para terminar, só quero dizer que um dos maiores obstáculos para a minha ida desapareceu: a minha filha Vivianne libertou-me para fazer o retiro. Um casamento simples, mas emocionante justamente pela sua simplicidade, numa pequena igreja de Juiz de Fora. Ela se casou no dia 5 do mês de dezembro, do mesmo ano de 1981. Foi como se já estivesse escrito que o ano terminaria com esse casamento. Era também, para mim, o sinal do fim de uma era da minha existência.

Fechamento de um ciclo

A minha filha Manou veio da França para o casamento. Alguns dias antes, fomos para Ouro Preto, e lá, ao passar com ela, descobri que, de pai e filha, o nosso relacionamento tinha se transformado numa sólida e profunda amizade. Embora sem muita manifestação exterior, cada um de nós sabe que ama e é amado, o que eu acho lindo. Tornei-me amigo e confidente de Manou e vice-versa.

No casamento, emocionou-me muito o conjunto de discursos dos irmãos de Osvaldo, o marido de Vivianne:

"Vivianne é uma flor que recebemos na nossa família muito unida."

E era assim que eu também sentia. Vivianne é uma flor, sensível e delicada. Dancei com ela a primeira valsa, conduzindo-a para Osvaldo e chorando muito. No momento, tenho de parar de escrever estas linhas, pois estou com os olhos cheios de lágrimas de emoção pura diante da beleza e do verdadeiro amor que dedico a ela. E ela a mim.

Tenho duas filhas que amo muito. O meu retiro só poderia aprofundar ainda mais esse amor, estendendo-o a muita gente... Voltei para Belo Horizonte e passei dois dias saudosos e tristes. Eis o que escrevi no dia 6 de dezembro:

"Continuo triste sem saber o que está acontecendo. Choro ao falar ou pensar em Vivianne. Algo tocou fundo em mim nesse casamento. Não consigo saber o que é. Uma enorme saudade, completamente irracional. Uma dor profunda. O fim de uma época que jamais voltará. Desespero, solidão. Amo a Vivi do fundo do meu coração. Estou triste, chorando..."

No dia seguinte, consegui entender melhor o que havia acontecido. A passagem dela para outra família havia criado em mim um sentimento de perda. Cheguei à conclusão de que isso era *maya*, o que quer dizer "ilusão" em sânscrito. Eu não estava perdendo nada. Estava apegado a uma idéia de que Vivianne era "minha". Mas, ao entregá-la ao marido, eu não estava perdendo nada nem ninguém... — "Tudo isso são pensamentos criados por mim mesmo." Não correspondem à nenhuma realidade, pois ninguém é propriedade de ninguém. Desapeguei-me da idéia, e isso me acalmou. Mas restava um fato. Eu estava passando para uma nova fase da minha vida e, pela primeira vez, tomei consciência disso.

Uma mudança consciente

Foi na véspera de Natal que Vivianne me telefonou. Eu já estava decidido a fazer o retiro e contei isso a ela. Do outro lado da linha, ouvi um choro, e me arrependi da maneira abrupta dessa comunicação num dia inoportuno. Mas não havia outro jeito de dar-lhe a notícia, pois eu sabia que ela iria viajar no dia seguinte. Mas, depois, ela compreendeu o alcance dessa minha decisão e se conformou.

Pela leitura das minhas anotações, a decisão continuava a me apavorar, embora me encantasse a perspectiva de transcender o meu ego...

Um mês depois, no dia 25 de janeiro, já parecia estar num outro estado de humor, e muito mais lúcido. Eis as minhas próprias palavras copiadas do meu diário de bordo:

> É um momento muito importante para a minha evolução, pois estou de um lado tomando consciência dos meus apegos à medida que me desligo e, pela primeira vez na minha vida, estou consciente dessa mudança de fase, e ainda mais, me sinto capaz, num certo sentido, de dirigir a minha própria mudança; ao dirigir a própria mudança eu, ao mesmo tempo, procuro me sintonizar com os eventos, que sinto como sinais que me indicam a direção a seguir. E, ao mesmo tempo, começo a duvidar dessa autodireção, pois auto significa ainda dualidade; eu sei (saber intelectual) que sou o todo, mas me falta a sabedoria da experiência transpessoal.
>
> É incrível, por exemplo, eu observar o seguinte fato. Vou embora sem poder ver publicados os meus dois últimos livros, *A revolução silenciosa* e *Sementes para uma nova era*, daqui a alguns meses, pois já estarei em retiro.

Alguns meses antes de partir, eu tinha ido visitar e conhecer Diaulas Riedel, diretor-presidente da Editora Cultrix/Pensamento, para apresentar *A revolução silenciosa*. Senti por ele uma profunda amizade, como se fosse um irmão. Ficamos durante muito tempo nos correspondendo. Ele se entusiasmou pelo livro ainda mais, disse ele, porque eu tinha tomado contato citando a maioria dos autores que estavam no programa de publicação da editora. A editora adotava uma nova linha de publicações, procurando unir ciência e tradição. O meu livro constituirá uma boa introdução para essa mudança.

Quanto a *Sementes para uma nova era*, apresentei-o à minha amiga de longos anos, Rose Marie Muraro, que nessa época era diretora editorial da Editora Vozes. O livro foi aceito sem dificuldade, pois representava, cómo indicava o subtítulo; "Um livro de emergência para uma situação de emergência." Aliás, ele continua bastante atual.

A perspectiva de eu ficar sem correio e de sentir certa frustração com isso coloca em evidência um apego, o de poder contemplar as capas desses dois livros e de ter o prazer de ver publicada a minha obra. Houve um sentimento de frustração emergente e uma vontade de pedir "autorização" a Pemala, "visto como figura paterna de autoridade". Na realidade, eu nem sabia se haveria essa proibição. Contemplar um livro recém-publicado é um prazer narcisista, idêntico ao de me olhar num espelho e de me achar bonito. Mas há também a alegria pura, provocada pela beleza da obra criada. O que predomina, não está claro para mim.

A Sabedoria da qual falei mais acima, eu iria adquirir no meu retiro com os lamas, por meio da "investigação interior". A última sincronicidade foi que, no último dia em que fechei o consultório, apareceu um candidato para comprar um apartamento que me causaria preocupações, pois eu havia atrasado as prestações. Estava desfeito o último motivo de preocupação.

Estava de malas prontas.

III

Sala de Espera

Abandonando durante todo o tempo as atividades fúteis e dispersivas, tanto exteriores quanto interiores, permanecer na não-ação é o verdadeiro lugar solitário.

Dudjom Rimpoché

A chegada

A viagem para a França correu muito bem. Fiquei na casa da minha filha e do meu genro, no sul do país, para me despedir deles e dos meus netos. No dia 15 de fevereiro, já estava em Montignac, lugar do Centro de Estudos Budistas dirigido por Pemala.

O lugar é lindo, com uma pequena aldeia, um castelo medieval e várias casas enormes, onde foram instalados dois centros tibetanos de duas escolas diferentes parecidas com as ordens monásticas católicas. Uma das propriedades situa-se dentro de uma floresta. O isolamento relativo do lugar permitiu montar o primeiro centro de retiro onde se encontrava o meu amigo Clóvis. As propriedades foram doadas por Bernard Benson, líder pacifista e pai de Anne Benson.

Um detalhe bastante simbólico é que se trata de uma região de grande riqueza paleontológica, onde foi encontrado o famoso homem pré-histórico de Cro-Magnon. Muitas grutas, onde moravam os homens das cavernas, são hoje pontos turísticos. Algumas casas foram construídas aproveitando o espaço de certas grutas. A família de Pemala mora numa dessas casas, o que muito lhes lembra as grutas de sua terra, o Tibete, onde os grandes mestres faziam seus retiros e transmitiam os seus ensinamentos. Num certo sentido, eles se sentem em casa e acham que essa região não foi escolhida por acaso...

À noite, sonhei que um lama me abraçava carinhosamente. A minha sensação foi de que não era sonho, mas um abraço real. No dia seguinte, encontrei Pemala, andei um pouco com ele e contei o sonho; ele falou que era um sonho muito alvissareiro.

Ele me explicou que o retiro iria se realizar perto de Perigueux, num lugar onde já existiam pequenos chalés que já haviam servido para um centro de zen-budismo. Mas que ele só teria certeza quando chegasse Khyentsé Rimpoché, um dos maiores mestres do Tibete, com mais de 85 anos de idade, que iria dar uma supervisão a Pemala no que se referia ao nosso retiro.

Pemala disse-me também que ele iria decidir sobre a aceitação definitiva da nossa candidatura e nos daria ensinamentos preparatórios, antes que o retiro propriamente dito se iniciasse.

Pemala disse-me também que, se eu quisesse ir à Índia, participar do Congresso Transpessoal, ainda estaria em tempo. Aí estava a resposta para uma das minhas dúvidas "atrozes" que constituía obstáculo para o meu retiro. Paradoxalmente, decidi não ir. Só muito mais tarde, depois de vários anos do término do retiro, foi que me dei conta que Pemala tinha razão. Aliás, um grande lama como ele nunca falha no seu aconselhamento. Estava claro para ele; hoje está claro para mim, preocupado com a lei do karma, que diz que, neste mundo relativo, toda ação provoca uma reação. Praticamente, trata-se da nossa bem conhecida lei de causa e efeito na ciência, extensiva ao comportamento humano. Todo compromisso assumido cria a responsabilidade de cumpri-lo; o não-cumprimento traz conseqüências imprevisíveis. Eu tinha reservado hora no programa para falar sobre modelos modernos para símbolos antigos e um seminário sobre o "Cosmodrama". Resolvi mandar um telegrama explicando a minha situação. É claro que causei uma decepção. De fato, isso me afastou do movimento transpessoal por muitos anos e eu perdi contato com bons amigos. Só muito recentemente é que voltei a ser convidado para os congressos internacionais sobre a psicologia transpessoal. O pior de tudo isso é que eu poderia ter ido. Mas estava demasiadamente fascinado pela idéia de começar logo a participar do preparo e de me ambientar.

Ambiente de aprendizagem contínua

As explicações de Pemala sobre as precauções e os cuidados tomados pelos mestres, antes de iniciar o retiro, convenceram-me de que aquilo não era a casa da sogra...! Aliás, eu tinha entendido que me submeteria a uma simples formação pessoal. Na realidade, eu estava sendo preparado para ser monge, no mínimo durante três anos, uma espécie de contrato que me assustou muito. Mas eu estava fascinado demais pelo ambiente e pelas perspectivas em relação ao que estava em jogo, isto é, uma nova visão do mundo, o que tornou esse medo algo bastante secundário. Mas ele estava presente e, como o leitor deve se lembrar, começou a despontar no Brasil.

E não era só eu que estava com medo. Praticamente todos tinham ainda muito receio desse salto no escuro. Um dos rapazes, mais adiantado nos ensinamentos, disse que havia uma recomendação para os discípulos: *No hope, no fear*. O que significa, em português, nem esperança, nem medo. Essa frase ficou muito tempo na minha cabeça. Hoje ela está incorporada ao meu coração. É um lema bastante valioso que costuma chocar à primeira vista, sobretudo aos leigos. Como? Abrir mão da esperança? Então não sobra nada, pois eu vivo de esperança... Alguns começam a pechinchar e propõem uma palavra mais amena: expectativa. Aos poucos descobri que, por trás dessa simples recomendação, havia uma chave para viver em paz por ser livre do apego que provoca toda espécie de esperança. Pois por trás da esperança vem o medo de não acontecer o que a gente está esperando, ou de que aconteça diferente. É algo automático. Sem o peso da esperança, tudo o que acontecer é uma dádiva. E se não acontecer, não há nenhum prejuízo, já que não se esperava nada!

De vez em quando, eu me fazia uma grande pergunta: "O que é que eu estou fazendo aqui?" A situação parecia tão estranha! Não me lembro mais quem me disse que essa era uma das questões básicas de todo o retiro. O que fazemos nesta terra. Qual o sentido da nossa existência neste planeta? Gostei desse alargamento da questão particular para uma questão vital por cuja resposta eu ia fazer esse retiro.

Pedi conselhos a Pemala sobre certos fenômenos que se passavam durante a minha meditação. Ele respondeu que, na meditação, os fenômenos eram secundários. O essencial era a consciência, a constante presença de espírito.

Em seguida, ele enumerou quatro fases pelas quais passam os que praticam o Dharma:

1. A compreensão justa.
2. A experiência.
3. A realização.
4. A liberação.

Essa simples enumeração foi dada sem comentários. Fiquei surpreso pela existência de uma fase posterior à realização. Eu pensava que a realização era a última fase!

Em contato com os lamas, a gente aprende o tempo todo. Por exemplo, uma das participantes perguntou se ela poderia sair de vez em quando. Pemala respondeu com bastante senso de humor: "Sim, você pode sair, (...) do Samsara!"... Para quem não sabe, Samsara significa o mundo da ilusão, gerador do nosso sofrimento, uma espécie de círculo vicioso em que repetimos constantemente os mesmos erros. Então, para viver feliz, precisamos aprender como sair do Samsara.

Na mesma hora, um dos rapazes que estava com a sua esposa disse que eles se amavam muito. Resposta de Pemala: "Nós vamos ampliar este amor..." "Ah, que bom!", respondeu o rapaz, encantado. — "Para todos os seres!...", completou Pemala.

Que bela resposta àquela afirmação que eu já havia discutido no meu livro *A revolução silenciosa*, sobre o amor enfunilado e limitado exclusivamente ao casal. É claro que não se trata aqui da forma sexual do amor, em geral bastante possessiva, mas do amor altruísta, generoso, do Amor com "A" maiúsculo.

Perguntei a Pemala qual era a diferença entre amor e compaixão. Ele define o amor como querer o bem para todos os seres. A compaixão, como o desejo espontâneo de aliviar uma pessoa que sofre.

Num ensinamento para todos, Pemala revelou-nos que existem quatro sentimentos sem fronteiras:

— O amor
— A compaixão
— A alegria
— A equanimidade

Mais tarde, no seu ensinamento introdutório, Khyentsé Rimpoché iria aprofundar esse tema. Durante todo o período dos ensinamentos, continuei com altos e baixos no meu estado de humor. Apesar de todas as análises e decisões anteriores, continuava bem viva na minha mente a questão: Devo ou não fazer este retiro! Enquanto não me decidia, resolvi lavar pratos...!

Lavando pratos

Pemala foi a Paris receber Khyentsé Rimpoché na sua chegada do Nepal. Como o Tibete foi ocupado pela China comunista, os grandes lamas refugiaram-se em regiões com clima e tradições budistas equivalentes, isto é, no Nepal e no norte da Índia. Khyentsé Rimpoché estava iniciando a construção de um mosteiro, próprio para receber ocidentais ávidos de ensinamentos.

Todos nós já havíamos nos mudado para o lugar onde irá se realizar o nosso retiro; ainda não morávamos nos bangalôs definitivos, mas em chalés fora da área do retiro propriamente dito.

O lugar era relativamente isolado da cidade de Perigueux, capital do Departamento da Dordogne. É uma floresta de carvalhos, com chão enfeitado de um tapete de samambaias que mudavam de cor conforme as estações do ano. Ficavam verdes no verão, marrons no outono e permaneciam assim no inverno. Estávamos no fim do inverno, e elas já estavam se preparando para esverdear de novo.

A área reservada ao futuro retiro compreendia de oito a dez pequenas cabanas de madeira, um banheiro coletivo com chuveiros, um templo e um refeitório com cozinha. Havia ainda uma pequena oficina com garagem ao lado. As cabanas eram afastadas umas das outras por uns 50 metros de distancia. Eu ambicionava a primeira delas, a mais afastada de tudo e de todos.

Ainda estava frio e estávamos todos agasalhados. Preparávamos cortinas, limpávamos vidros com álcool, colocávamos o aposento de Rimpoché em condições de recebê-lo.

Em princípio, fazíamos rodízio para lavar e enxugar os pratos. Mas, aos poucos, não me lembro muito bem por quê, essa tarefa caiu sistematicamente nas minhas mãos. Até o fim dos três anos, virei lavador de pratos. Se não tivesse aprendido nada, pelo menos ficaria doutor em pratologia!...

Tenho até anotações sobre a minha motivação de lavar pratos. O que é que me fazia lavar os pratos de todo mundo? Eis, textualmente, o que escrevi no dia 23 de fevereiro de 1982.

Lavar os pratos

— Mostrar aos outros o que sou capaz de fazer;
— Descondicionar-me da minha aversão burguesa (lavar pratos).
— Integrar-me ao grupo.
— Medo do julgamento dos outros (caso recusasse prestar esse serviço).
— A motivação de ajudar por amor está muito pouco presente. Isso é para mim motivo de inquietação.

Ao ver essa lista com os olhos de agora, em 1999, fica bastante claro que coloquei em primeiro lugar um motivo exibicionista, ou seja, o desejo de ser admirado ou elogiado. Isso faz parte da minha vocação teatral. O desejo genuíno de ajudar por amor, de servir aos outros, vem em último lugar.

Mais tarde, durante o retiro, irei fazer outra descoberta em relação às vantagens de lavar pratos numa comunidade desse gênero. Essa eu contarei no momento oportuno.

Já faz vários dias que estou me dando conta de um aspecto curioso de escrever memórias baseadas em anotações fiéis da época. É que eu preciso fazer um esforço muito grande para ficar atento para não misturar os meus sentimentos atuais com os do passado. As anotações constituem ótimos pontos de referência para evitar essa espécie de deslize.

Como é diferente a minha postura e motivação ao prestar um serviço, como lavar pratos, daquela que move os grandes mestres. Neles só há amor e compaixão! Por exemplo, na mesma época que comecei a lavar pratos, surpreendi Pemala carregando, apenas com a ajuda da Anne, imagina o quê! Nada mais, nada menos do que o lixo de todos nós para o lugar da coleta, na entrada da propriedade!

Ninguém nunca ficou sabendo disso.

Como diz o Evangelho: a sua mão esquerda não deve saber o que faz a sua mão direita... O orgulho se apoderava de tudo, nos mínimos meandros de minha alma. Mas não é só isso. Chovia muito e a terra era feita daquele tipo de barro bom para cerâmica. Em outras palavras, era preciso remover aquele barro para que fosse construído um caminho de cascalho até o templo. Descobri Pemala, sozinho, removendo o barro no meio da chuva. Corri para ajudá-lo. O seu gesto de amor desprendido acordou o mesmo sentimento dentro de mim. É assim que eles ensinam: pelo exemplo. É isso o que acontece a toda hora do dia e da noite em torno de um verdadeiro mestre. Eles estão aí para nos mostrar na prática cotidiana que é possível ser verdadeiramente bom...! E, lavando pratos, tomamos consciência das nossas limitações e barreiras à transcendência. E assim descobri um grande método para dissolver o ego: lavar pratos...!

Fantasias do dentro e do fora

À medida que o tempo ia passando — e ele passava cada vez mais depressa para mim — já durante os ensinamentos de Khyentsé Rimpoché, que já havia chegado, a minha decisão de fazer o retiro ficou mais firme, e meus temores também...

Um deles foi o de que uma vez internado, pudesse entrar em pânico e querer sair do retiro para ver alguma coisa diferente, fugir da monotonia ou ficar atraído pelo fruto proibido, que é sempre melhor para comer.

Como sou muito criativo, veio-me um estratagema mental que me propiciou uma certa calmaria. Imaginei que, uma vez lá dentro, criaria nos próprios limites do local do retiro, que era muito grande, uma fronteira que eu nunca iria ultrapassar. Se por ventura, sentisse comichões para sair, eu iria transpor aquele limite traçado por mim mesmo, na minha fértil imaginação! E, então, iria desfrutar as delícias do que se encontrava fora dele!

Não é preciso dizer que, uma vez dentro, nada disso aconteceu. O que houve foi mais uma auto-aprendizagem sobre a relatividade do dentro e do fora. O que descobri foi algo maravilhoso, que você leitor só poderá entender quando tiver me acompanhado dentro do retiro... Tenha a paciência de esperar o próximo capítulo. Um pouco de suspense não faz mal a ninguém...

Voltando ao assunto das dúvidas, eu tive de encontrar um meio de sair dessa ambivalência infernal.

Um balanço final

Assim, achei uma série de sistemas para aliviar a minha ansiedade por ter tomado a decisão de fazer o retiro. Como já o assinalei no capítulo anterior, o fato de tomar uma decisão provoca uma dissonância interior em que aparecem as alternativas rejeitadas. No meu caso, as alternativas rejeitadas eram as vantagens de ficar fora do retiro.

Por isso, várias vezes, fiz listas das vantagens e inconveniências de se fazer retiros, isso para me convencer de que a decisão era acertada, já que o número de vantagens era superior aos inconvenientes. O próprio ensinamento preliminar de Rimpoché alimentava a lista positiva. Eis a principal lista, que fiz em 17 de março de 1982. Estávamos aproximadamente a um mês do início.

Fazer retiro

VANTAGENS	INCONVENIENTES
1. Sublimação e transmutação da minha sexualidade	• Abstinência sexual completa
2. Plena realização	• Nenhum contato com a "civilização"
3. Completo controle	• Não ver mais os meus livros
4. Livrar-me do ego	• Tristeza de Vivianne
5. Dar um fim às minhas repetições compulsivas	• Riscos de doença
6. Dissolver a minha neurose de abandono pelo feminino	• Risco de guerra
7. Estabilizar e clarear a minha relação com o feminino	• Risco de problemas políticos
8. Dissolver mágoas	• Aderir a um "ismo"
9. Desbloquear a intuição	• Clima muito úmido
10. Equilibrá-la com o racional	• Frustração em relação às roupas
11. Preparar nova fase da minha existência	• Distância de Montignac
12. Melhorar a transmissão da psicologia transpessoal	• Perder de um a três anos de desfrutar a vida.
13. Oportunidade única ou rara	• Banheiro e privada distantes dos alojamentos
14. Participar de futura síntese entre psicologia tibetana e ocidental	• Roupa de monge
15. Como me comportar no Samsara	• Monotonia dos rituais

Como podemos constatar, há um respeitável empate entre os motivos para ficar e os para desistir. Ao mesmo tempo, os argumentos de um e outro lado aumentaram muito em relação aos que apresentei no Brasil.

Uma vez mais perto da realidade, muitos detalhes apareceram que, a distância, eu nem podia imaginar. A distância até os banheiros, que eu tinha às vezes de percorrer debaixo de chuva e neve; tirar e pôr as botas cada vez que entrava e saía de qualquer recinto; ficar vestido de monge durante três anos; não consegui me adaptar à monotonia dos rituais que me lembravam demais os da minha infância, o que relatei em *A revolução silenciosa*; isso era algo pessoal, pois muitos se adaptaram rapidamente e viraram peritos no assunto.

Mas, ao fazer a comparação das duas colunas, tenho de reconhecer que a segunda contém detalhes insignificantes, em confronto com a magnitude da primeira lista. No que se refere a ter de deixar de participar de um movimento de paz, a questão foi resolvida diretamente com Pemala. Ele achou que, efetivamente, se eu quisesse, poderia me tornar um ativista da paz. Mas que isso me levaria a ficar num aspecto muito superficial da questão. Se, pelo contrário, fizesse o retiro, eu entraria a fundo na questão e aprenderia muito sobre as verdadeiras causas da violência e como despertar a paz em cada ser humano.

Hoje, devo reconhecer que sou grato a Pemala por esse conselho que me convenceu, pois do contrário jamais teria sido capaz de realizar o que desenvolvi depois do retiro!

O que mais me chama a atenção é que, nas duas colunas, coloquei o assunto do sexo em primeiro lugar, e isso de modo espontâneo e sem pensar. De um lado eu queria transcender e, de outro lado, não queria pagar o preço... Outro aspecto que me surpreende hoje é que o verdadeiro amor e a compaixão não aparecem como aspecto positivo de realização. Por isso é que se revelam necessários os ensinamentos preliminares, dos quais Pemala já nos tinha dado um antegosto.

Ensinamentos preliminares

Todos os ensinamentos foram dados ainda em Montignac, no centro da Escola Tibetana dos Nyingma — Pás, uma residência da época do Renascimento, chamada La Sonnerie. O budismo tibetano tem várias escolas, sendo que Khyentsé Rimpoché representava todas elas, dentro de uma linha ecumênica chamada Rime.

Pemala explicou-nos que Khyentsé Rimpoché era um ser totalmente desperto e liberto, um dos raros remanescentes que haviam conseguido escapar das perseguições chinesas. Onde ele aparecia, centenas de milhares de discípulos iam reverenciá-lo e receber seus ensinamentos. Às vezes, percorriam longas distâncias durante meses para chegar a ele. Nos meios budistas, ele tinha o título de Sua Santidade, como o Dalai-Lama.

De estatura física imponente, ele tinha mais de dois metros de altura. Devido ao peso da idade, só podia andar sustentado por dois monges que sempre o acompanhavam. Um deles era um renomado pesquisador de biologia, um francês que largou sua brilhante carreira para seguir os passos dele.

Assim, todos os dias íamos de carro até La Sonnerie. É impossível neste espaço transmitir todos os seus ensinamentos. Não somente porque ocuparia vários volumes, mas também porque cada ensinamento atinge a pessoa em dois níveis: no nível puramente verbal e intelectual e, também, em níveis energéticos mais sutis.

Mesmo quando os ensinamentos eram dados em tibetano, sem que ninguém compreendesse, como era o caso de certas leituras de texto, dizia Pemala que o efeito da leitura transcende o seu significado verbal.

Por todas essas razões, tecerei comentários sobre aspectos essenciais para mim e, provavelmente, para muitos leitores; coisas que me surpreenderam ou emocionaram, entre outras.

Antes de começar, quero deixar bem claro que a sucessão das descrições deste capítulo sobre a sala de espera não corresponde à sucessão real dos eventos. Pensei mais na clareza do texto para o leitor. Por exemplo, a lista que acabo de expor foi redigida, na realidade, depois que Rimpoché já havia feito sete palestras.

Faço essa ressalva para colocar em destaque a metodologia tibetana. A prática de cada ensinamento se faz pela aplicação espontânea do seu conteúdo na prática cotidiana, seja na relação consigo mesmo ou com os outros. Por exemplo, a lista que fiz, já teve a influência do ensinamento.

Logo no início, Rimpoché nos avisou, de maneira humorística: "Que vocês queiram ou não, os ensinamentos do lama vão penetrar em vocês!" Achei isso interessante, e me surpreendeu outro aviso, nas primeiras palestras. Escrevi-o no meu livro de anotações, em maiúsculas: "No fim, não há ninguém para ser iluminado, pois não existe nenhum eu!"

Assim, de chofre, sem aviso prévio, Rimpoché nos deu a chave de todo o ensinamento de Buda: *Anatman* em sânscrito, significa "a inexistência" de um eu, de uma pessoa, de um ego separado do resto do universo. Se o anotei é que para mim já era óbvio. Mas, mesmo assim, eu estava entrando num retiro para realmente realizar essa evidência intelectual num plano vivencial.

Uma das características de todos os ensinamentos e textos sagrados das grandes tradições é que eles foram redigidos ou expressos por seres iluminados, de tal modo que cada um possa entendê-los, mas de modo diferente, de acordo com o seu nível de compreensão. O próprio Jesus, ao ser questionado sobre por que falava em forma de parábolas, explicou que isso se dirigia ao povo, mas que para os seus discípulos o ensinamento era outro, e não era para este século...

Descobri isso sozinho. O mesmo texto, lido em épocas diferentes, toma um significado muito diferente em função do progresso do meu entendimento e, sobretudo, da prática da qual acabei de falar.

Rimpoché descreveu para nós as grandes fases pelas quais íamos passar no retiro. Elas correspondem às três grandes escolas tibetanas, que seriam distribuídas eqüitativamente ao longo dos três anos, a saber: hinayana, mahayana e vajrayana. O hinayana, ou pequeno veículo, é o ensinamento de iniciação para as pessoas que precisam dar os primeiros passos. São os ensinamentos básicos do Buda. No segundo ano, é ministrado o mahayana, ou grande veículo, em que se desenvolve, sobretudo, a compaixão. E, no terceiro ano, são transmitidos os ensinamentos do Dzog Chen, os mais reservados para discípulos que já percorreram os dois primeiros degraus. O Buda Sakyamuni não teve tempo de transmiti-los durante a sua existência. Por isso, uma emanação dele, sob a forma do segundo Buda Padmesambhava, o fundador da linha tibetana do budismo, se encarregou de transmitir esses ensinamentos sob forma de tantras, ensinamentos que constituem a essência do Dzog Chen. Os ensinamentos eram dados em tibetano e, depois, traduzidos para o inglês.

Fiquei muito emocionado quando percebi a composição da turma do futuro retiro; uma verdadeira amostra internacional que já recebia os ensinamentos. Veja só! Quatro franceses, sendo um casal, um australiano, três dinamarqueses, sendo um casal, um africano, uma alemã, duas norte-americanas, uma brasileira e um norueguês.

Eu que, no Brasil, tinha ficado encantado com a perspectiva de fazer o retiro no meu país de origem e na minha própria língua, encontrei-me então numa situação completamente surrealista: fazer um retiro numa floresta francesa, recebendo ensinamentos em tibetano traduzidos para o inglês mais ou menos compreensível, conforme o sotaque do tradutor, e eu começando a tomar aulas de tibetano, cuja estrutura gráfica é muito parecida com o hebraico! Esse último aspecto lembrava-me do meu desespero quando aprendi hebraico na minha infância.

A monotonia das longas leituras em tibetano, os intermináveis cerimoniais e preces, também monótonas, aumentaram ainda mais o meu pânico e desespero. Será que iria agüentar três anos nessa situação?

Um dia, ao esperar numa fila para ser recebido para uma entrevista com Rimpoché, entrei em desespero. Precipitei-me ajoelhando-me e, repousando a minha cabeça no colo do mestre, desabei a chorar. Chorei tudo o que eu tinha acumulado de tristeza e desespero nos últimos meses! Com toda a sua doçura e ternura, ele colocou a mão na minha cabeça. Seu amor incondicional me acalmou. Senti a força da compaixão na hora! Nós nos entendemos diretamente, apesar de não falarmos a mesma língua.

A minha tristeza tinha aumentado ainda mais, pois eu havia recebido a notícia da Guerra das Malvinas entre a Argentina e a Inglaterra. O que me deixava mais triste ainda era o absurdo do motivo dessa guerra: uma ilha perdida nos mares do Sul! Devo dizer que levei essa tristeza específica para dentro do retiro. Foi ela que provocou certa situação muito especial, que motivou o título deste livro. Mas não vamos nos antecipar, pois há ainda muito para contar até chegar lá.

Mais tarde, perguntei a Pemala por que não se fazia uma adaptação do sistema tibetano em função das necessidades da cultura ocidental. Ele explicou-me que o budismo havia se adaptado a muitas culturas, mas que só nós, depois que tivéssemos recebido os ensinamentos, estaríamos à altura de realizar essa missão. Isso me convenceu e me deu mais uma razão para ficar. Ele me mostrou também um livrinho com orações em tibetano, no formato aproximado de um tijolo oblongo, típico de todos os textos tibetanos. Era um compêndio de práticas para os três primeiros meses do retiro, chamadas rnangdro (ler "Nandro"). Ele explicou-me que o seu pai, Kanjur Rimpoché, as tinha redigido especialmente para nós. Isso não me convenceu, pois eu esperava algo mais prático, tipo psicodrama. Mais uma demonstração do lema lançado para esse período: Nem esperança, nem medo. Eu estava projetando as minhas expectativas de psicoterapeuta e educador ocidental numa cultura espiritual com metodologias em grande parte bem diferentes, embora vivesse depois no retiro situações tipicamente psicodramáticas.

Em relação ao perigo de guerras, eu já tinha recebido uma correspondência no Brasil, respondendo a uma consulta minha sobre o assunto, assegurando-me que os lamas tinham consultado os seus oráculos e que o retiro, nos próximos três anos, não seria perturbado por nenhuma guerra. É verdade que a Guerra das Malvinas acontecia bem longe da França.

Rimpoché nos deu uma antecipação do conteúdo dos ensinamentos e práticas do retiro. No dia 27 de março de 1982, ele retomou o ensinamento de Pemala sobre os quatro sentimentos a desenvolver no caminho do despertar: a alegria, o amor, a compaixão e a equanimidade. Ele deu um passo além das explicações já transmitidas por Pemala, explicações essas que achei muito importantes, pois foram objeto de anotações no meu diário. Rimpoché fez observar que a equanimidade se refere especialmente aos três outros sentimentos: ter alegria, amor e compaixão para com todos os seres.

Ao meu lado estava uma das nossas futuras companheiras de retiro. Atraiu-me a atenção o fato de ela expressar um entusiasmo desmedido, como se Rimpoché estivesse fazendo um gol! Depois do ensinamento, perguntei-lhe o porquê daquela sua manifestação tão entusiasta. "Sabe, Pierre, é a primeira vez na minha vida que alguém me fala claramente sobre o que é importante na vida!..." Ela me explicou que era filha de uma psicóloga, da geração em que havia predominado a liberdade na educação.

Isso me fez pensar e refletir muito sobre o que se passa com as novas gerações. A experiência de Summerhill, onde O Neil desenvolvia a prática cujo lema era "Liberdade para aprender", e a terapia não-diretiva de Carl Rogers predominavam, na época em que ela foi educada, na mente de psicólogos e educadores. Ambos influenciaram várias gerações de educadores, no sentido de não dar nem direção, nem conselho, pois achavam que cada um encontraria por si mesmo o sentido da existência e seus valores.

Outra influência patente foi a desrepressão sexual de várias gerações, em que se interpretou erroneamente o pensamento de Freud como recomendando a liberdade sexual. Tratei amplamente dessa questão no meu livro *A mística do sexo*.

O resultado de tudo isso é a perda de sentido da existência, resultado de uma rebelião generalizada em relação a uma aplicação totalitária e repressiva dos princípios da tradição judeu-cristã. Creio que eu mesmo faço parte da primeira geração de educadores e de pais "não-diretivos", e que, liberando-se eles mesmos da sua própria repressão religiosa, ficaram sem saber o que e como transmitir qualquer coisa que se refira à questão do sentido.

Então, fomos procurar em outras culturas espiritualistas respostas que, afinal de contas, estão na nossa própria cultura, mas foram transmitidas de modo inadequado. Apenas um exemplo. Os quatro sentimentos recomendados pela tradição tibetana estão no Novo Testamento. Eis o texto que encontrei num estudo comparativo, e que ainda não publiquei, entre textos da Bíblia e o dos sutras e tantras budistas, nas palavras de Paulo:

> Abençoem os que vos perseguem; abençoai, não amaldiçoeis;
> alegrai-vos com os que se alegram;
> chorai com os que choram;
> tende a mesma estima uns pelos outros;
> sem pretensões de grandeza,
> mas sentindo-vos solidários com os mais humildes.
>
> **Rm. 12:14-16**

Fico encantado e deslumbrado com a semelhança entre certos textos das duas tradições. Aliás, eu perguntei a Pemala se eu poderia estudar a Bíblia durante o retiro. Não só ele me encorajou a fazer isso, mas ainda fez uma predição. Ele afirmou que, depois do retiro, eu teria uma nova percepção de todas as escrituras, de todas as tradições, entendendo-as de maneira muito mais profunda.

Recebemos um curso de reforço dado por Khempó, um mestre erudito e com o qual me liguei por uma grande amizade. Mais tarde falarei a respeito dele. Os ensinamentos versaram sobre o karma e de como ele se forma, além de ensinar como cultivar karmas positivos nos planos do corpo, da palavra e da mente.

Longas explicações sobre o sofrimento durante a existência, da vida intra-uterina até a morte. Explicações bastante interessantes foram dadas sobre as relações entre os três venenos, o apego, a raiva e a ignorância e os órgãos do corpo, com a gênese das doenças. Lembrei-me da medicina de Hipócrates. Isso não deve causar surpresas, pois o Tibete está situado num ponto de convergência de influências das medicinas chinesa, indiana e grega.

Perto do fim das aulas, tivemos cada um uma entrevista com Rimpoché, que anunciou quem seria aceito para o retiro. Entre os aceitos estavam eu e minha namorada, que ficou muito contente com esse desfecho. O namoro praticamente se desfez com a entrada no retiro, cujo programa dirigia nossa energia para outros patamares.

Um aniversário diferente

O início do retiro foi fixado para o dia 17 de abril, um dia depois do meu aniversário. Foram sorteados os chalés de cada um. Eu tirei o número 1, que era exatamente o que eu tinha em vista! Mais uma sincronicidade. Isso criou para mim a impressão de estar num ambiente mágico, o que me encantou.

Devo reconhecer que foi uma boa surpresa. Era até meio inesperada, pois desde que eu entrei na escola era sempre chamado em último lugar, pois nas listas de chamada, como o meu sobrenome começa com a letra "W", eu ficava para o fim. Isso tinha vantagens e inconvenientes, conforme a situação. Para as provas orais, era uma vantagem, pois eu ainda podia reforçar uma memorização de última hora. Mas para receber prêmios ou resultados de provas era bastante angustiante!

E eis que, pela primeira vez na minha existência, o destino ou a sorte me colocou em primeiro lugar.

Aos poucos, descobri também que eu era o ancião da turma. O mais velho depois de mim tinha cerca de 40 anos e o resto entre 20 e 35 anos.

Uma história de rabino

Num último pânico, no dia 4 de abril, escrevi uma carta desesperada a Clóvis pedindo socorro. Nunca a mandei! A carta é uma repetição de tudo que já falei neste livro, sobre o balanço dos argumentos a favor e contra.

Vou apenas assinalar que, no meio da carta, falo da aprovação de Rimpoché e da minha atitude de passividade, pronto para aceitar o que desse e viesse. Como disse o governador Valadares, nem a favor, nem contra, muito antes pelo contrário. Não posso definir melhor o meu estado de espírito na véspera do início do retiro.

Resolvi ir ao supermercado de Perigueux e fazer as compras de materiais indispensáveis para o chalé, tais como: cadeira, mesa, abajur, aquecedor elétrico para fazer chá, vassoura, panos, xícara, copos e não sei mais o quê... Instalei tudo no seu devido lugar. Por causa da minha idade, Pemala mandou colocar um aquecedor, pois estava ainda bastante frio e úmido.

E, no dia do meu aniversário, instalei-me simbolicamente no meu barracão. Eu estava com 58 anos. Senti-me aliviado com a sensação de que, enfim, eu estava no meu lugar. Um sentimento gostoso de ter encontrado um novo lar.

Isso me lembra a história do discípulo de um rabino muito conhecido pela sua sabedoria. Como Rimpoché, ele era procurado por milhares de judeus. O discípulo encontrava-se num marasmo, vivendo num quarto com a mulher, a sogra e três filhos. Sua situação financeira não lhe permitia alugar uma casa maior. Passava o dia inteiro no meio de gritos de crianças, queixas da sogra e lamúrias da esposa. "Vou lhe dar uma receita que vai resolver o seu caso", disse o rabino. Isaac, o discípulo, ficou todo feliz... "Peça emprestada uma cabra ao teu amigo Jacó, o agricultor, e coloque a cabra junto de todos, no seu apartamento."

Embora surpreso e atônito, Isaac pôs o conselho em prática, tal era a confiança que ele tinha no rabino. Este lhe tinha pedido para aguardar três meses e de voltar passado esse tempo. Dito e feito.

Isaac voltou depois de três meses dizendo que o inferno tinha quadruplicado nesse prazo fixado pelo Rabino. Ninguém mais dormia, pois a cabra berrava a noite toda; além disso, todo mundo tinha perdido o apetite, por causa do fedor dos seus excrementos! "Muito bem, agora tire a cabra e devolva-a ao Jacó", ordenou o rabino. No dia seguinte, Jacó voltou radiante: "Reina a paz em casa. Minha sogra virou um anjo, minha mulher me dá muito carinho e meus filhos tiraram os primeiros lugares na escola. Muito obrigado!"

Pois é isso mesmo o que aconteceu comigo. Passei por tantas perturbações morais, sem falar no desconforto material, que só me restava um desejo: entrar o quanto antes no retiro!

Aliás, confesso que me perguntei, quando esse desejo apareceu, se Rimpoché não teria montado intencionalmente um cenário um tanto parecido com o do rabino. Nunca saberei... Tudo o que eu sei é que eu estava precisando ficar só comigo mesmo para relaxar e digerir as fortes emoções pelas quais passei.

Em outras palavras, todas as tensões preliminares pelas quais eu passei colocaram-me em condições motivacionais para começar o retiro. Passei a desejar exatamente o que eu tanto temia antes: fazer o retiro, que se tornou o meu refúgio... Foi esse o espírito em que me encontrei no dia do meu aniversário, véspera do seu começo.

IV

Enfim, Dentro!

O ego se define pela ausência de um conhecimento verdadeiro do que somos realmente, assim como pela própria conseqüência desse desconhecimento: a tentativa, condenada ao fracasso, de nos agarrarmos desesperadamente a uma imagem de nós mesmos, fabricada peça por peça; uma imagem aleatória, um eu inevitavelmente charlatão e camaleônico, compelido a mudar constantemente para conservar viva a ficção da sua existência.

Sogyal Rimpoché

Tomada de refúgio

Estávamos todos instalados nos nossos chalés. Havia chegado o dia da cerimônia do refúgio e da expressão dos votos de monge. Entramos no templo, depois de uma longa espera do lado de fora, durante a qual Rimpoché realizou sozinho, completamente isolado, cerimônias e rituais para criar um ambiente energético propício.

Todos os lamas entraram em primeiro lugar; depois foi a nossa vez. Dilgo Khyentsé Rimpoché — esse é o seu nome completo, que cito só para esta ocasião, em homenagem a ele — estava sentado no seu trono, com a sua imponente tiara.

Alguns lamas tinham trazido conchas e flautas de vários tamanhos e se sentaram à esquerda de Rimpoché.

À sua esquerda estava uma imponente e bastante expressiva estátua em bronze de Padmesambhava, ou Guru Rimpoché, como o chamaremos de agora em diante, o Buda fundador da linhagem tibetana. Na frente, oito pequenas vasilhas de vidro com diferentes ingredientes, cujo significado eu iria compreender aos poucos. Parecem objetos de culto, mas, na realidade, são símbolos bastante significativos. O realce todo especial era proporcionado por uma centena de luzinhas que brilhavam, o que dava ao evento, um ar sagrado e, ao mesmo tempo, de festa.

Uns cinco lamas especialmente vindos do Himalaia entoaram mantras a uma velocidade incrível, tudo isso orquestrado com auxílio do enorme tambor do templo e das trombetas e sons de chifres. Para mim, em função do meu passado, isso era uma mistura de cerimônia judaica do dia do grande perdão, em que se toca o chofar, a batucada do candomblé e as trombetas feudais dos caçadores da França.

Rimpoché leu um texto tibetano especialmente escolhido para essa cerimônia. Todos nós, em grupo, lemos os inúmeros votos de monge. Eu nunca soube do seu conteúdo. A única notícia que recebi de outro membro do retiro, já conhecedor do tibetano, era o voto de castidade.

Rimpoché, num gesto simbólico, cortou uma mecha do cabelo de cada um de nós, pois todos iríamos ficar de cabeça raspada por muito tempo...

O ambiente era alegre e a cerimônia terminou com o ato de vestir a roupa de monge.

Quando chegou a minha vez, Pemala mostrou-me como dobrar e amarrar com uma fita o saiote cor de vinho que eu iria vestir durante todo o retiro. Terminando a demonstração de cada gesto e do seu profundo valor simbólico, como, por exemplo, deixar o Samsara na hora de dobrar o tecido bastante grosso para trás, Pemala me declarou solenemente, felicitando-me: "Agora você é um budista!"

Para dizer a verdade, eu não estava preparado para essa afirmação, e levei um susto muito grande. Isso me lembrou de quando era adolescente: uma espécie de clube havia me chamado para jogar pingue-pongue. Na segunda vez começaram a querer me doutrinar em favor dos comunistas da Guerra Civil da Espanha. Nunca mais voltei!

Outra vez, já no Brasil, convidaram-me para fazer parte de um grupo europeu de chefes de pessoal de grandes empresas. O assunto era a conscientização. A certa altura dos trabalhos, um dos participantes afirmou que tinham conseguido politizar o senhor Weil. Protestei e disse que eu não fora àquela reunião para ser politizado!

Assim é que me senti na hora da declaração de Pemala: o de ter caído numa armadilha, à minha revelia. Mas ao olhar para a doçura do gesto de Pemala, e o seu genuíno e puro entusiasmo, toda a resistência caiu, e passei a aceitar aquela situação. Logo depois da cerimônia, fomos raspar a cabeça.

De cabeça raspada

Espontaneamente, as mulheres resolveram assumir a tarefa de raspar a cabeça de todos, homens e mulheres. O banheiro das mulheres foi transformado em salão de cabeleireiro, e, mãos à obra!

Lembro-me de dois tipos de reação das mulheres ao terem seu cabelo cortado; devo reconhecer que o da maioria era excepcionalmente lindo. Umas aceitavam sem pestanejar. Outras pediam para deixar o cabelo curtinho, quase como se estivesse raspado... E de como elas se olhavam no espelho e perguntavam como haviam ficado!

Foi então que notei o quanto de apego, de ego e de vaidade estamos ligados ao nosso cabelo. Os homens não escaparam de se olhar no espelho, inclusive eu. Achei-me mais moço. A tendência geral foi de todo mundo elogiar todo mundo pela bela careca. De minha parte, estava achando que a cabeça raspada dava às mulheres um charme todo especial. Quanto aos homens, eles parecem mais misteriosos e sensíveis, mas também mais masculinos.

Depois de alguns dias, fizemos uma grande descoberta: passar a mão na própria cabeça ou na dos outros causava uma impressão bastante sensual. É talvez assim que gatos e cachorros se sentem quando acariciados.

Com o meu gosto de observar e especular, lá fui eu refletindo sobre as relações do cabelo com a vida espiritual. Pensei na tonsura dos frades, na raspagem do cabelo em certas ordens de freiras. Também pensei na história de Sansão e Dalila. Ao cortar traiçoeiramente o cabelo de Sansão, Dalila tirou-lhe a força. Ao invocar essa história, lembrei-me da seita indiana dos *Sikhs*, cujos adeptos nunca cortam o cabelo.

Khyentsé Rimpoché tinha o cabelo comprido e a unha do mindinho também bastante longa. Explicaram-me que isso aumenta a sensibilidade dos grandes lamas. Cabelos e unhas seriam uma espécie de antenas extra-sensoriais. Acho que é bem por aí. Por enquanto, estávamos com as antenas cortadas...!

Quem sabe isso nos ajuda a cultivar a humildade. Mesmo assim, pude constatar que o nosso ego é tão insidioso que transforma esse estímulo de modéstia em pretexto de vaidade. O ego é o diabo em pessoa!

Afinal de contas, passamos quase tantos anos quanto temos de idade, nos olhando várias vezes por dia no espelho para poder nos pentear direito. Por isso, parece-me evidente que o cabelo está muito profundamente associado à imagem do nosso ego.

Então, ao ver cortada a sua identificação com o cabelo, a pessoa se sente ameaçada de morte. Ela reage imediatamente, moldando uma nova identidade, tão ilusória quanto fictícia e impermanente. Creio que todas as reações acima descritas tanto dos homens como das mulheres, inscrevem-se dentro dessa operação de resgate e metamorfose do ego.

Depois da raspagem da cabeça, cada um foi para o seu pequeno aposento, para arrumar as coisas a fim de começar a entrar no ritmo do retiro. Os homens e as mulheres a partir desse momento se separaram simbolicamente, indo cada um para o chalé da área correspondente ao seu sexo.

Casados ou não, homens e mulheres iriam se encontrar diariamente nas atividades comuns que iremos descrever a seguir: poderiam estudar juntos, mas nada de sexo...!

O ritmo cotidiano

Fomos informados do ritmo diário que seria seguido, sem interrupção, durante os três anos. Na parte da manhã, a gente se levantava às 4 horas e meditava até às 7 horas. Depois do banho, todo mundo se encontrava no templo para os rituais e celebrações matinais. Um sino era tocado por quem havia preparado o templo, por rodízio.

Depois do templo, íamos tomar o café da manhã, às 8 horas. Das 9 horas até o meio-dia, cada um de nós se retirava para o seu barracão a fim de fazer as suas práticas meditativas, até que o sino nos chamasse para o almoço na cozinha.

As funções da cozinha eram as únicas exercidas por uma pessoa que morava fora da área do retiro, que fazia as compras e cuidava da alimentação. A limpeza geral e a dos quartos e banheiros ficava sob a nossa responsabilidade. Em suma, tratava-se de uma organização comunitária simples e perfeita.

Depois do almoço e de um curto intervalo, às 2 horas, o tempo era reservado para os ensinamentos até às 3 horas. Logo em seguida voltávamos para os nossos bangalôs para meditar até às 6 horas. Nessa hora, o sino tocava novamente para a gente praticar orações e rituais no templo. De lá, íamos direto para a cozinha jantar e, das 7h30 às 9 horas, nova sessão de meditação. Às 9 horas da noite, só nos restava entregar-nos aos braços de Morfeu. No dia seguinte, começava tudo de novo.

Como o nosso professor de práticas, Khempó, expressou muito bem, com o senso de humor que lhe era costumeiro: "Vocês não têm nada mais a fazer diariamente do que comer, ir ao banheiro, meditar e dormir!..."

Para mim, esse horário implicava um percurso entre o meu chalé, o templo, a cozinha e a volta ao meu lar. Nesse percurso, comecei a entrar em contato íntimo com a natureza. Pois então eu estava dentro do retiro.

Onde está o dentro?

A primeira coisa que notei nesse percurso cotidiano, o mesmo durante três anos, é que a natureza nunca era a mesma para mim. Nela não havia a monotonia que eu tanto havia temido quando ainda estava fora do retiro! Pequenos animais, como um casal de porco-espinhos, que eu ouvia debaixo da minha casinha, insetos no caminho, muitas lesmas depois das chuvas, uma folha que caía, árvores que mudavam de cor de acordo com as estações, borboletas que enfeitavam alegremente a paisagem e passarinhos que cantavam. Na minha janela, de vez em quando vinha um esquilo comer os grãos que eu deixava para ele.

Fiquei deslumbrado com a beleza da impermanência que reina na natureza. E a impermanência é justamente o antídoto da monotonia que eu tanto havia receado antes de o retiro acontecer.

Eu me sentia muito feliz, com muita paz. Ao chegar ao meu quarto, um manto de uma energia bastante aconchegante envolvia todo o meu ser. Eu me sentia seguro e protegido como se aninhado em braços maternos.

O medo de não agüentar a monotonia desapareceu completamente. Nunca tive vontade de sair. E, por conseguinte, nunca usei o estratagema que eu tinha fantasiado, de criar um limite imaginário que eu iria transpor em caso de claustrofobia. Além disso, houve uma inversão bastante curiosa na perspectiva da relação dentro-fora, tal como a imaginava antes de entrar no retiro, o que, aliás, comecei a descrever no capítulo anterior.

Agora, o que era visto antes do retiro como dentro estava fora do meu quarto quando eu estava dentro dele, ao olhar pela janela. Mas se eu olhava para as paredes, elas estavam fora de mim mesmo. O dentro passou a ser o meu próprio corpo. Essa perspectiva criou aos poucos em mim a sensação de que eu estava morando dentro do meu corpo. Era ali que se encontrava o lugar da minha meditação diária, onde eu adentrava...!

Meditar consiste antes de tudo em adentrar, voltar para dentro da casa que é o nosso corpo, onde se encontra a nossa verdadeira natureza. Creio que com esse jogo imaginário da relatividade do dentro e do fora eu estava concretizando um dos aspectos mais profundos do processo de um retiro como o que eu estava vivenciando, isto é, levar os seus praticantes para dentro deles mesmos, para poderem encontrar, descobrir e desvelar a sua própria natureza, a verdadeira natureza do espírito. Não é justamente esse o objetivo último do retiro?

As práticas meditativas

Realmente, toda a nossa atividade girava em torno da meditação.

Aos poucos, eram-nos transmitidas práticas que consistiam, sobretudo, em visualizar vários tipos de divindades. Cada divindade representa um aspecto da sabedoria unida à compaixão ou simboliza qualidades que precisamos despertar em nós mesmos.

Conjuntamente com a meditação, isto é antes de cada sessão, eu tinha de fazer um certo número de prostrações por dia, centenas e centenas por semana, o total final sendo programado para realizar centenas de milhares delas.

Quando disse que não sentia nenhuma monotonia no retiro, eu me referia à situação geral apenas, pois havia uma situação diária que despertava um sentimento de monotonia e que fazia parte das práticas. Refiro-me ao cerimonial do templo. As preces em tibetano eram intermináveis para mim. Meu aprendizado do tibetano limitou-se à leitura das letras, o que tornava essas horas ainda mais sem sentido. Como tudo na vida tem também aspectos positivos, posso dizer que agora tenho mais paciência e respeito pelas outras tradições.

E o meu lado racionalista arrumou um argumento irrefutável e definitivo: Buda não conhecia o tibetano!

Um sistema pedagógico bastante engenhoso faz com que as três escolas que citei anteriormente estivessem sempre presentes ao longo dos três anos, havendo predomínio de uma delas. Por exemplo, embora o primeiro ano seja consagrado ao Pequeno Veículo, o Hinayana, estavam também incluídas algumas práticas do Grande Veículo, ou Mahayana, e as práticas mais adiantadas ou Vajrayana. Com o recuo dos anos, vejo hoje nessa estrutura um sistema holográfico que pode servir de modelo para planejamentos de educação holística.

Como eu tinha fixado como um dos objetivos aprender sobre a semelhança entre o sonho e a vigília, pedi a Pemala para me ensinar a ioga do sonho lúcido, com o que ele concordou. Voltarei ao assunto no momento oportuno.

O que eu pude observar e concluir é que esse conjunto de práticas, dia e noite sem cessar, provocou em mim um progressivo questionamento quanto a muitos aspectos da minha existência e da maneira de ser comigo mesmo e com os outros. Também me fez passar por *insights* bastante frutíferos quanto às minhas emoções destrutivas, além de estimular mais particularmente a eclosão do amor e da compaixão.

Quanto à minha dificuldade em relação aos rituais, cheguei à conclusão que isso era uma questão cultural minha e que a profundidade e a verdade da tradição intocada que me era transmitida era tão única e maravilhosa que eu só poderia fechar os olhos e passar por cima desse obstáculo. Durante a maior parte do tempo dos rituais, eu fechava os olhos e entrava em meditação ouvindo os cânticos dos meus companheiros e companheiras de retiro.

Seria enfadonho e contraproducente descrever as práticas propriamente ditas. De qualquer maneira, mesmo se eu o quisesse, não poderia fazê-lo, pois seria trair a confiança que Pemala depositou em mim, pois ele não me autorizou a fazê-lo. E, mesmo que me tivesse autorizado, eu seria incapaz de descrever qual a relação entre cada prática e os seus efeitos psicológicos.

O que posso dizer é que o sistema está tão bem montado que os lamas sabem o efeito que vão provocar por meio de cada prática. Muito mais, eles sabem, pela ausência do efeito esperado, que o discípulo não praticou o que foi recomendado.

Daí a sua constante insistência, durante todo o retiro, para a gente pôr em prática os ensinamentos. Vou limitar o meu relato, de agora em diante, aos principais eventos e ao que aprendi durante o retiro.

V

A Prática da Transformação

OS QUATRO FATORES DO DESPERTAR

O despertar é a verdadeira felicidade, ao mesmo tempo temporal e última, a essência de todas as qualidades. Só podemos alcançá-lo com a condição de que sejam reunidos quatro fatores: a causa, o primeiro suporte, a condição coadjuvante e os meios.

A causa primeira é o despertar em estado potencial, natural e unanimemente presente no espírito dos seres.

O suporte é a existência humana, superior a qualquer outra do ponto de vista espiritual, chamada preciosa na medida em que ela é utilizada em proveito do caminho em direção ao despertar.

A condição coadjuvante é o mestre espiritual qualificado, aquele que nos mostra o caminho sem erro.

Os meios são as instruções que dá o mestre, no quadro dos diferentes ensinamentos deixados pelo Buda, sejam eles os sutras ou os tantras.

Sem esses quatro fatores, não podemos progredir na direção do despertar.

Bokar Rimpoché

Descobrindo a minha raiva

Como falei no capítulo anterior, lavar pratos diariamente foi para mim uma grande oportunidade de aprendizado, como a de descobrir as diferentes manifestações do meu ego. Já vimos, logo de saída, o aparecimento do orgulho de ser visto como o generoso, o verdadeiro praticante do dharma. Na realidade, isso era uma máscara.

Certo dia, uma das moças do retiro, no exato momento em que eu acabava de colocar o último prato no engradado para secar, pegou um deles e, com a maior doçura do mundo, muito delicadamente, mostra-me um restinho de comida, muito, mas muito miudinho, ainda fortemente grudado na beira da louça. E, sem uma palavra, deu um delicioso sorriso e foi embora, depois de botar o prato debaixo do meu nariz.

Naquele instante, esse pedacinho virou um pedaço enorme, e uma raiva indomável se apoderou de todo o meu ser: como aquela mocinha ousava se dirigir dessa maneira a um homem que tinha o dobro da idade dela e que se sacrificava pelos outros, inclusive por ela? Por que ela não se apresentava como voluntária para lavar os pratos? Que menina arrogante! E, à medida que vinham esses pensamentos, a raiva ia aumentando.

Lavei o prato de novo, tirei o restinho de comida e fui para o meu quarto; deitei-me na cama e permaneci nesse estado de fúria durante umas três horas seguidas. Era um sofrimento bárbaro. Depois, comecei a me acalmar com argumentos do tipo: não vale a pena ficar com raiva por um motivo tão fútil; ou ainda: coitadinha, ela não fez aquilo para me ofender, mas para que tudo ficasse limpo e para aperfeiçoar essa minha dedicação aos outros.

Só mais tarde é que eu pude tomar consciência da relação existente entre o apego à minha auto-imagem de ancião e altruísta, que fazia questão de ser respeitado, isto é, em outras palavras, o meu orgulho, o meu sentimento de superioridade de um lado e, de outro, a raiva. Apego, raiva e orgulho indelevelmente entrelaçados.

Creio que foi nessa época que Pemala nos deu um ensinamento sobre como dissolver as emoções destrutivas, usando a própria consciência. Em outras palavras, tomar consciência da emoção no momento que ela aparece.

Devo reconhecer que eu tive dificuldade para aceitar essa receita. Eu, psicanalista, psicodramatista e outros "istas", como é que eu poderia aceitar algo tão simples? Fiz anos de psicanálise, psicodrama e outras terapias, e lidei com a complexidade da alma humana. E eis alguém que afirma que tudo isso pode ser dispensado! Era demais!

Pemala acrescentou algumas recomendações. No início, a gente só se dá conta quando a emoção já fez os seus estragos. Aos poucos, a gente vai progredindo e se surpreende no meio da raiva ou do ciúme. O ideal é quando vemos a raiva chegar. Aí ela se dissolve e se transforma em amor e compaixão.

É isso que já havia acontecido com o pedacinho de comida...

Pemala e Khempó insistiram muito durante os primeiros meses para que cada um de nós cuidasse das suas próprias emoções, e não das dos outros. Budha já dizia para evitar apontar um dedo acusador para alguém, pois tem três dedos dirigidos para você. "Não julgueis, para não serdes julgados", recomenda o Evangelho, que ainda insiste na palavra do Cristo: "Tu vês a palha no olho do outro, mas não vês a trava que está no teu."

Essa recomendação visava evitar muitos atritos entre nós, pois os lamas com certeza sabiam o quanto os nossos nervos estavam à flor da pele e o nosso espírito crítico aguçado pelos próprios ensinamentos. Mas essa recomendação nem sempre era seguida. Prova disso é a observação da moça sobre o restinho de comida. E houve outras oportunidades. Uma delas foi quando uma das mulheres veio me aconselhar a usar outra maneira, esta japonesa, de me prosternar.

De novo, o orgulho ferido pela arrogância daquela mocinha, etc., etc. O processo anterior do prato sujo se repetia interiormente de maneira absolutamente idêntica. Mas, dessa vez, eu estava armado com a nova técnica de Pemala. No meio da raiva, eu percebi que estava entrando nesse processo emocional e, logo depois de a raiva sumir, me dei conta do quanto a moça me queria bem com aquele conselho. A raiva já tinha se transformado em amor. Esse processo é incrivelmente rápido.

Na hora, percebi o acerto do ensinamento de Pemala. É realmente muito simples, desde que praticado a toda hora. O retiro começava a produzir seus efeitos.

Observei o mesmo nos outros. Devo reconhecer que nesses primeiros meses a bruxa estava solta. Por exemplo, assisti a uma briga, justamente entre as duas mulheres que me tinham provocado, a respeito de um balde de plástico, um contêiner para carregar água. Cada uma arrancava o balde das mãos da outra, gritando. "Ele é meu!" Depois elas passaram a se entender muito bem. Como diz um provérbio gaúcho: "Dois bicudos não se beijam."

Essas coisas aconteciam mais na época da TPM, isto é, da Tensão Pré-Menstrual. Aliás, por causa do campo energético comum criado entre nós, todas as mulheres tinham suas regras nos mesmos dias. Essa sinergia só servia para piorar as coisas! Voltando à questão da aprendizagem do controle das emoções, pratico essa técnica comigo mesmo até hoje e com muito sucesso. É uma verdadeira alquimia, uma mutação energética, de transformar o chumbo em ouro.

Posso afirmar também que as condições criadas por esse conjunto chamado retiro ajudaram-me a colocar em relevo a minha raiva, que antes eu ignorava completamente. Eu me julgava muito pacífico. Continuo assim, porém mais realista em relação às minhas limitações, talvez mais apto a lidar com os verdadeiros obstáculos à paz. Eu sabia que esses obstáculos estão dentro da gente. Mas entre ter esse conhecimento intelectual e descobrir o obstáculo por experiência própria existem léguas!

No fundo, a raiva passou quando restabeleci na minha mente a situação como ela estava, despertando em mim uma das cinco formas de sabedoria: a sabedoria em espelho. O espelho tem a qualidade de refletir as coisas como são, sem tomar partido nem comparar ou julgar. Quando a gente restabelece essa visão imparcial, a raiva some por inteiro.

Bokar Rimpoché, no seu livro sobre a raiva, ilustra muito bem essa prática do espelho. Ele afirma que, se alguém nos diz que temos dois chifres na testa, sabemos que não é verdade. Então por que nos aborrecer e ficar com raiva? E se, pelo contrário, a pessoa afirma que temos um nariz no meio da face, nós sabemos que é verdade; então por que que ficar com raiva?

A raiva evidenciou também a sua ligação com o meu orgulho. Percebi, então, o quanto as emoções destrutivas estão entrelaçadas. Isso explica por que, no centro da representação da roda da vida, três bichinhos formam um círculo e mordem a própria cauda. O galo do apego, a cobra da raiva e a ignorância do porco reforçam-se mutuamente, num círculo vicioso infernal.

Mergulho no meu orgulho

Ao escrever *A revolução silenciosa*, de vez em quando eu assinalava a presença do meu ego. Em geral, tratava-se do orgulho. Embora eu já estivesse um tanto consciente, ele reaparecia quando menos esperava, sem que eu me desse conta.

Com a metodologia tibetana, tenho agora um instrumento valioso à minha disposição para o detectar na sua fonte. A tomada de consciência põe em relevo o meu pensamento de superioridade, que cria um sentimento de superioridade. Está criado o orgulho.

Essa tomada de consciência restabelece a equanimidade, a igualdade entre mim e os outros, justamente essa equanimidade que Rimpoché recomendou nos ensinamentos preliminares. De uma informação intelectual, ela se transforma numa experiência vivida, a experiência da sabedoria da equanimidade, uma das cinco formas de expressão da sabedoria.

Foi o orgulho das duas moças que — por se sentirem superiores a mim, respectivamente em lavar pratos e em prosternações —, feriu a minha vaidade. Esta, por sua vez, desencadeou a raiva.

Assim, aprendi uma coisa mais importante: o orgulho de um estimula o orgulho do outro. Era um outro prisma, novo para mim, da competição que eu conhecia e sabia diagnosticar e refletir nos meus grupos de terapia.

O que há de maravilhoso nesse método é justamente essa dissolução do orgulho na hora que a consciência o detecta e a sua transformação em equanimidade. Mas nem sempre o orgulho é fácil de ser descoberto pela consciência, pois ele se mistura com sentimentos altruístas, como a alegria de servir e o próprio amor.

Foi o caso, por exemplo, da minha motivação para fazer o retiro. O leitor deve se lembrar que apareceu em primeiro lugar o orgulho antecipado, de poder dizer, mais tarde, que eu havia feito o retiro de três anos e de provocar a admiração do público por eu me apresentar como um asceta e um verdadeiro místico. Essa vaidade era misturada com um profundo desejo de me transformar. Isso incluía a vontade de me livrar desse mesmo orgulho! Que paradoxo! Um paradoxo, aliás, bem conhecido pelos mestres: quem quer a iluminação é o ego, que com ela vai desaparecer totalmente, ou melhor, vai reencontrar o seu verdadeiro lugar, a sua inexistência!... Em outras palavras, o ego que quer se iluminar sabe que, para isso, ele tem de morrer. "É morrendo que se chega à vida eterna!", como disse Francisco de Assis.

Uma vez surgiu em mim uma dúvida a respeito da minha vocação para transmitir o que eu havia aprendido. Sempre tive esse ímpeto e nunca guardei nada para mim. Lembro-me de que, um certo dia, muito antes do retiro, um casal de amigos me elogiou por essa atitude desprendida. Lembro-me nitidamente de que não me senti lisonjeado por causa disso, pois eu sentia que esse elogio não correspondia à minha realidade interior. Aliás, tenho uma acentuada tendência a não me deixar empolgar por nenhum elogio. Sempre havia a vigilância da consciência em relação à minha vaidade.

Pois ficou em mim esta dúvida: quando transmito, de uma maneira ou outra, o que aprendi, faço isso para ser admirado ou por uma profunda vontade de ser útil? Movido por esse ambiente de constante questionamento e de *check-up* das nossas verdadeiras motivações, essa questão vital reapareceu.

Periodicamente, tínhamos entrevistas individuais com Pemala sobre a nossa prática e as dúvidas surgidas. Aproveitei a oportunidade para pedir a opinião dele, dentro da lista de perguntas que eu costumava fazer. A resposta foi tanto mais esclarecedora quanto inesperada: "Quando você chega a numa conferência ou aula e há pouca gente, se isso o decepciona, e se você tem vontade de cancelar o evento, é sinal de que a sua motivação é o orgulho!"

Calou fundo essa intervenção de Pemala. E, imediatamente, lembrei-me de que, nessa situação, eu ficava decepcionado e sentia vontade de cancelar a sessão. Ele não afirmou nem negou que eu fosse orgulhoso. Deixou para mim a tarefa de fazer o diagnóstico. Só assim o meu ego aceitaria a existência do orgulho. Pemala sabia que uma das propriedades do orgulho é, no caso de ser acusado de estar presente, negar a própria existência...

O orgulho também pode ser visto como uma forma de apego à nossa própria imagem de superioridade. No caso presente, como já mostrei, eu estava apegado à imagem de um ancião que devia ser respeitado pela sua experiência de vida, bem superior a de todos aqueles moços. O apego merece destaque nesta narrativa, pois muitas das suas manifestações se deram nesse período do meu retiro.

A volta das cabeças cortadas

Eu já contei a minha visão das cabeças cortadas quando estava em Esalen. Essa visão marcou-me muito pelo seu caráter simbólico. Num templo de Kali, eu descobri que elas representavam o desapego, que começa na mente. Desapegar é desligar a memória do prazer ligado ao objeto de apego, na nossa própria mente. Quem leu *A revolução silenciosa* deve se lembrar que ao contar a visão para Pemala, ele perguntou-me qual o número de cabeças cortadas que eu tinha visto. Eram cinco. Ele me falou que um dia eu descobriria a simbologia desse número. Pois é exatamente o que eu estou relatando. Trata-se do processo de transformação dos cinco venenos ou das cinco emoções destrutivas nas cinco expressões ou formas de sabedoria.

Acabamos de ver como a raiva, no momento de eu tomar consciência dela, se transformou em sabedoria do espelho. O orgulho, por sua vez, permitiu-me restabelecer o equilíbrio próprio da sabedoria da equanimidade. Quanto ao apego, além do ligado à auto-imagem, característico do orgulho, tomei consciência do tamanho de apego que eu tinha à minha atividade de escritor. Não demorou um mês e já me surpreendi escrevendo outro livro: *Ondas à procura do mar*. E durante todo o retiro, fui aperfeiçoando o meu poema: "O último porquê."

Eu não tinha muita consciência de que se tratava de apego, até que um dia comecei a observar, sobretudo às 4 horas da manhã, durante a meditação, o aparecimento de excelentes idéias para os meus livros. A criatividade estava brotando e, com ela, a vontade de me levantar e escrever, de tomar nota daquelas idéias para evitar que se perdessem.

Infelizmente, a recomendação de Rimpoché era para ficar sentado, observar as idéias passarem e voltar a me concentrar na respiração ou no objeto de sustentação da atenção. Eu estava entrando numa sinuca: ou eu meditava e perdia preciosíssimas idéias para os meus livros, ou eu escrevia, e perdia com isso a oportunidade do despertar.

Eu não estava percebendo que o próprio impasse em que me achava era o fermento da descoberta do processo do apego às minhas próprias idéias. Eu não percebia que eu estava em processo de alta aprendizagem! Completamente cego, só me restou submeter a questão a Rimpoché e pedir que ele me indicasse um meio de meditar e de não perder as boas idéias surgidas na minha mente.

Consultando Rimpoché, ele me respondeu que achava que eu poderia tomar notas no máximo durante um quinto do tempo da meditação. Foi graças a essa orientação que se manteve a tensão criada pelo apego às idéias nascentes. Graças a esse incômodo, tomei consciência do processo de formação do apego no seu nascedouro.

Se Rimpoché tivesse acedido inteiramente ao meu desejo, autorizando-me a levantar-me de vez para escrever tudo, eu nunca teria atinado com o apego que se escondia por detrás de tudo isso.

Essa tomada de consciência foi reforçada na primeira visita de Pemala ao meu quarto. Como eu disse, eu tinha comprado uma mesa, uma cadeira e um abajur. Esse conjunto ocupava a metade do espaço. Em cima da mesa, além do abajur, havia alguns livros em pé. No outro lado, havia um pequeno altar, com uma vela acesa, e um banquinho de meditação. Eu devia ser o único que não se sentava no chão para ler ou escrever.

Logo na entrada, Pemala com o seu sorriso radiante e sua voz suave, exclamou, surpreso: "Oh! Que interessante a sua instalação! De um lado, o seu escritório, do outro, o seu espaço de meditação!"

Nesse momento, houve um *flash* em mim, uma tomada de consciência da minha divisão e do meu apego ao meu passado. O mesmo que me havia feito sofrer tanto com dúvidas se devia fazer o retiro ou não. Estava tudo ali, no arranjo do meu quarto!

Mas a história do meu apego não parou ali. Aos poucos, comecei a sentir falta da minha profissão de terapeuta. Comecei a enxergar, com os meus olhos profissionais, o quanto o dharma e a psicoterapia ocidental podiam andar juntos. Eu já tinha observado isso e feito conferências sobre ioga e psicoterapia. Porém, ali, em convívio diário com praticantes de ioga, isso se tornava demasiado evidente.

Resolvi, então, unir o útil ao agradável. Nos momentos de crise, atendi prazerosamente para aliviar e conscientizar alguns dos meus amigos retirantes. Hoje, com a distância dos anos, vejo isso como uma manifestação do apego. Naquele tempo, isso era visto por mim como uma maneira de não perder o hábito profissional de ajudar os outros. Alguns se mostraram gratos durante muito tempo. Pelo menos, esse era um apego de alguma utilidade...

A saudade da minha profissão também apareceu nos meus sonhos. Eram muitos sonhos mesmo, em que me via organizando reuniões, fazendo palestras, ensinando, fazendo terapia de grupo e assim por diante. Em outros sonhos aparecia o meu apego ao sexo, e também situações sentimentais mal ou não-resolvidas.

Aliás, a prática da ioga do sonho me ajudou muito na compreensão do processo de transformação.

A ioga do sonho

Como descrevi no início deste livro, um dos motivos que me levaram a fazer o retiro foi o de compreender a semelhança entre os estados de vigília e de sonho. Alguns dias depois do início do retiro, Pemala deu-me as explicações indispensáveis à sua aplicação. São necessárias algumas práticas preparatórias, tais como certa postura e visualização. Ele me explicou que o foco deve ser o de ficar consciente e lúcido do fato de estar sonhando. Não interessa o conteúdo do sonho, como é o caso da psicanálise e da maioria das terapias. Trata-se de conseguir a experiência da continuidade da consciência de um estado para outro.

Perguntei-lhe se havia algum inconveniente em anotar os sonhos. Ele disse que não havia nenhum. Eu quis saber, então, se poderia pesquisar a influência das minhas práticas e do retiro em geral sobre a transformação das minhas emoções destrutivas e sobre a evolução da minha sexualidade. Pemala não só concordou, como também orientou-me, dando-me uma sugestão excelente: a de classificar os conteúdos usando as categorias tibetanas das cinco emoções destrutivas e dos quatro "incomensuráveis" ou catalisadores do ser (alegria, amor, compaixão e equanimidade).

Fiquei encantado pela sugestão, pois percebi que, com isso, eu teria um verdadeiro instrumento de medida do que se passava no nível dos meus sonhos e, por conseguinte, no chamado nível astral ou nível energético mais sutil. O meu pressuposto era o de que a minha autotransformação se faria na medida em que a freqüência ou percentagem de sonhos destrutivos diminuiria em benefício dos sonhos que expressassem sentimentos construtivos. Publiquei os resultados num livro em francês e no meu livro intitulado *A morte da morte*. Os interessados em maiores detalhes poderão consultar o capítulo sobre a ioga do sonho.

Para informação do leitor, vou apresentar aqui um resumo dos resultados da pesquisa, bem como comunicar alguns eventos ou fatos ocorridos bastante relevantes.

Uma avaliação da transformação

Consegui registrar mais de 1.300 sonhos durante os três anos. Como eu já tinha um registro dos sonhos antes do retiro, somando-se aos sonhos que tive depois dele, posso afirmar que as condições do retiro aumentaram a lembrança dos sonhos de maneira impressionante. Enquanto antes e depois o número de sonhos anotados é de um a dez por mês, durante o retiro esse número subiu para vinte a quarenta sonhos por mês. Em primeiro lugar, situam-se os conteúdos dualistas, em que há o sonhador e o sonho. Essa dualidade é quase 100% no início do retiro, e baixa para 80% no fim dele.

O apego vem em segundo lugar, em torno de 45% nos dois primeiros anos. Há uma diminuição apreciável dos sonhos de apego no fim do retiro, com uma percentagem em torno de 14 e 12%, isto é, mais ou menos um quinto em relação aos dois primeiros anos. Aliás, o máximo se dá no primeiro semestre de 1982, com 51% de sonhos de apego, quando assinalei que a bruxa estava solta.

Essa fase se caracteriza também por uns 20% de sonhos de raiva, que só irão cair para a metade bem no final do retiro. O mesmo se dá com os sonhos de orgulho, que diminuem no fim do retiro, sendo que sua freqüência é relativamente baixa. O número de sonhos de ciúme é insignificante. Isso corresponde à minha realidade interior. Eu me acho pouco ciumento.

Quanto à sexualidade, a percentagem manteve-se constante, em torno de 15 a 20% até o fim do retiro. Considero isso normal, já que sexo faz parte da natureza humana. A questão é o apego à memória do prazer sexual, e não o prazer em si. Vimos que o apego diminuiu bastante.

Os sentimentos altruístas foram classificados numa só categoria. Sua percentagem é baixa, com uma tendência a aumentar nos dois últimos semestres do retiro. No início, são as atividades terapêuticas já assinaladas como apego que também são classificadas como altruístas. No final do retiro, estamos praticando atos de profunda compaixão.

Assim sendo, nas suas grandes linhas, o retiro estava fazendo efeito sobre a minha transformação, mais especialmente no que se refere à diminuição significativa das emoções destrutivas. Mas há ainda outras descobertas que a Ioga do Sonho me propiciou. Uma das mais importantes é a experiência da continuidade da consciência.

A continuidade da consciência

Consegui conservar inteiramente a lucidez durante o sonho 92 vezes durante os três anos. O número foi aumentando com o tempo, tendo chegado ao máximo nos dois últimos semestres do retiro. Conservar essa lucidez durante a passagem do estado de sonho para o de vigília é um dos grandes desafios, pois permite a experiência da continuidade da consciência entre os dois estados.

Consegui essa proeza em nove sonhos. O primeiro foi vivenciado no dia 27 de outubro de 1982, bem no meio do primeiro ano. De acordo com o que eu descrevo em detalhes no meu livro *A morte da morte*, essa primeira experiência na minha existência foi um verdadeiro apogeu, a tal ponto que preenchi sete páginas do meu diário com letras maiúsculas, justamente para tornar patente o meu entusiasmo. Repeti várias vezes essa maneira de anotar, o que iria permitir localizar rapidamente os eventos importantes, no meio de centenas de páginas de anotações em letra miúda.

O que caracteriza principalmente o evento da continuidade da consciência é a alegria e o sentimento de leveza provocado pela descoberta da verdadeira liberdade. Nada mais é importante, já que "EU" sou apenas um conceito, o que faz com que me desapegue de vez de tudo. Para que livros, gráficos, já que a sabedoria está impressa nessa vacuidade? Também tomo consciência de que os textos dos rituais são apenas lembretes da qualidade e significado dessa descoberta. Tudo isso é acompanhado de um desejo profundo de que todo mundo alcance esse estágio.

Manifestou-se, também, o sentimento de que tudo é a mesma coisa, tudo é igual. Em suma, a equanimidade. Fiz um grande ponto preto de mais de 1 centímetro de diâmetro e ainda escrevi: "Ponto Final."

Então, desenhei um grande rosto com um leve sorriso, como o de Buda e, logo em seguida, uma série de pequenas caras, umas tristes, outras alegres, outras indiferentes, com a menção: "Lembranças de Pierre." Em suma, Pierre faz parte do passado. Morte e renascimento para um único objetivo: o de aliviar o sofrimento dos outros, ajudando-os a descobrir e eliminar a causa da própria infelicidade. E ainda anotei que esse objetivo estava claro e que eu evitaria me apegar a ele.

Ao mesmo tempo, tenho o nítido sentimento de que a aprendizagem vai continuar, que a coisa não acabou aí, e fiquei mais feliz ainda com a idéia de que não havia nenhuma necessidade de me apegar a um saber futuro, pois esse já era bastante suficiente.

A experiência e descoberta desse saber era o aspecto onipresente e onipenetrante da Sabedoria que tudo abrange, que é justamente a que dissolve o apego e impede a sua própria formação. Ao mesmo tempo, podemos observar que Sabedoria e Amor são indissociáveis. Prova disso é que eu não consegui conter a expressão da minha felicidade e precisava compartilhá-la. Como já era hora do almoço, precipitei-me para a cozinha e abracei carinhosamente todos os meus companheiros e companheiras, que corresponderam na expressão da sua afeição por mim. Tive a impressão de que a fase do ambiente tenso, das bruxas à solta, tinha acabado.

Esse estado desencadeou uma grande criatividade, a tal ponto que escrevi o seguinte poema, evidentemente influenciado pelo estado de consciência em que me encontrava. Eis o texto integral:

> ME CHAMO PIERRE
> PORQUE É ASSIM
> QUE ME DISSERAM
> QUE EU ME CHAMO.
>
> ACREDITO QUE EU SOU EU
> PORQUE ME DISSERAM
> QUE EU SOU EU.
>
> CHAMO-ME TAMBÉM
> JOÃO, MARIA, CLÁUDIA,
> POIS DESDE HOJE
> EU SEI QUE EU SOU VOCÊ

CHAMAM-ME TAMBÉM
DE BRAHMAN, DEUS E BUDA,
MAS A CENA ONDE EU
REPRESENTO
ESTÁ VAZIA DE NOMES E IDÉIAS

ELA SE ENCHE DE FORMAS,
ÀS QUAIS DEMOS NOMES
SOU, POIS, TAMBÉM TODOS OS
NOMES
DO UNIVERSO DO TEU DICIONÁRIO.

EU SOU ACIMA DE TUDO;
A CENA DO ESPAÇO,
ONDE BRINCO NA MINHA LUZ
IRRADIANDO TODOS OS
HORIZONTES.

Ao examinar esse poema com o recuo dos anos, vejo como a criatividade propiciou, dentro dele, a transformação progressiva da minha pessoa nos outros e, posteriormente, no Todo. Aos poucos, não sou mais eu que me expresso, mas o Todo. O final parece um tanto enigmático e incompreensível se deixarmos de conceber o Todo como a própria eternidade, como expressão da natureza do Espírito ou da Consciência.

Ao mesmo tempo que vivenciei esse estado maravilhoso do Ser, eu sabia que iria ter recaídas no Samsara e, por isso, eu precisava manter a lucidez de espírito por meio de uma constante atenção e um constante despertar. Foi caminhando na floresta que treinei essa lucidez.

Caminhando pela floresta

Certo dia, Khempó fez-nos uma preleção sobre a necessidade da plena atenção. Depois da aula, deixou um poema dele sobre o assunto pregado na porta do templo. Era a sua maneira de acentuar a importância do assunto para o nosso despertar, pois a porta era lugar de passagem obrigatória, pelo menos seis vezes por dia! O texto estava impregnado de senso de humor que o caracterizava.

Lembro-me de uma das suas afirmações, segundo a qual, sem atenção constante, a gente se arriscava a beber a própria urina quando menos esperava!... Imagem com essa potência tinha a força de nos despertar da nossa lerdeza. Foi o que aconteceu comigo durante o caminho para o refeitório.

Todos os dias, conforme eu já contei, atravessava a floresta, percorrendo os mesmos 200 metros que separavam o meu quarto da cozinha e vice-versa. Às vezes, fazia um pequeno desvio para ir ao banheiro.

No início, eu admirava as estranhas formas dos carvalhos. Essas árvores — sobretudo no inverno, quando estavam despidas de folhas — assumiam formas que lembravam diversas personagens. Lembro-me particularmente de um que se parecia com o Cristo na cruz, sobretudo ao anoitecer. Havia também muitas lesmas grossas e vermelhas que nos impediam de ficar distraídos, pois o Dharma nos impede de pisar em animais. Era por isso que, delicadamente, a gente as pegava entre os dedos e as recolocava no mato. Fazíamos o mesmo com insetos ou caracóis.

Passadas as primeiras semanas, essas observações ou atos de compaixão se tornaram corriqueiros, e comecei a caminhar pensando em outras coisas. Até que certo dia, movido pelos ensinamentos, mudei de comportamento. Tanto nos ensinamentos coletivos como nas entrevistas individuais, Pemala atraía a nossa atenção para o fato de que não havia nenhuma diferença entre a situação, o processo de meditação sentada e os diferentes atos de todos os dias, como, por exemplo, o de caminhar. Passei então a observar que eu tinha adquirido o hábito de caminhar até a cozinha e vice-versa, pensando em outras coisas.

Aos poucos, mudei de atitude. Procurei voltar ao início e ficar realmente presente a tudo que se passava no caminho: do barulho do picapau, ao cantar do cuco, passando pela beleza do céu e as formas das nuvens, sem esquecer a sensação do calor do Sol ou da suavidade da brisa a acariciar o cabelo; tudo isso alimentava a alegria e a paz que acompanha a permanente lucidez de cada momento.

No início, eu "acordava" ao chegar perto da cozinha ou da minha casa. Com o tempo e o exercício da plena atenção, isso se dava cada vez mais cedo.

É evidente para mim que a Ioga do Sonho Lúcido também estava presente, pois houve reforço do ensinamento por Pemala quando ele me recomendou que procurasse permanecer lúcido durante o dia inteiro, verificando e tomando consciência do quanto estávamos adormecidos no estado de vigília. Ele recomendava então observar a semelhança com o que se passava no estado de sonho. O esforço de ficar lúcido durante a vigília e durante o sonho não era o mesmo?

Foi assim que, progressivamente, juntando a prática da meditação e do Sonho Lúcido no cotidiano, sobretudo do caminhar, que atingi um dos meus objetivos que havia fixado ao decidir fazer o retiro: descobrir a semelhança entre o estado de consciência no sonho e o estado de vigília, próprio do cotidiano.

Sonho e vigília

Nessa descoberta, eu fui muito ajudado pela experiência da continuidade da Consciência entre sonho e vigília. No dia 11 de novembro, fiz um primeiro levantamento das semelhanças e diferenças entre os dois estados. Eis, em primeiro lugar, a lista das semelhanças:

Semelhanças

1. Emissão de pensamentos, imagens e emoções.
2. Apego a uma imagem ou a um pensamento.
3. Rejeição de imagens e pensamentos.
4. Imagens e pensamentos desfilam sem controle.
5. Sentimento de realidade.
6. Emoções positivas e negativas.
7. Sensação da presença de objeto exterior que não existe da maneira que é percebido (Caráter ilusório).
8. Limitação da *Gestalt*.
9. Lógica interior.
10. Projeção de uma imagem.
11. Ilusão de dentro e de fora.
12. Cenário situado no espaço mental.
13. Memória e esquecimento.
14. Pode haver presença ou ausência de consciência e controle.

E agora, vou descrever as diferenças que encontrei entre o estado de sonho e o de vigília.

Diferenças

1. No sonho, predomina uma lógica emocional; na vigília, uma lógica racional.
2. No sonho não existem objetos concretos, ao contrário da vigília.
3. Inexistência de motricidade voluntária no sonho, ao contrário da vigília.
4. No sonho, inibição dos sentidos externos; na vigília, ativação deles.

Em resumo, o que realmente diferencia o estado de sonho do estado de vigília é que, na vigília, existe um objeto visto como exterior, seja uma coisa ou uma pessoa. Há algo que se pode tocar, olhar, ver, cheirar, etc., etc. A esse respeito, tive uma experiência posterior que foi definitiva para me convencer de que, mesmo nesse aspecto, a diferença não é tão grande. Mas falta a experiência, pois essas anotações realmente ainda são muito analíticas e intelectuais. Elas refletem as minhas conclusões em relação às primeiras vivências. Convém lembrar que a que acabo de citar é datada de novembro de 1982. Não tinha ainda se passado um ano de retiro.

Podemos comparar essas e outras anotações puramente especulativas com uma declaração que fiz perto do final do retiro, depois de um sonho consciente. A anotação, já publicada em *A morte da morte*, é bastante clara quanto ao caráter definitivo da minha convicção. Ela é datada de 28 de abril de 1985:

> Compreendo agora que, efetivamente, eu sonho durante o dia e à noite, fato que eu não concebia antes deste retiro. Neste momento, tento despertar. Meço esse despertar pela distância que tomo entre a minha porta, saindo pelo caminho da floresta, indo à cozinha, até o momento em que desperto, ou do momento em que tomo consciência de que caminho e das coisas à minha volta...
>
> O resto já contei anteriormente. A novidade é que eu avalio aproximadamente em 10 metros, dos 200 metros da caminhada, o momento em que começo a despertar.

Agora eu estava entendendo plenamente Gurdjieff, que descobri numa das minhas primeiras leituras místicas, mais de quinze anos antes do retiro. Esse grande mestre afirmava que estamos todos adormecidos e que precisamos despertar dessa espécie de torpor. Lembro-me de que naquela época eu estava fascinado por essa idéia, embora não a entendesse muito bem. Lembro-me mais ainda de que Gurdjieff aconselhava procurar uma escola para aprender o despertar. Pois uma das escolas pelas quais ele passou, antes do Sufismo, foi o Budismo Tibetano.

Isso mostra o quanto a caminhada foi longa para que eu chegasse à compreensão correta do que significa o despertar e de como consegui-lo. E ainda falta muito! Há certas vivências que foram decisivas para a descoberta de como o estado de vigília se parece com um sonho. Talvez a mais importante delas foi quando, num sonho lúcido, de conteúdo sexual, consegui a continuidade da Consciência entre os dois estados.

Esse sonho lúcido ocorreu na época do final do retiro, em 25 de maio de 1985. "Estou num hotel. A camareira se despe diante de mim, tira a blusa, e eu fico excitado. Beijo-lhe os seios e não me lembro de mais nada a não ser da reflexão que fiz de que eu estava apegado ao pensamento onírico do seio, uma vez que eu não tinha seio algum." Eu já contei esse sonho em *A morte da morte*, com vistas à descrição do sonho lúcido. Aqui vou retomá-lo para uma análise mais ampla do seu significado dentro do processo de transformação.

Embora breve, essa experiência teve o efeito de uma luz fulgurante, mostrando-me num relance, e de modo definitivo, todo o processo do apego. Entendi com muita profundidade o símbolo de Kali de cortar as cabeças. Durante o próprio sonho, fiquei perfeitamente consciente de que eu estava me apegando à imagem de um seio e que era essa imagem que provocava o prazer em mim, e não a percepção de um seio verdadeiro.

Ficou evidente também que essa imagem era uma memória sincrética de muitos seios que experimentei no passado, e o próprio prazer também era causado pela lembrança de prazeres anteriores. Logo, o apego era, ao mesmo tempo, lembrança de uma imagem, mas também ao próprio prazer vivido no passado e reativado no plano psicofisiológico durante o sonho, pois fiquei excitado mesmo nesse plano.

Graças ao processo de continuidade da consciência, quando passei ao estado de vigília, diante da constatação da ausência de um seio real palpável, ficou evidente que o apego ou desejo de eternizar a experiência independe da existência de um seio real.

Então, também ficou evidente que, se houvesse um seio real na minha frente, eu não estaria sendo excitado por esse seio, mas pelas lembranças de imagens passadas associadas a prazeres sexuais passados. Em outras palavras, eu estaria projetando no seio real apenas um sonho!

E é aí que está, ao mesmo tempo, a semelhança e a diferença entre os dois estados de consciência. A semelhança é que o que se projeta no seio real é uma imagem de seios e de experiências passados. A diferença é que o estímulo no sonho é uma imagem mental, e, na vigília, é um seio real que mobiliza imagens do passado. Isso é extremamente importante, pois constitui uma ilustração clara da relação entre percepção e realidade, isto é, do processo de ilusão, ou *Maya*, em sânscrito.

Um mundo ilusório

Vou explicar melhor sobre *Maya*. Certo dia, Pemala, ao conversar comigo sobre o processo de ilusão e a afirmação oriental de que tudo é ilusão, declarou que isso não significa que não exista nada na nossa frente, mas que há algo diferente do que percebemos por causa da nossa projeção de memórias, conceitos, preconceitos e emoções passados. É nesse sentido que se pode afirmar que nós, cada um de nós, cria a sua própria realidade, o seu mundo particular, muito diferente do que está realmente na nossa frente. Mas não é só no mundo exterior que projetamos os nossos sonhos, mas a própria pessoa que projeta, o sonhador, também é um sonho!... Um sonho sonhando a si mesmo...

É por isso que Rimpoché nos transmitiu um conhecimento muito importante para a nossa existência, conhecimento que vem do tempo de Buda. Ele nos ensinou a evitar o que chamou de "Os Quatro Extremos" a respeito de qualquer fenômeno. Trata-se de quatro sistemas de crenças comuns e bastante disseminados pelo mundo. Transcrevo a seguir as anotações literais do ensinamento de Rimpoché.

Ele disse que não podemos nem devemos nos agarrar ou nos apegar a nenhum desses quatro extremos, pois são meros conceitos.

1. Existência. Não podemos afirmar que existam entidades sólidas, como o Ego ou os fenômenos, ou uma relação entre os dois, como sujeito-objeto.
2. Não-existência. É uma pura construção da mente, do intelecto, pois o conceito de "Nada" só pode se justificar em relação à existência de coisas. Se não inexiste o conceito de Existência, como pode haver a contrapartida, o Nada?
3. Existência e Não-existência. Isso não tem sentido. Se aquilo existe — como essas visões dos que acreditam na existência de coisas sólidas, eternas e indestrutíveis — como é que essas coisas podem, ao mesmo tempo, ser nada?
4. Nem Existência nem Não-existência. Uma entidade assim, que está à parte de existir e não existir, não pode provocar nenhuma percepção ou conhecimento. É simplesmente absurda.

Todos esses conceitos, afirma Rimpoché, não têm limites, e o intelecto pode fabricá-los de modo ilimitado. Mas, de fato, essas fabricações são vazias e não-existentes, e desaparecem todas na vacuidade. Mesmo o conceito de liberdade dessas elaborações mentais não pode ser considerado como última verdade, pois, como podemos ficar livres do que nunca existiu? Nem podemos nos apegar à idéia da não-existência de todos esses conceitos, pois seria apegar-se à vacuidade de um fenômeno como sendo alguma coisa em que se agarrar.

Pemala atraiu a minha atenção, já depois do retiro, para o cuidado que se deve ter ao transmitir esses conhecimentos.

Vou passar para o leitor esta recomendação de prudência, que traduz em outras palavras e de maneira mais simples o que ensinou Rimpoché.

Ele disse que, para ficar dentro da verdade, é preciso evitar dois extremos: o Niilismo, segundo o qual não existe nada de um lado. Essa idéia errônea levou muita gente ao desespero, à depressão ou mesmo ao suicídio.

O outro extremo é o que ele chama de Eternalismo, que consiste em acreditar que existe alguma coisa de sólido, concreto e eterno. A palavra mais adequada na nossa linguagem ocidental é materialismo. Essa postura leva ao apego, à possessividade, com todas as conseqüências já descritas.

Eu costumo acrescentar a essas prudentes recomendações de Pemala a idéia de que, em português, felizmente temos um terceiro termo, que traduz uma terceira posição, o Caminho do Meio. É a palavra "Algo". Entre o nada e alguma coisa existe algo que não é nem nada nem alguma coisa. Assim, salvo engano da minha parte, evitamos cair num dos dois extremos e temos a noção de que há algo que nos escapa. Não será esse algo ligado à verdadeira natureza do Espírito? E não é justamente o objetivo desse retiro, a sua descoberta?

A descoberta da impermanência

Como o leitor já deve ter constatado, e eu mesmo já chamei a sua atenção para este fato: o processo pedagógico combina habilmente a experiência e a vivência interior e exterior de cada um, com ensinamentos oportunos e aconselhamentos individuais, em que intervenções adequadas podem provocar *insights*, intuições e descobertas fundamentais para a autotransformação.

Uma das primeiras práticas de meditação que se inserem nesse contexto é a meditação sobre a impermanência de todos os fenômenos. Essa prática reforça e propicia as descobertas acima relatadas. Elas formam um conjunto inseparável.

A separação em parágrafos e capítulos neste livro existe apenas para facilitar a explanação. Mas a minha vontade é de apresentar tudo ao mesmo tempo, o que é simplesmente impossível!

Durante dois meses, focalizamos a impermanência de tudo que existe. E realmente eu só podia chegar à conclusão de que tudo muda a todo instante! A minha caminhada na natureza era muito ilustrativa a esse respeito. Como eu já contei, esse conjunto maravilhoso que constitui uma floresta, nunca é o mesmo. A cada caminhada, observava novidades. Assim, com a mudança das estações, as árvores se desnudavam no inverno e perdiam as suas folhas no outono. O meu andar no outono era acompanhado do crepitar das folhas secas debaixo dos meus pés; um ruído bastante gostoso! Na primavera, as árvores cobriam-se de novo de folhas, e pequenas margaridas eclodiam no meio da grama.

O que muito me fazia refletir sobre a impermanência era a velocidade na qual os cogumelos apareciam e desapareciam. Isso lembrava aquelas fitas em câmara acelerada. Tudo muda, tudo se transforma, os universos, as galáxias, o planeta Terra e seus habitantes, inclusive nós, e eu no meio. Eu? Ou o meu corpo? A impermanência nos faz refletir sobre a morte e o depois...

Mas também a morte de cada instante. "Observem", disse Pemala, "como em cada fração de segundo, as coisas mudam, os nossos pensamentos, as nossas preocupações, as nossas alegrias e tristezas..."

Fiz essa observação constantemente, até que um dia descobri, numa conversa com Pemala, que as três dimensões do tempo eram uma ficção, pura criação da mente humana. Ao observar o latir de um cachorro distante, descobri que nem o presente existia como tal. O presente do latir era o seu passado que se transformava em futuro!

Um dos aspectos mais importantes da descoberta da transitoriedade de tudo é o reforço da descoberta do caráter ilusório de todos os fenômenos. Pois, se eles mudavam, isso significa que a sua essência não é aquilo que pensamos ser. E, sobretudo, não existe nada de sólido.

E a conclusão mais lógica de toda essa descoberta é que, já que tudo se transforma, não vale a pena a gente se apegar a nada neste mundo. Se você se apegar, vai sofrer a perda, um dia ou outro. Isso é fácil de dizer, mas a prática do desapego exige que nós cultivemos um estado de alerta permanente.

Contam que um dia o grande sábio do Tibete, Milarepa, perdeu a filha. Ele caiu em pranto, na frente dos seus discípulos. Surpresos, eles perguntaram como é que ele pregava que tudo era ilusão e agora chorava por ter perdido uma ilusão. "É verdade, tudo é ilusão mesmo. Só que a minha filha era uma ilusão muito querida!", foi a resposta do Mestre.

Desapegar-se leva muito tempo de conscientização diária. Muitas pessoas imaginam que se trata de se desfazer das suas posses. Não é nada disso. Trata-se de uma atitude interior, de saber que o que temos na realidade não pertence a ninguém. É uma disposição permanente de abrir mão, a qualquer hora, de coisas, pessoas ou idéias, pois sabemos, contra todas as aparências, que elas não nos pertencem justamente por causa do seu caráter impermanente.

À medida que eu usava o novo método, novo para mim, indicado por Pemala, e que eu ficava mais sensível às minhas próprias sombras, eclodia em mim uma imensa alegria e uma compaixão infinita. É isso que vou contar no próximo capítulo.

VI

Abertura do Coração

Quando compreendemos bem a noção de vacuidade do espírito e realizamos o que significa, o espírito se dilata numa alegria, numa felicidade e numa liberdade que lhe são próprios. Além do mais, percebe-se então que as almas comuns, não enxergando essa vacuidade, pensam em termos de "Eu" e de "Eu existo". Esse erro lhes faz tomar todos os fenômenos por reais e elas acabam por experimentar toda espécie de sofrimentos. A compaixão que concebemos por elas é tanto maior quando percebemos o fundamento do mecanismo do sofrimento. A compreensão da vacuidade e da compaixão de fato se sustentam mutuamente.

Kalou Rimpoché

Os entusiasmos dos primeiros meses serenaram. Estabeleceu-se entre nós um espírito de fraternidade e alegria. Isso não quer dizer que todos os problemas haviam sido resolvidos. De vez em quando, eu notava uma certa competição entre alguns, ou um pequeno atrito, mas nada parecido com o que se passou no primeiro trimestre do retiro.

A prática da compaixão

Entre as práticas de meditação havia uma que incentivava o despertar da compaixão. Por exemplo, você visualiza, em estado de relaxamento profundo, que na sua frente estão todas as pessoas de que você gosta.

Você então manda ondas de amor para elas. Depois de um certo tempo, você inclui as pessoas de que não gosta, o que implica evidentemente os seus inimigos.

Como eu não conhecia nenhum inimigo, depois de muita hesitação, coloquei a imagem de Adolfo Hitler...! Devo dizer que não foi fácil, no início.

É uma prática muito eficiente. Ela contribuiu para criar esse ambiente fraternal entre nós, mas houve também repercussões pessoais bastante emocionantes. Em 25 de junho, às 5 da manhã, eis o que anotei no meu diário de bordo, em estilo telegráfico, mas compreensível: "A explosão! Lágrimas, gritos, gemidos de amor, de compaixão, lembranças de todos os que eu amo, a paz, a guerra, o sofrimento de toda a humanidade, a sabedoria, a consciência de que eu posso confiar a todo momento no Grande Todo, que está também em mim e que eu sou também.

Depois das prostrações, algo se move em mim. Amo todo mundo. Ponto final. É inexprimível o que se passa em mim. Meu coração estava sobrecarregado de lágrimas de Amor Universal. Ainda há muitas para sair.

Não adianta nada eu anunciar isso aos quatro ventos; eu correria o risco de não ser compreendido. É preciso traduzir tudo isso em atos cotidianos, concretos, espontâneos, no aqui e agora, com plena consciência do que se está fazendo. É o que fazem os Lamas. Eles agem doando amor e falam muito pouco. Eles se expressam por suas ações."

Dois dias mais tarde, nova explosão de pura emoção. Mas dessa vez foi a explosão que me levou à situação que motivou o título deste livro.

A lágrima do Buda

No dia 27 de junho de 1982, numa preleção, Pemala nos explicou a importância das práticas de visualização do tipo que descrevi acima, mais particularmente no que se refere à ação sobre a situação do mundo.

Pensei logo na Guerra das Malvinas e desabei a chorar. Eu continuava muito triste com o absurdo dessa e de outras guerras. Entre soluços, perguntei se essa ação à distância era resultado da quantidade de pessoas que meditavam ou da qualidade das meditações. A resposta não se fez esperar: "É uma questão de qualidade." Isso me deu ânimo para melhorar ainda mais o empenho da minha prática.

Enquanto eu estava chorando, perguntei-me se um Lama como Pemala também chorava. Nunca pensei que eu teria a resposta logo em seguida, nem do modo surpreendente como ela me veio...

Quando saímos, fiz algumas perguntas a Pemala sobre a minha prática. Quando olhei para ele, uma lágrima, uma única lágrima saía de um dos seus olhos. Nem ouvi as respostas verbais. Fiquei tão impressionado que me despedi dele com um "muito obrigado, é disso que eu precisava!"

Corri para o meu quarto, emocionado pela riqueza do significado desse evento singelo. Uma vez sentado na minha cama, comecei a refletir sobre o que se passava. De fato eu havia acabado de presenciar um pequeno milagre. Só havia uma explicação: Pemala havia penetrado telepaticamente na minha mente, onde encontrou a minha pergunta. E respondeu com uma lágrima que era de pura compaixão, a de partilhar o meu sofrimento por ver o sofrimento da humanidade, além de responder à minha pergunta de modo direto e bem concreto.

A lembrança que tenho dessa lágrima é de que ela era muito maior e mais brilhante do que uma lágrima comum, como se fosse de cristal puro, muito idêntica a algumas lágrimas que vi se materializar num pequeno anjo esculpido em pedra semipreciosa, alguns anos depois do retiro, conforme contarei mais adiante neste volume. Em suma, não me parecia uma lágrima comum. De qualquer modo, materializada ou secretada naturalmente, não se tratava de uma lágrima comum, pelo menos para mim...

Esse foi um momento inesquecível que selou definitivamente o laço de profunda comunhão que me ligava a ele. Um laço eterno consolidou a minha confiança já praticamente absoluta. O Amor puro ligou-me a ele de modo incondicional. A partir desse dia, compreendi o que significava a afirmação tibetana de que o Mestre é um verdadeiro amigo. Creio que esse evento, por si só, compensava o meu esforço para fazer aquele retiro. Além disso, ele me deu forças para ir até o fim. Lembrei-me também que existe uma lenda sobre a lágrima de Buda.

A lenda de Chenrezi

Chenrezi ou, em sânscrito, Avalokitesvara, é considerado o Buda da Compaixão. O leitor talvez já tenha visto uma imagem representando esse ser com milhares de braços, que simboliza a ajuda que ele dá a todos os seres.

Pois existe uma lenda segundo a qual Chenrezi chorava muito ao se defrontar com o sofrimento da humanidade. O que teve de surpreendente, é que cada lágrima se transformava em Tara, o Buda feminino da libertação. Isso significa que a expressão tem o poder de libertar, permitindo a cada um de nós, por meio de constantes sentimentos e atos de compaixão, chegar ao estágio de libertação completa das nossas ilusões e do peso do Samsara. Uma lenda parecida, conhecida na tradição judeu-cristã, me foi transmitida por Vivianne, minha filha, que a recebeu da minha neta Marina.

Dizem que Deus, ao criar o ser humano, foi assistido por um anjo que, movido pela curiosidade, perguntava a cada instante o que Deus estava fazendo. "E agora estou modelando as pernas", respondia Deus, numa espécie de auto-reportagem. Quando chegou à cabeça, Deus avisou ao anjo que tinha acabado a sua obra. Nesse mesmo momento, saiu uma lágrima de um dos olhos do ser humano. "O que é esse corrimento saindo do olho?", perguntou o anjo. "Esta é a lágrima do seu coração. Não fui eu que a criei!", foi a resposta divina. O fato de a lágrima provir do homem e de não ter sido criada por Deus aponta para o seu livre-arbítrio, para a sua liberdade de expandir o amor e a compaixão simbolizados pelo coração. Uma história semelhante à lágrima de Tara, não acha?

A mensagem de Pemala

Foi essa a mensagem de Pemala para mim. Uma mensagem que jamais esquecerei. Durante todo o retiro, coloquei em prática todo esse simbolismo. Procurei ajudar os meus companheiros nas horas de aflição, ouvindo-os com paciência e lançando mão de toda a minha experiência terapêutica. Aprendi, assim, a praticar a minha profissão com compaixão.

Pemala me servia de fonte de inspiração, pois ele era um exemplo de compaixão em constante ação. É inimaginável o número dos gestos de ajuda que ele executava em alguns minutos. Certa vez, no fim de uma celebração no templo, ele se levantou, começou a caminhar para a saída, respondeu a uma pergunta. Em seguida, estendeu a mão para mim e me ajudou a me levantar, pois tenho um problema no joelho por causa de um antigo acidente de esqui. Logo em seguida, atendeu a outra pessoa que lhe pediu orientação e assim por diante sem parar. As respostas eram rápidas e sempre acertadas, pois provinham da sabedoria. Compaixão e sabedoria são indissociáveis. A sabedoria sem compaixão é fria, e compaixão sem sabedoria pode nos levar a prejudicar em vez de ajudar. Compaixão significa também saber ouvir e se colocar no lugar do outro, ajudando naquilo que o outro realmente espera de nós.

Um exemplo dessa compreensão eram as festas de Natal. Embora budista e tibetano, completamente afastado da nossa cultura cristã, Pemala festejava o Natal conosco. Muito mais, ele chegava como se fosse o próprio Papai Noel, distribuindo presentes para todos nós! Às vezes, ele me confidenciava dizendo-me que tudo isso jorrava naturalmente de dentro dele, sem nenhum esforço. Eu ficava admirado com essa naturalidade, tão diferente do sentimento de esforço e de obrigação que tantas vezes acompanham os atos de caridade.

Os céticos afirmarão que isso não é a nossa natureza e que Pemala foi treinado durante toda a infância pelos pais, que lhe serviram de exemplo. Isso seria puro condicionamento cultural. Mesmo que fosse, seria muito bom se todos os povos do mundo tivessem esse condicionamento! De certo, não teríamos mais nenhuma guerra! Mas a mensagem do comportamento de Pemala vai muito além, pois estou convencido de que ele expressa a nossa verdadeira natureza. Tratei dessa questão no meu livro *A nova ética*. Existe uma ética moralista, condicionada por castigos, recompensas e repressão. Ela precisa ser substituída por uma ética do coração, que desvele a nossa verdadeira natureza.

Um poema sobre as minhas próprias lágrimas

Lágrimas nem sempre expressam tristeza, pois podem acompanhar a abertura do coração para a plenitude da vida. Nos meus grupos de terapia, acontecia até muitas vezes que pessoas chorassem ao descobrir o verdadeiro amor ou o sentido da existência. Algo de fundamental é desbloqueado, revelado, e isso provoca uma emoção pura. Mesmo assim, ela é acompanhada também de uma conotação de tristeza: a de constatar que a maioria dos nossos contemporâneos ainda está vivendo na ignorância da beleza de sermos o que somos.

No meio das anotações daquela época, encontrei um poema sobre o meu próprio choro, escrito em inglês, pois havia passado a me expressar nessa língua, já que no retiro só se falava em inglês. Eis a sua versão em português.

> INESPERADAS LÁGRIMAS;
> DE ONDE É QUE VOCÊS VÊM ?
> LÁGRIMAS QUE REPENTINAMENTE
> INVADIRAM OS MEUS OLHOS,
> ALIVIANDO A TENSÃO
> DO MEU CORAÇÃO!

> VOCÊS NÃO SÃO LÁGRIMAS
> NEM DE SOFRIMENTO,
> NEM DE TRISTEZA OU DESESPERO,
> NEM DE RAIVA OU IMPOTÊNCIA,
> NEM DE SAUDADE E NOSTALGIA.
> QUEM SÃO VOCÊS?

> SOMOS AS LÁGRIMAS DA PURA ALEGRIA,
> SOMOS AS LÁGRIMAS DO PURO AMOR,
> SOMOS AS LÁGRIMAS DA PURA COMPAIXÃO,
> SOMOS AS LÁGRIMAS DA PURA BELEZA,
> SOMOS AS LÁGRIMAS QUE LHE MOSTRAM
> O CAMINHO DA PURA SABEDORIA.

Esses versos mostram um outro aspecto dos efeitos do retiro sobre mim. Refiro-me ao fomento da criatividade.

Aumento da criatividade

Já me referi ao assunto a respeito do pedido de autorização para poder tomar notas durante a meditação. Esses versos são um resultado dessa margem de tolerância. Mesmo assim, eu não me conformava com o fato de que a meditação existia para acalmar a agitação mental mas, no meu caso, incentivava-a. Para mim, era um paradoxo que eu não conseguia entender. Mas, aos poucos, tive de aceitar esse fato como sendo parte do processo de aprendizagem. Aprendi que a meditação me aproximava da área onde reside a sabedoria, da qual a criatividade é uma manifestação. Assim sendo, os meus livrinhos de anotações estão repletos de tantos *insights*, descobertas, invenções, poesias, trocadilhos, que seria impossível relatar um décimo dessa imensa produção. O que posso fazer é fazer uma certa seleção em função do que pode interessar ao leitor, pois muito desse material é apenas do meu interesse e faz parte do processo de autodescoberta.

Eis um exemplo entre mil. Em 25 de outubro de 1982, surgiu-me uma idéia sobre a palavra *comunicação*. Descobri que ela era composta de duas partes: "comum" e "ação". Logo, comunicação seria o ato ou ação de tornar algo, uma mensagem, comum a duas pessoas que integram o processo. Assim, é um instrumento de aproximação, de dissolução da separatividade. É um poderoso meio de dissolver a dualidade.

Um pouco antes, eu tinha descoberto uma outra característica dessa espécie de criatividade: o seu aspecto de verdade evidente e indiscutível. É, como diria Kant, um imperativo categórico.

Outro aspecto da criatividade é a alegria que a acompanha devido ao sentimento de liberdade. Todas as idéias criativas saem desse espaço que chamam de vacuidade, onde reside a pura liberdade. A vivência dessa proximidade contribuia para dissolver toda idéia de Eu. O Ego se dissolve, pois sabe que não é ele que cria. E isso dá uma paz indizível.

Em 27 de outubro, uma explosão de alegria apoderou-se de mim. Eis o que escrevi, em maiúsculas para expressar a intensidade do sentimento:

SÓ ME RESTA UM DESEJO: QUE TODOS OS OUTROS
SINTAM O QUE EU ESTOU SENTINDO AQUI E AGORA.
NÃO HÁ MAIS NECESSIDADE DE LIVROS,
DE GRÁFICOS, DE CIÊNCIA.
A SABEDORIA ESTÁ CONSTANTEMENTE IMPRESSA NESTA
VACUIDADE.
PENSAMENTOS CLAROS E LÍMPIDOS SURGEM NO MOMENTO
OPORTUNO.
INEXISTE UM EU.
O EGO É UMA ILUSÃO.
SENTIMENTO DE QUE EU PODERIA TERMINAR ESTE DIÁRIO E
ESCREVER FIM;

FIM DE MIM. E,
COMEÇO DE IR À COZINHA COMER
E ESTAR DISPONÍVEL
PARA O QUE O PLANO QUISER FAZER
POR MEIO DESTE CORPO,
PARA TODO MUNDO QUE ESTÁ AQUI;
E SE NÃO HÁ NADA PARA FAZER,
É A MESMA COISA.

FINAL E RENASCIMENTO.

Aliviar o
Sofrimento
Dos outros
Fazendo-os
Vivenciar
A causa

Objetivo claro,
Sem apego
A este.
liberdade
liberdade
liberdade
a aprendizagem
continua
indefinidamente...
que alegria
de saber
o bastante;
o que evita
apegar-me
ao saber futuro.

    estar aqui
    ou no Brasil
    não tem
    mais nenhuma
    importância.
talvez irei recair no Samsara

>   Presença
>   de
>   Espírito

Tudo isso foi escrito muito cedo numa manhã, em que tive uma experiência de continuidade da consciência entre os estados de sonho e o estado de vigília, em que expressei o seguinte sentimento:

> NADA MAIS TEM IMPORTÂNCIA
> EU (UM CONCEITO) ME (IDEM) DESLIGO DE TUDO
>
> CHEGUEI À CONTINUIDADE DA CONSCIÊNCIA

Podemos classificar esse estado como uma experiência culminante, no sentido de Abraham Maslow. É claro que não permaneci nele por mais de algumas horas, como, aliás, eu já esperava. Mas durante esse estado, fiz descobertas importantes e tomei resoluções fundamentais. Uma delas foi a de ajudar os outros a descobrir a causa do seu sofrimento. É exatamente o que fiz mais tarde, isto é, alguns anos depois, na Unipaz, como mostrarei mais adiante.

A experiência mostra também como a compaixão estava sempre presente, no sentido de desejar aos outros a beleza desse estado.

Durante os dois anos seguintes, muitas experiências culminantes continuaram a se manifestar, com a criatividade desenvolvendo-se cada vez mais, com o aparecimento esporádico de sincronicidades e manifestações de fenômenos parapsicológicos.

Vou, pois, tentar passar para o leitor alguns dos principais aspectos dessa continuação do retiro até o seu final.

VII

No Auge da Criatividade

> *O cientismo, proveniente de um racionalismo estreito,*
> *prejudica imensamente a nossa liberdade criativa...*
> *Em vez de nos considerarmos como filhos do acaso, submetidos aos*
> *caprichos da matéria, vamos decidir em plena lucidez e consciência*
> *nos tornarmos Filhos da Luz, impregnados de liberdade,*
> *de responsabilidade e de amor.*
>
> Etienne Guillé

Explosão de beleza e simplicidade

Sob a influência das práticas de meditação, a criatividade, já bastante desperta desde a minha infância, assumiu proporções incríveis.

Por exemplo, no dia 17 de maio de 1983, escrevi três páginas com expressões forjadas a partir da palavra espírito. Descobri a polivalência dessa palavra, a sua abertura a qualquer situação. Anotei nada mais nada menos do que quatrocentas combinações. Seria enfadonho copiá-las todas, mas vou dar alguns exemplos:

Espírito divino, Espírito do mal, Espírito alegre, Espírito vingativo, Espírito comercial, Espírito bondoso, Espírito objetivo, Espírito lúcido, Espírito diabólico, Espírito distraído, Espírito controlado, Espírito maternal, etc., etc.

Para mim, isso era uma prova complementar de natureza lingüística da onipresença do espírito e uma evidência de que ele não somente tudo permeia, mas que tudo compõe.

Em 24 de setembro do mesmo ano, anotei que eu estava num estado de particular beleza interior, pleno de amor. "Eu quero despertar isso nos outros. Eu sei fazer isso. É uma questão de presença do Belo que se comunica."

Expressei esse estado de espírito sob forma de três pequenos poemas:

A
Flor
Fala
Para
Quem
Sabe ver

A
Sabedoria
do
Espírito
Jorra
do
Amor
do
Coração

Tudo é
Tão
Simples e
Tão
Belo
Quando
Nós
o
Somos
Também

Reflexões e insights

Mais tarde, no dia 11 de outubro, às 3h20 da manhã, veio-me o seguinte pensamento sobre a iluminação:

> E quando isso se realiza
> A gente realiza
> Que não há ninguém
> Para realizar
> Que jamais houve
> Alguém para realizar
> Isto
> Que não é nem finito
> Nem infinito

> *Nem definido,*
> *Pois que o indefinido*
> *É indefinível*
> *Por natureza*

Em 22 de outubro, também lá pelas 3 horas da madrugada, escrevi as seguintes observações:

"Esta manhã o tempo EXPLODE. O passado é apenas um rastro de memória. O futuro é uma memória dos projetos. O presente é um espaço vazio."

Havia acabado de ter uma visualização simbólica: o passado como um castelo de cartas que desmorona: UM CONCEITO.

De novo o sentimento de LIBERDADE.

O TEMPO É PENSAMENTO. É PURA INVENÇÃO DA MENTE.

> *O*
> *Tempo*
> *é*
> *um*
> *Engrama*
> *no espaço mental*

Sonhamos no cotidiano?

E, então, continuo com *insights* sobre um dos aspectos que me fizeram decidir fazer o retiro:

"Quando eles (os mestres tibetanos) dizem que Tudo se parece com um sonho, isso quer dizer que eu sonho, que eu projeto os meus pensamentos, os meus engramas sobre objetos que jamais correspondem a esses pensamentos."

EU, A CRIANÇA SONHADORA QUE SEMPRE FUI DESDE QUE ME CONHEÇO COMO GENTE, ESTOU A SONHAR O TEMPO TODO, SEM PARAR.

Em 30 de dezembro do mesmo ano, brotaram os seguintes pensamentos:

> *Nem dois*
> *Nem um*
> *Nem nada*

Nem oco
Nem vazio
Nem cheio

Nem eles
Nem eu
Divinos

Em 1º de agosto de 1984, sob influência da prática do Sonho Lúcido, consegui fazer uma síntese das minhas observações, que permitiu clarear a extrema semelhança entre o estado de vigília e o de sonho. Eis um resumo de um quadro que elaborei:

No sonho nos apegamos a objetos, pessoas ou idéias emergidos da situação dele. No estado de vigília, nos apegamos do mesmo modo a situações da existência, mas de fato nos apegamos às idéias que fazemos sobre essas situações, o que equivale a um sonho. O mesmo podemos dizer da rejeição e da indiferença. O que também aproxima o sonho da vigília é que em ambas as situações temos dificuldades para ficar conscientes de quem sonha ou de quem pensa. O sonhador é um sonho. O pensador é um pensamento.

Em 21 de outubro de 1984, tive um sonho bastante ilustrativo. Dei a ele o título de "Lucidez entre dois pensamentos":

"Alguém me mostra como é o estado entre dois pensamentos. É evidente. Eu sou claro e lúcido. Será que isso é um sonho?"

Esse sonho foi imediatamente seguido de criatividade, anotada da seguinte forma:

O ESPÍRITO É O ESPAÇO QUE É (SER), SABE (*sabedoria*), DESFRUTA (*felicidade*), PODE (*energia potencial*).

Tudo indica que esse sonho era lúcido, o que com que essa lucidez continuasse no estado de vigília sob a forma de criatividade.

No dia 25 de outubro de 1984, depois de um sonho em que viajava de balão, surgiu a expressão criativa seguinte, sobre a natureza do Universo e do Mundo:

O MUNDO, O UNIVERSO, É APENAS UMA PROJEÇÃO DO ASPECTO LIMITADO DO CAMPO DO ESPÍRITO, DO CAMPO HUMANO DO ESPÍRITO. ESSA LIMITAÇÃO É A DOS ÓRGÃOS SENSORIAIS, BASE DA DEFORMAÇÃO PERCEPTIVA E DO PENSAMENTO. NÃO PODEMOS AFIRMAR QUE INEXISTA ALGO TAL COMO O UNIVERSO, OS SERES E OUTROS FENÔMENOS, MAS SÃO DIFERENTES DO QUE NÓS PERCEBEMOS E PENSAMOS.

Revendo as minhas notas com o recuo dos anos, estou descobrindo o quanto essas descobertas criativas estão ligadas aos sonhos lúcidos. Tudo se passava como se, além da orientação de Pemala, eu recebesse orientações diretas provenientes do estado de consciência de sonho. Tudo isto faz parte de um processo holístico indissociável. São conexões espontâneas entre estados de consciência.

Conexões espontâneas

Eis uma linda demonstração do que acabei de escrever. No dia 3 de dezembro de 1984, tive um sonho lúcido, ao qual dei o título de "amante da sabedoria".

Eis, na sua íntegra, o início do que escrevi às 3h18 da madrugada:

Sinto-me de novo extralúcido, em estado de frescor e bem-disposto, diante deste espelho de mim mesmo que é este caderno de notas, o meu confidente.

Ainda me encontro no ambiente do meu sonho também extralúcido, pois nele se encontra a questão fundamental da minha existência, bem como das relações entre ciência e filosofia.

Um sonho lúcido: Amante da sabedoria

Sou convidado para fazer uma palestra. Vejo essa palestra num contexto de completa espontaneidade; não tenho nada preparado. Estou num estado de completa e total confiança nessa espontaneidade, nessa sabedoria. O auditório está repleto de gente. Chego consciente de ignorar o assunto sobre o qual vou falar.

Um senhor se levanta e me apresenta a seguinte pergunta: "Como será possível praticar psicologia sem ser filósofo?" Nesse momento, eu me dei conta de que "estou sonhando e que, ao mesmo tempo, estou plenamente consciente".

Decido, então, continuar o sonho e deixar que as coisas venham. Concentro-me em mim mesmo e espero que venham as respostas. E elas vêm como de uma fonte fresca, com essa certeza ontológica característica de muitas madrugadas desses últimos meses. Dou-me conta de que a espontaneidade e o frescor da resposta, como da pergunta, é uma resposta viva à pergunta; e eis a resposta que me vem...

Segue-se, então, uma longa resposta de mais de duas páginas, demonstrando que psicologia e ciência não podem ser dissociadas da filosofia, isto é, uma filosofia no sentido etimológico do termo: *Amante da Sabedoria*.

Faço, então, uma distinção entre sabedoria cultural adquirida pela educação e sabedoria natural, que surge espontaneamente a cada momento sob forma direta ou simbólica. A primeira precisa da Ciência. A segunda prescinde dela, pois ela é a Ciência inerente ao próprio Ser. Ela sempre esteve presente; podemos ler e decodificar o selo que ela grava na natureza, seja de uma samambaia, de rosas ou do nosso próprio corpo. Essa leitura, essa decodificação, é justamente o objeto da ciência, da qual faz parte a psicologia.

Mas quando a sabedoria se manifesta espontaneamente em nós, ela o faz de forma lúcida e absoluta, pois é a própria codificação do universo, a Consciência Cósmica. Na realidade, trata-se de uma auto-revelação, pois nós somos essa Consciência Universal, nós somos o Ser. Pela "nossa" psique, revela-se a ela mesma, como num espelho. Ora, a palavra *psique* significa justamente "espelho".

No fundo, nossa psique é uma manifestação holográfica, isto é, uma multiplicação de engramas idênticos, mas adaptada à diversidade das manifestações no Universo.

A própria ciência é, por assim dizer, uma autoleitura da própria sabedoria. Assim, ser filósofo é ser um amante da sabedoria, mas é também ser psicólogo; e ser psicólogo é uma das manifestações autoscópicas da Sabedoria.

Escrevi mais ainda, que a ciência é a sabedoria que contempla a sua obra manifestada; a psicologia é a sabedoria que contempla o seu próprio funcionamento. A filosofia é a Sabedoria que se ama e que, ao contemplar a si mesma, não pode impedir a si mesma de a todo instante gritar no seu Universo: "Heureca!... Que maravilha! *Emaho!*"

Pelo seu grito, repetido no canto dos passarinhos e no gozo dos orgasmos, a sabedoria se reconhece no Amor, do qual é inseparável.

Essas declarações altamente inspiradas são seguidas pela seguinte nota.

Nota: Estou ainda completamente lúcido. São 4h22. Agora vou meditar, aproveitando este momento privilegiado!

Temos agora uma idéia de como eu me sentia quando acontecia a continuidade completa entre o estado de vigília e o desenho, graças à prática do sonho lúcido.

É nessa continuidade que a criatividade anda completamente solta e livre.

Durante esses anos de retiro, descobri o quanto essa criatividade, produto da intuição e da inspiração, não é apenas uma manifestação intelectual. É um fenômeno espiritual, acompanhado de uma enorme gratidão. Muitas vezes eu entrava num verdadeiro estado de graça.

Estados de graça

Em 14 de abril do ano seguinte, 1984, eu acabava de terminar "O último porquê", quando entrei num estado muito especial, que descrevi do seguinte modo:

Um enorme impulso
Em direção ao absoluto
Anima as entranhas do meu ser
Um fluxo irresistível de amor

Se apodera de mim
E abre uma disponibilidade infinita
Uma doce brecha
Por onde jorra a inspiração

Realmente, mais a criatividade aumenta, mais puro é o estado de bem-aventurança e de amor que me acompanha.

Até hoje eu constato essa evidência. Por exemplo, durante todo o tempo em que escrevo este livro vivo sentimentos de muita alegria e pureza. Como as idéias criativas vêm da essência do Espírito, recebemos diretamente dele emanações que podemos chamar de divinas. Estamos mais perto do Eterno.

No dia de meus 60 anos, em 16 de abril de 1984, todos os meus companheiros de retiro vieram cantar na minha janela. Fiquei muito emocionado. E nesse dia especial para mim, veio-me a seguinte intuição, em que coloco em relação a impermanência do presente e a verdadeira liberdade:

Viver o nascimento
Do instante
Da morte
Do instante
Que passa
Eis a verdadeira
Liberdade
Viver o bardo
A todo instante

Mais tarde, incluí esses versos no meu poema intitulado "O último porquê", ou "Meu Deus! Quem é você?" A criatividade me levava a ser poeta, mas, muitas vezes, cheguei a aprofundar questões essenciais sobre a minha existência. Eis um exemplo.

Por que me levanto de manhã?

Fiquei particularmente criativo em 1º de maio de 1984. Já há muitos meses que me fazia uma pergunta que pareceria ridícula fora do retiro, mas que ali e então, quando estava à procura da minha verdadeira natureza, assumiu uma importância enorme!

Por que me levantava de manhã? Essa pergunta perseguiu-me durante meses. Nesse dia, a criatividade e a intuição andaram soltas e vieram-me respostas bastante lúcidas, sendo que algumas inesperadas. Cheguei a fazer um esquema sistêmico, do qual só posso dar aqui um resumo.

Constatei que a cada manhã em que me levanto há duas forças opostas. Uma primeira, que me impulsiona a me levantar. Uma outra, que me impele a ficar na cama.

A primeira força é composta de necessidades fisiológicas, tais como a de urinar ou a fome ou, ainda, a necessidade de me esticar e de me movimentar. Em seguida, vem o hábito de me levantar todas as manhãs; ajudar os outros, conviver e criar são também muito importantes. A mais forte ainda é a dos compromissos assumidos com hora marcada.

A força contrária manifesta-se primeiro sob a forma da atração terrestre ou do peso. Foi nessa ocasião que descobri que a postura ereta implica equilíbrio constante, com resistência à força de atração terrestre que nos convida a todo instante para nos deitar. Assim sendo, a atração terrestre convida-nos a ficar na cama, em vez de nos levantar. Outro fator é o clima, no caso o frio, no inverno, um convite para ficar debaixo do cobertor, ou o calor excessivo, no verão, que estimula a preguiça de nos movimentar e, por conseguinte, sair da cama. Outra força muito poderosa que se tornou evidente aos poucos é o pensamento, em geral dirigido para o futuro do dia; é nessa hora que faço planos, e também é a hora das idéias criativas; e, se não tomar cuidado, tudo isso se transforma em devaneio e eu continuo na cama!

Em suma, estou num campo de forças opostas, isto é, num conflito interior. Esse conflito é um problema diário. Esse problema exige uma deliberação mental, uma análise da situação. Dessa análise nasce uma decisão. Enfim, a decisão leva-me a ação, isto é, eu me levanto ou fico mais na cama, conforme o caso. Constato ainda que há também dois tipos de ação em jogo: de um lado, uma automática, feita de reflexos espontâneos ou condicionados e, de outro lado, decisões que levam a ações voluntárias.

A observação do ato de se levantar pareceria uma brincadeira ou ainda um passatempo inútil. Mas não foi, pois me dei conta de que estava descobrindo o mecanismo da criação de um karma positivo, negativo ou neutro. Essa descoberta me confirmou que o karma é provocado pela mente, e que todo pensamento cria um karma.

Enfim, essa questão me levou a uma das perguntas fundamentais do Dharma: "Quem é que delibera e decide?"

E voltamos a outra questão fundamental, ainda mais crucial e vital, a da inexistência de um eu que pensa como entidade sólida e eterna. Eis o fim das anotações sobre esse assunto:

> *Não há pensador*
> *Só há pensamentos*
> *Emanados da vacuidade*
> *Do espírito*

Assim eu passava os meus dias, descobrindo verdades diferentes de uma só Realidade. Até o problema do ovo e da galinha entraram na minha esfera de cogitações! E foi muito proveitoso pensar nisso, pois, por trás disso, está a eternidade...

Eu gostaria de comunicar ao leitor todas as descobertas feitas, por meio da inspiração, durante o retiro. Mas o seu número é tão grande que isto se revela simplesmente impossível no espaço de um livro de memórias. Por isso mesmo, lamentavelmente, eu tenho de parar por aqui.

Felizmente, muitos assuntos ventilados nesse tempo foram tratados nos meus livros posteriores ao retiro. No fundo, são todos prolongamentos dessa época.

Agora vou tratar de outro aspecto da ação do retiro sobre mim mesmo. Esse aspecto é, em parte, conseqüência da própria criatividade e das descobertas dela provenientes. Refiro-me à dissolução progressiva dos antigos conceitos, esquemas de referência e estruturas de comportamento ou de crenças, valores e assim por diante. É o que chamei de "Desfazendo as malhas do tricô".

VIII

Desfazendo as Malhas do Tricô

A viagem espiritual consiste numa purificação e numa aprendizagem contínua. Quando compreender isso, você se tornará humilde. Existe um provérbio tibetano que diz que não se deve confundir a compreensão com a libertação, e Milarepa dizia para deixarmos de alimentar esperanças de realização, mas praticar a vida toda.

Sogyal Rimpoché

Os dois anos seguintes passaram-se sob a influência das práticas meditativas, dos rituais, dos ensinamentos e, no meu caso, da Ioga do Sonho Lúcido, que foi uma opção minha.

Neste capítulo, vou mostrar alguns aspectos da transformação ocorrida. Em primeiro lugar, vem o descondicionamento dos velhos hábitos.

O descondicionamento

Um dos meios que encontramos em todas as tradições espirituais para alcançar a vivência da nossa verdadeira natureza é o da desautomação. Ele exige qualidades especiais, tais como perseverança, paciência para enfrentar todos os obstáculos — hábitos, maneiras de pensar, conceitos e preconceitos — que nos impedem de chegar lá, pois constituem um véu difícil de se desfazer de um dia para o outro. De fato, o processo de transformação é um processo lento. E, na base de todos esses atributos, vem uma condição fundamental que encoraja e estimula todas as outras: é a convicção e a certeza de que essas práticas dão resultados efetivos. E nisso há um certo círculo vicioso inicial: para se ter essa certeza, é preciso praticar e observar os resultados obtidos; e para ter motivação para praticar é preciso ter certeza. Para a maioria dos praticantes, basta os estados progressivos de paz e harmonia interior para provocar a perseverança. Certos mestres inteiramente iluminados têm o poder de provocar no aprendiz uma amostra de algumas horas da verdadeira natureza do espírito. Essa vivência, definitiva para quem passa por ela, é uma demonstração do que se trata. Fica claro para o discípulo que o resto depende da sua prática. E essa prática de longos anos provoca progressivamente um verdadeiro descondicionamento de tudo o que impede essa plena realização.

No linguajar do budismo tibetano, como do hinduísmo, do judaísmo e do cristianismo fala-se de purificação. Como esse termo tem provocado muitas reações desfavoráveis por causa do seu caráter moralista e da sua conotação de pecado, preferi usar o termo descondicionamento, mais adequado, por ele ser neutro e de cunho psicofisiológico, mais de acordo com a verdadeira natureza desse processo.

De que se trata? À medida que o praticante tem *insights* e descobertas sobre a sua maneira de pensar, sentir e se comportar, ou sobre o comportamento de seus amigos e pessoas conhecidas, ocorre um processo de desmantelamento de velhos hábitos ou maneiras de pensar que começam a parecer aos seus olhos como sendo inadequados ou mesmo fora da realidade.

Às vezes, esse *insight* é muito forte e abrangente. Nesse caso, ele vive uma surpresa muito grande, acompanhada de gargalhadas provocadas pela visão do ridículo da sua maneira de ser ou de um espanto muito grande. Em outros casos, mais freqüentes na nossa percepção, a descoberta é progressiva. Porém, nos dois casos, o processo de mudança é lento.

Cada descoberta tem conseqüências infinitas e imprevisíveis. Tudo se passa como se a gente desfizesse uma das malhas de um tricô. Essa ação é fatalmente seguida de um processo de desfazer outras malhas. Podemos considerar o processo do nosso retiro como o de desmantelamento de toda a malha do tricô.

Estratagemas de resistência do ego

Este é um jogo difícil, pois há um adversário que se opõe a esse desmanchar. É o próprio ego que, sentindo-se ameaçado, pois ele é o próprio tricô, começa a resistir e, progressivamente, a tentar nos convencer de que iremos nos desestruturar, de que vamos ficar loucos e perder o controle.

O ego intervém até nos sonhos. Não é, por conseguinte, de se estranhar o sonho de 20 de setembro de 1982: "Fiquei louco. Perdi os meus pontos de referência. Na saída do hospício, alguém me proporciona um grupo de admiradores. Sinto-me só com o meu orgulho. Eles têm cabeça de idiotas."

As anotações posteriores dizem que, embora a criatividade tenha voltado depois desse sonho, esse sentimento muito desagradável de ficar louco permaneceu. Ao mesmo tempo, sabia que a loucura estava fora e dentro de mim. Era, por exemplo, a minha possessividade que me impulsionava a resistir a dividir, na hora do almoço, as alcachofras com os meus colegas.

Tomo, então, consciência de que projetei todos esses fantasmas no meu livro *Ondas à procura do mar*, que eu estava escrevendo nas horas vagas. *Conta-gotas*, *O avarento*, *Brilhantina*, *A orgulhosa*, *O casal lunático* e *Ondalouca*, são partes de mim mesmo em processo de dissolução.

Então me dou conta também da existência de Manitou, o sábio na gruta, que não havia se esquecido de que ele era o mar e que iniciava os ondinos na redescoberta quem eles eram realmente. Nas minhas notas, eu associo Manitou aos lamas tibetanos e aos terapeutas do tempo dos essênios e de Cristo.

Descubro agora, ao escrever estas linhas, que, desse desenredamento das malhas do tricô brotava a criatividade, o fomento de idéias, como a anormalidade fora e dentro e o paralelo dos lamas com os terapeutas de Alexandria. Desses embriões, nasceu a idéia da normose e das anomalias da normalidade, assim como meus escritos posteriores com Jean Yves Leloup e a criação, com ele e Roberto Crema, do Colégio Internacional dos Terapeutas.

Assim, consegui ultrapassar essa resistência do ego. Uma das malhas do tricô é justamente a crença na existência de um monobloco sólido e eterno que se chama o Ego, separado e isolado do resto do mundo.

Leva muito tempo a descoberta do caráter ilusório dessa solidez e permanência do Ego. Procurado, ele nunca foi encontrado. No entanto, ele resiste o quanto pode a esse descondicionamento! Ou, a seguir, dar exemplos desse descondicionamento a fim de mostrar, no meu caso, como ele aconteceu.

A equanimidade como desencadeadora do processo ou imparcialidade

Uma das recomendações de Rimpoché, já antes do retiro, foi que despertássemos na nossa vida cotidiana os quatro imensuráveis ou catalisadores do ser, isto é, a alegria, o amor, a compaixão e a equanimidade. Cada um desses fatores construtivos, inerentes ao nosso ser, uma vez desperto, tem o poder de desencadear o processo de descondicionamento.

No meu caso, foi a equanimidade na aplicação dos três primeiros fatores. Eu teria de dar a mesma atenção a todos os seres, e tratar de modo igual os membros da minha família, os estranhos, os empregados, os animais e mesmo os seres de outras dimensões. A mesma intensidade de amor, de compaixão, de alegria para todo mundo, sem exceção. A presença do lama era uma clara e permanente demonstração da existência e possibilidade dessa equanimidade.

A primeira vez que deparei com a equanimidade, foi em contato com o pai de Pemala, Kanjur Rimpoché, ainda no Himalaia, em Darjeeling. Ele me avisou que me receberia pessoalmente e me daria uma iniciação. Fiquei todo feliz e me senti bastante importante por receber uma iniciação particular. Ele me recebeu com muita ternura, me fez sentar, e esperei uns dez minutos. De repente, o quarto se encheu de mais discípulos. A iniciação era para todos nós, não apenas para mim. Fiquei decepcionado, mas não demonstrei nem disse nada para ninguém. Para mim, é claro que dentro da sua onisciência, ele tinha percebido o meu orgulho e, imediatamente, me deu uma lição de equanimidade!

O próprio fato de saber que isso existe provoca uma tomada de consciência da nossa lacuna e da nossa insuficiência de equanimidade. Verifiquei aos poucos que eu tratava de modo distante uns dois ou três colegas do nosso retiro, por eles serem de origem social humilde e terem nível de instrução apenas primário. Embora os tratasse gentil e afetuosamente, não era tão espontâneo com eles quanto com os do meu nível sócio-econômico.

Intrigado, tomei progressivamente consciência de que me faltava equanimidade, não só com eles, mas também com todos os humildes, operários, empregados domésticos, mendigos e assim por diante. Por exemplo: lembrei-me de um comportamento sistemático e diário nesse sentido; cada vez que tomava o elevador, eu evitava olhar para o ascensorista e nunca o cumprimentava. Para mim, ele era como se fosse um autômato. Eu precisava estar realmente de muito bom humor para cumprimentá-lo e soltar alguma piada. Lembrei-me então de que a minha mãe procedia do mesmo jeito com os que ela considerava como seres inferiores a ela.

Recordei-me de certo incidente que me havia escandalizado. Eu a tinha convidado, quando a visitei em Estrasburgo, onde ela morou até falecer, para almoçar num desses restaurantes regionais de gastronomia alsaciana típica. Na hora de sair, a garçonete com um grande sorriso e evidente vontade de ser gentil, estendeu a mão para se despedir da minha mãe. Até hoje me lembro do rito de desprezo na boca e do olhar de superioridade na expressão fisionômica da minha mãe. Ela simplesmente virou as costas e deixou a coitada da garçonete com a mão no ar. Não suportei esse gesto, e a minha prima que estava presente falou de um *spleen*, uma espécie de delírio de superioridade.

Eu não me dava conta de que eu também me comportava de modo análogo e, por isso mesmo, era incapaz de estabelecer uma relação de causa e efeito entre o meu comportamento e o da minha mãe no que tange à falta de equanimidade. Quantas vezes eu ouvia comentários desairosos da minha mãe em relação aos operários, em geral, e à sua empregada doméstica, em particular. Eu mesmo tive dificuldade para fazê-la aceitar a minha namorada, por ser ela de origem humilde e não ter dote. Em sinal de desprezo, ela não compareceu ao meu casamento. Eu não percebia naquela época o ciúme e a possessividade que se encontravam por trás dessa rejeição da nora pela sogra. Formou-se uma neurose que consistia em aceitar ou rejeitar todas as mulheres com base nos critérios maternos de intromissão, que passei a adotar, e, inconscientemente, tratava a minha mulher com desprezo. Tratava-se de um processo puramente emocional e inconsciente, pois num plano puramente racional, como bom cidadão francês que foi educado dentro da trilogia liberdade, igualdade e fraternidade, eu estava convencido de que todos são iguais perante a lei e que eu considerava a minha esposa como igual a mim. A prática estava longe da teoria, e o meu casamento durou apenas sete anos.

A minha longa psicanálise, acompanhada de psicodrama e de outras terapias, não foram suficientes para desfazer esse tricô. Foi necessário, já com 50 e tantos anos, que eu descobrisse essas interpelações num retiro tibetano! Muito me ajudou também a meditação com equanimidade, que é até hoje uma das minhas preferidas. Ela consiste em sentar relaxado e deixar passar tudo que aparecer no campo da consciência, sem demonstrar nenhuma preferência ou julgamento. Em outras palavras, aceitar tudo o que aparecer de modo igual, sejam vozes ou ruídos vindos de fora, sejam pensamentos, sentimentos ou emoções interiores. Simplesmente deixar passar sem se envolver em preferências.

Aos poucos, essa atitude se transmite a todas as situações do cotidiano. Ela também ajuda a reforçar as observações sobre a impermanência de todos os fenômenos e, por conseguinte, o seu caráter irreal, fantasmático. Para que ter preferência por algo que não vai durar?

O treinamento da equanimidade desmancha também as malhas do apego (às coisas, pessoas e idéias), da raiva, do orgulho e do ciúme. Por exemplo: o orgulho é a expressão do apego a uma auto-imagem de superioridade. Restabelecendo-se o sentimento de equanimidade entre mim e os outros, desaparece esse apego e o orgulho que ele estimula. O orgulho, pelo sentimento de superioridade, aumenta ainda mais a fantasia da separatividade. Diminuí-lo, por conseguinte, constitui uma grande contribuição para reduzir essa perniciosa ilusão.

Eu poderia continuar a descrever, horas a fio, como no meu caso o tricô se desfez. Os aspectos são infinitos. O que posso dizer é que descobri em mim mesmo a verdade da sistêmica que nos mostra que tudo depende de tudo, que tudo está relacionado e que, se você começar a agir sobre uma parte do sistema, você influencia o resto.

Assim, por exemplo, o treinamento da equanimidade desbloqueia um dos cinco aspectos da sabedoria, que se chama justamente a sabedoria da equanimidade. O despertar dessa espécie de sabedoria constitui, segundo o ensinamento tibetano, o antídoto do orgulho. Isso se torna bastante evidente diante das explicações que acabei de dar sobre o orgulho.

Descoberta da semelhança entre meditação, sonho e estado de vigília

O tricô a que me referi só pode ser desfeito graças a muitos outros fatores além da tomada de consciência das emoções destrutivas e da descoberta da equanimidade e outros catalisadores do Ser. Um dos motivos mais poderosos de desmantelamento de muitos conceitos errôneos foi a descoberta da semelhança entre o que se passa no sonho, na meditação e no estado de vigília.

Em 20 de dezembro de 1982, depois de ter ouvido Khempó, o lama que nos instruía na ausência de Pemala, afirmar que há pessoas que meditavam muito e progrediam muito, e que havia pessoas que meditavam muito e progrediam pouco, resolvi fazer um pequeno balanço por escrito e apresentá-lo a Khempó.

Ele ouviu com paciência a longa explanação que fiz sobre as minhas observações. Cada sentença foi traduzida do inglês para o tibetano. Passamos assim mais de duas horas juntos. Eis um resumo do que eu disse a ele:

O apego e todas as emoções destrutivas são as mesmas no sonho, no estado de vigília e durante a meditação.
Somos atraídos por idéias, pensamentos, conceitos ou os rejeitamos e não por coisas ou pessoas, ou mesmo situações.
Durante a meditação e o sonho, pensamentos e emoções mudam o tempo todo, porém o observador permanece o mesmo.
Se eu procuro pelo observador, nunca o encontro. O mesmo acontece quando procuro a origem de um pensamento. Ele se dissolve na vacuidade do espaço. Não há nada de sólido ali.
Quando há esse nada, é como se fosse uma tela de cinema; porém é espaço puro em que observador e espaço não são mais diferentes.
Nessa tela de cinema, quando estou aberto e equânime, sem apego nem rejeição, então acontece um som, nem fora nem dentro de mim, como se fosse um jato num aeroporto. Mais relaxado e mais alto se apresenta o som, especialmente se não há pensamento.
Este som parece indicar para mim que eu me encontro em outro estado de consciência. Então, vem a idéia de que eu tenho de contar isso a Rimpoché ou Khempó, e o que é preciso fazer agora. Então eu procuro a fonte dessa nova idéia.

Às vezes, um som aparece no meu ouvido direito, diferente do primeiro. Foi-me pedido, nos ensinamentos, para ir à procura da natureza do nada. A resposta é a mesma do que para o pensamento: nada, inexistência de resposta.
Certa vez, senti-me totalmente transparente, sem mais nenhuma fronteira entre o meu corpo e o mundo exterior; unicamente espaço, quase liberdade total. Não há mais dentro ou fora.
Às vezes se manifesta uma exclamação, quase um grito: Ah!
Duas vezes o barulho cessou, e a minha coluna, automaticamente, adotou uma postura melhor. Era pura vacuidade. Então eu perguntei: O que é isso? Aí tudo parou!
A sensação de que tudo está fora... Porém não há mais pontos de referência que permitam perceber o que está fora.
Positivo e negativo são apenas conceitos. Na experiência do espaço, da vacuidade, não há nada disso!
Pierre é um nome que lhe foi dado; é um conceito como o de uma pedra. Todos os pensamentos são eventos passados ou projetos de futuro. Assim, passado e futuro são meros pensamentos.
Certa vez, na hora de acordar, percebi dois pensamentos como se fossem nuvens cor cinza. Tenho certeza de que eram formas sutis de pensamentos.
Quando Pierre percebe algo, é espaço que percebe espaço, ou a mente que percebe a si mesma...

Na nossa qualidade de puro espaço, somos conectados com outras pessoas, em meditação profunda. Seguem-se dois exemplos:

— No dia 18 de novembro, eu estava preocupado em relação à eventual existência de mofo no quarto de Erik, um dos nossos companheiros. Uma hora depois, Erik me pergunta se havia mofo no meu quarto!
— No mesmo dia, na meditação noturna, perguntei-me se eu poderia ajudar Khempó a aliviar as suas dores. Imediatamente senti uma tremenda dor de cabeça no lado direito. Dois minutos depois, do lado esquerdo.

Há um aumento da freqüência das experiências de vacuidade na meditação.

Eis um resumo das respostas de Khempó. Com isso, o leitor terá uma idéia de como se estabelece o diálogo com um mestre. Os lamas respondem muito positivamente e correspondem às necessidades de orientação dos discípulos, sobretudo quando percebem que eles estão praticando o que foi recomendado. Eles possuem um profundo conhecimento dos efeitos de cada prática. O primeiro sinal disso foi-me dado num dia em que expliquei para Pemala que eu tinha tido determinada visão. Ele procurou um livro, abriu-o e me perguntou se era aquela que estava representada ali. Era!

Como todos os lamas, Khempó esperou que eu tivesse as experiências para, em seguida, confirmar se eram certas ou não.

— Em primeiro lugar, Khempó confirmou que o processo de apego começa pela idéia, pelo pensamento.
— Ele confirmou também a minha observação de que o processo de apego era comum ao sonho, ao estado de vigília e à meditação. Disse também que o mesmo ocorre com a rejeição e a raiva.
— Insistiu sobre a prática da equanimidade, recomendando receber tudo o que aparece no espaço da meditação e, da mesma maneira, procurar de onde vêm os fenômenos, como pensamentos e emoções.
— Confirmou que não existe o dentro e o fora, que isso é um pensamento ligado ao corpo físico.

O mesmo se dá com a diferença entre positivo e negativo. São também conceitos gerados pelo pensamento. São pensamentos.

— Efetivamente, nossa mente está em comunicação com outras mentes. Podemos receber pensamentos de outras mentes por telepatia. Podemos até incorporar doenças de outras pessoas por meio das suas mentes.
— "EU" é uma idéia. É um gesto mental (aponta o dedo para o coração), como por exemplo, o nome Pierre, que dá uma sensação prazerosa de existir para quem tem esse nome; mas na verdade, não é mais uma idéia do que uma pedrinha.
— Procurar a essência de uma idéia ainda é uma idéia.

— Os pensamentos são do passado, como memória, ou do futuro, como imaginação. Logo, passado e futuro são apenas pensamentos.
— Espaço interior é como uma cena de teatro, com uma diferença: é o próprio espaço que cria e assiste à sua própria peça.
— Será esse espaço o mesmo que o do corpo?

Devo reconhecer, ao reler hoje, 1999, essas anotações, o quanto essa prática, assim como essas observações confirmadas por Khempó, contribuíram para um progressivo descondicionamento indispensável ao processo de transformação e característico dele.

Desfizeram-se progressivamente em mim as idéias da importância e da existência de mim mesmo e dos outros, da minha separação do mundo, da realidade última como sendo algo de sólido, da importância que eu dava a eventos passageiros.

Nos anos de retiro que se seguiram, apenas reforcei, por meio de mais práticas meditativas e da Ioga do Sonho Lúcido, a minha convicção iniciada por uma intervenção de Pemala quando o conheci no Himalaia, há praticamente trinta anos, e da inexistência de toda espécie de dualidade e, em última análise, da identidade de tudo o que existe. Dissolveu-se também a última dualidade, a do mundo absoluto e do mundo relativo, mas, ao mesmo tempo, fiquei convencido de que, na prática, eles precisam ser tratados como diferentes. Embora saibamos que, em última análise, não existe karma, essa lei tem de ser levada em consideração enquanto estou encarnado. Como o afirma Padmesambhava:

> Embora a minha visão seja tão vasta quanto o céu,
> As minhas ações e o meu respeito pela lei de causa e efeito
> São tão finos quanto grãos de farinha.

Minhas anotações, até o final do retiro, estão repletas de descrições e de alternanças de dúvidas e certezas, de constantes questionamentos, tais como sobre o que é que eu estava fazendo ali ou, ainda, por que me levantava de manhã.

Encontro também inúmeros *insights* e inspirações. A criatividade brotava inúmeras vezes, dando-me uma alegria infinita de pertencer ao processo de uma permanente criação. Inúmeros poemas apareceram e fiquei também bastante sensível aos poemas dos outros. Certo dia, fiquei bastante surpreso e emocionado com os versos de Victor Hugo que descrevem a impermanência e transitoriedade de todos os fenômenos. Pareciam versos tibetanos.

Embora eu gostasse de comunicar tudo o que vivenciei para o leitor, isso ficaria talvez enfadonho, repetitivo e ineficaz. Creio que comuniquei o essencial. Dentro desse último aspecto, há sim uma descoberta que considero capital para o meu processo de transformação. Trata-se de uma conseqüência das descobertas que acabei de relatar, das semelhanças entre o processo de sonho, de vigília e de meditação. Quero aqui me referir às inferências dessas autodescobertas para o conceito de morte e do papel importantíssimo de todas as práticas às quais me submeti no sentido de me preparar para o período pós-morte.

A morte da morte

Esse é o título de um dos meus livros mais recentes. Ele praticamente é uma extensão desta obra. Por incrível que pareça, todo o meu treinamento no retiro foi um preparo para que eu soubesse como me comportar durante e depois da passagem. Para mim, a morte morreu. Ela é apenas uma passagem, e faz parte do meu processo de transformação. Já no dia 22 de dezembro de 1982, um pouco antes do Natal, escrevi às 10 horas da manhã a essência do título deste livro: *Morte do medo... da morte*.

Perdi o medo da morte à medida que tive algumas experiências de saída do meu corpo físico e dos relatos dessas experiências colhidas nas pesquisas da minha ou de outras universidades sobre as chamadas EQM (Experiências de quase-morte). A esses fatos, acrescentaram-se as experiências de vidas passadas relatadas por crianças, bem como o fenômeno de emanação dos pequenos tulkus tibetanos, reconhecidos experimentalmente como sendo reencarnações de grandes lamas. Nesse meu livro, eu descrevo essa fenomenologia em detalhes, ainda acompanhada de um estudo especial e pessoal sobre o assunto.

Não vou repetir aqui o que já escrevi em alguns dos meus livros. Tudo o que posso dizer é que as provas da sobrevivência depois da morte são inúmeras, tanto no folclore de todas as culturas como na literatura de pesquisa em nível universitário. Não existem, praticamente, estudos que procuram mostrar o contrário, isto é, de que não existe nada depois da morte.

O que descobri aos poucos no meu retiro, é a relação que existe entre o sonho, o sono profundo, a meditação e os estágios intermediários, os *interregnos* existentes durante e depois da passagem e que os tibetanos chamam de bardos ou estados intermediários.

Segundo essa descrição, enquanto não tivermos realizado a verdadeira natureza do espírito, estamos num dos bardos existentes. Existe o *interregno* entre o nascimento e a passagem, sendo que o segundo *interregno* é a própria passagem. O terceiro *interregno* é um estado próprio dos seres que vivem em corpo luminoso. O quarto *interregno* é o que nós conhecemos, na nossa linguagem, como sendo o dos espíritos, a maioria à espera de uma volta para o primeiro bardo.

Para mim, está óbvio agora que a realização da nossa verdadeira natureza ou da essência do espírito liqüida definitivamente o ciclo das transmigrações, termo mais adequado para reencarnação, pois é mais abrangente.

Assim sendo, toda a prática do chamado Dharma, sobretudo num retiro, consiste em fazer uma aprendizagem bastante prática para não retornar neste plano físico do bardo desta existência, a não ser para ajudar os outros a sair deste círculo vicioso infernal.

Qual o essencial dessa minha descoberta?

A Clara Luz

Por meio da prática do Sonho Lúcido, tive várias vezes uma experiência bastante inesperada — e é melhor que seja assim — e que ninguém me havia anunciado. Em vez de voltar ao estado de vigília, eu vi uma luz bastante forte. Ela desapareceu rapidamente. Mais tarde, nos ensinamentos sobre o bardo, foi-nos explicado que, na hora ou imediatamente depois da passagem, as pessoas têm essa visão da Clara Luz. Como elas não têm nenhum preparo para isso, desmaiam e passam depois ao próximo bardo. Se, pelo contrário, elas tiverem experiência prévia dessa luz e souberem mergulhar nela, sem nenhum receio, elas se iluminam e ficam plenamente realizadas.

Eu soube depois que essa Luz Clara é uma experiência própria do sono profundo, e que ficamos em contato com ela cada vez que estamos nesse estado de consciência.

Logo, a Ioga do Sonho Lúcido agora fica evidente para mim, é um treinamento extremamente eficaz para aprender a se comportar nos diferentes bardos, o da passagem e os posteriores. Como? No estado de sonho, a gente aprende a transformar as emoções destrutivas e a deixar passar as imagens e pensamentos, em vez de se deixar dominar por eles. No estado de sono profundo sem sonho, aprende-se a se familiarizar com a clara luz e a mergulhar nela.

Durante a meditação em estado de vigília faz-se o mesmo tipo de aprendizagem com as emoções, os pensamentos e, às vezes, quando surge a Clara Luz.

Um pouco antes do final do retiro, tive uma última entrevista com Rimpoché. Contei-lhe que tinha tido vários contatos com a clara luz do bardo. Ele perguntou-me se eu tinha visto a luz fora de mim como observador. Eu disse que sim. Ele me explicou que isso ainda era uma experiência dual, em que havia um sujeito e o objeto. Mais tarde, numa entrevista depois do retiro com Pemala, ele me recomendou para que, na próxima vez, eu mergulhasse na Clara Luz.

IX

De Dentro para Fora

> *Ir embora é morrer um pouco.*
>
> Velho provérbio francês

Preparando a partida

Durante os últimos meses do retiro, recebi duas comunicações importantes, que não sei mais como chegaram às minhas mãos. A primeira foi a notícia da existência, em Paris, de uma universidade holística. O nome *holístico*, do grego *holos*, "o Todo", agradou-me demais. Intuitivamente, senti que a palavra *holística* era um resumo do Dharma na vida moderna. Um conceito em torno do qual todas as religiões e ideologias filosóficas e espirituais podiam encontrar um denominador comum, conservando, porém, a sua identidade própria.

Como eu tinha chegado à conclusão, lá pelo final do retiro, de que o absoluto e o relativo, o pessoal e o transpessoal, não podiam ser dissociados, a solução dessa última dualidade estava na palavra *holística*, que para mim significava a integração das psicologias pessoal e transpessoal. Esse último ramo da psicologia tinha nascido, para mim, do próprio movimento de fragmentação que está atingindo todas as ciências e disciplinas, mais especialmente nos Estados Unidos, onde a psicologia transpessoal tinha nascido, em 1969, como eu mostrei em *A revolução silenciosa*. Escrevi para a fundadora, Monique Thoenig, uma psicóloga transpessoal, que praticamente havia lançado o movimento transpessoal na França e na Europa, convidando os seus expoentes — como Stan Grof, Fritjof Capra, Marilyn Ferguson, Stanley Krippner — para realizarem os primeiros seminários sobre o assunto na França.

Ela me respondeu que gostaria de me conhecer, principalmente porque não tinha mais força para levar essa universidade sozinha, em Paris, por uma questão de resistência física. Acabei marcando um encontro com ela em Bordeaux, que ficava a duas horas de trem de Perigueux, onde eu estava.

A segunda comunicação que recebi foi de um encontro transpessoal organizado por Jean Yves Leloup, cujo tema era "Novas medicinas e psicologias transpessoais". O assunto me agradou e Jean Yves Leloup respondeu muito entusiasmado, pois já me conhecia de nome pela minha tese, *Esfinge* e pelo meu livro *A mística do sexo*, ambos publicados em Paris. Ele convidou-me para apresentar um trabalho sobre o tema. O lugar do congresso era o Centre International de la Sainte-Baume, onde, segundo a tradição local, Maria Madalena teria se refugiado, depois da morte de Cristo.

Eu estava com esses dois convites, duas âncoras poderosas para retomar contato com a minha vida profissional que, a partir desse dia, adquiria um caráter cada vez mais evidente de missão. Pois o retiro havia me isolado do mundo exterior e eu praticamente havia perdido contato com ele.

Em 9 de julho de 1985, resolvi abrir a Bíblia ao acaso para saber se eu tinha mesmo uma missão. Eis a resposta:

> *Passai, passai pelas portas, preparai um caminho para o meu povo, construí, construí a estrada, removei as pedras.*
>
> **Isaías 62.10**

Não seria possível obter uma resposta mais clara! Eu tinha mesmo é que sair pela porta do retiro e preparar os meus seminários, apontando caminhos, construindo estradas e removendo obstáculos à descoberta da verdadeira natureza do Espírito. Pois eu tinha de me preparar para essa missão e retomar contato com o mundo exterior, do qual eu fiquei cortado completamente, com exceção de um intervalo rápido.

Efetivamente, durante o retiro eu tinha voltado rapidamente para o Brasil, pois, pela lei brasileira, eu perderia o meu direito de residência definitiva se permanecesse mais de dois anos fora do país. Isso tinha me proporcionado a oportunidade de fazer algumas palestras e seminários. Apesar disso, eu me encontrava de fato fora do circuito. Aliás, essa minha escapada no meio do retiro foi vista por mim como se fosse um sonho, enquanto a realidade estava no ambiente do retiro. Constatei também que diminuíram de modo notável as minhas anotações e observações no meu diário, e também caiu de maneira apreciável o número de sonhos dos quais eu me lembrava. Veremos mais adiante que essa queda se deu durante os quase quinze anos que se seguiram ao retiro.

Outras âncoras foram as que eu plantei na minha própria mente e memória durante todo o processo do retiro. Já assinalei neste volume o quanto a minha criatividade tinha explodido e quantas idéias de artigos, assuntos de conferências, títulos de livros, roteiros de pesquisa eu tinha armazenado. Se for verdade, como afirma Pemala, que cada idéia cria um karma, levei comigo, nessa saída do retiro, muitos novos karmas, os quais me parecem bastante construtivos. Em outras palavras: sai equipado para cumprir a minha missão.

Serei um novo bodhisattva?

Um pouco antes da partida, Khempó declarou-nos que podemos nos considerar como verdadeiros Bodhisattvas. O que quer dizer isso? A afirmação de Khempó veio reforçar ainda mais o meu sentimento de que tinha uma tarefa importante a cumprir junto aos outros.

Pois o que é um Bodhisattva senão um verdadeiro missionário, alguém que adquiriu um conhecimento e uma compreensão razoável do caminho espiritual e que já teve uma experiência suficiente desse caminho para poder explicá-lo para os outros? Existem vários tipos e degraus de Bodhisattvas. Eu devo figurar na classe inicial. É assim que eu me sinto até hoje no exercício de minhas funções.

Embora eu tivesse devolvido na hora da saída a minha roupa de monge, vejo-me espontaneamente e interiormente como se continuasse vestido de monge! E isso apesar da minha recusa inicial em me considerar como um budista. A primeira vez que encontrei Pemala, em Paris, depois do retiro, declarei isso a ele. Eu não conseguia me considerar um budista! Sua reação foi um grande sorriso. Ele me explicou que *budhi* significa "a luz" e que *Buda* significa "um ser iluminado". Então, *budismo* significaria "iluminismo".

Dois anos depois, ao reencontrar Pemala, disse-lhe que eu não podia me declarar budista, nem tampouco poderia me declarar o contrário. "Essa é a atitude correta!" — foi a resposta...

Minha postura está muito impregnada da prudência necessária em me relacionar com o mundo acadêmico, que é onde mais atuo por ser conhecido como pesquisador com inúmeras publicações de investigações sérias no domínio da psicologia experimental e aplicada.

Ao transmitir ensinamentos para os outros, não pretendo de forma alguma dar-lhes a impressão de que quero levá-los a mudar de idéia ou de ideologia, qualquer que seja ela. Minha intenção não é essa. O meu intuito é convidá-los para experiências. Depois cada qual decide quanto ao seu caminho.

Embora eu costume recomendar, como já disse, que cada um procure primeiro na sua própria religião, um número apreciável de pessoas pede-me um endereço de centro tibetano, sabendo que eu passei por esse caminho.

Arrumando as malas

O desligamento foi feito aos poucos. Começamos a sair do retiro para tomar progressivamente contato com o mundo exterior, comprar roupas, pois as nossas já estavam velhas e gastas pelos três anos. Para os que não tinham meios de comprar, nosso grupo havia organizado um fundo de roupas, em que cada um podia servir-se à vontade. O que não servia mais para uns fazia maravilhas para outros: sapatos, cintos, casacos de lã, cobertores, bonés, meias, até óculos escuros e relógios havia nesse fundo!

Minha primeira saída impressionou-me muito. Praticamente, eu só tinha tido contato com gente nossa e com a paisagem interna. Tive um verdadeiro choque estético ao tomar contato com um carro de bois e um camponês com o seu filho. Tudo parecia mais luminoso e mais puro do que antes do retiro. Eu tinha verdadeiramente um outro olhar sobre as coisas. Eu via a expressão energética de cada pessoa através de luzes coloridas emanadas delas. Fazia observações bastante interessantes com essa nova visão do mundo que o retiro me deu. Uma delas vou relatar agora, pelo seu caráter bastante original e divertido.

Fui à estação comprar minha passagem de trem para ir a Bordeaux conhecer Monique Thoenig e reservar o meu lugar. Quando cheguei à bilheteria, havia duas filas e dois guichês com dois funcionários, um em cada um deles. Fiquei intrigado pelo seguinte fato: numa das filas, sobretudo no seu início, as pessoas riam e se divertiam. Na outra, não havia nada disso. As pessoas esperavam a vez num silêncio um tanto monótono.

Intrigado, entrei, é claro, na fila alegre, perguntando-me o porquê daquela diferença de estado de humor entre as duas filas. Compreendi bem rapidamente. Ao me aproximar do guichê, vi que ele era ocupado por uma funcionária bastante alegre. Ela fazia um comentário adaptado a cada cliente em função do lugar aonde ia, dizendo se conhecia o lugar ou não e desejando boas férias, já que estavámos na época das grandes férias de verão. No outro guichê, pelo contrário, havia um funcionário sisudo, cumpridor da sua obrigação, realizando automaticamente sua tarefa, e nada mais!

Pensei logo que a funcionária não precisava fazer nenhum retiro! Ela era uma Bodhisattva de guichê perfeita!

Na volta, comecei a empacotar as minhas anotações dos ensinamentos, três volumosos diários que me permitiram escrever este livro com maior precisão e riqueza de detalhes, mais alguns livros e a minha Bíblia. Como Pemala me havia afirmado, eu saia do retiro com uma nova compreensão do Antigo e do Novo Testamentos.

Mas a bagagem mais importante não estava na mala, mas no meu coração...

Nascendo a precognição

Embora o objetivo do retiro não fosse o de despertar nossas potencialidades paranormais, é sabido que elas se atualizam sob efeito das práticas espirituais. Elas são até consideradas como provas de progresso desde que a gente não se apegue a esses dotes.

No meu caso, foram muitos os fenômenos que observei em mim e nos outros, tais como visões de luz, de cores ou mesmo formas e que normalmente não são percebidas.

No dia 15 de julho de 1985, sonhei que estava com uma amiga e que esse sonho era uma precognição. Fiquei até muito feliz, ainda mais porque, no sonho, eu estava convencido de que eu estava tendo uma premonição. Em estado de vigília, depois de eu ter acordado desse sonho, ao reler minhas anotações, isso não fazia nenhum sentido...

Mas nessa mesma noite aparece um outro sonho, em que vejo uma corrente de água, cheia de lama, que impedia a entrada e a saída do retiro.

No dia 21 de julho, um "rio de água" proveniente do estouro de um cano, atravessou o único caminho de saída, impedindo efetivamente a circulação. Era o dia da festa de despedida. Eu havia tido o primeiro sonho premonitório na minha vida, e logo na saída. Passei a compreender que o primeiro sonho havia me avisado de que iria haver uma precognição.

A festa de despedida

Como eu fui o primeiro a sair, todos os meus companheiros resolveram fazer uma festa especial para celebrar o meu desligamento. De repente, vi-me cercado de flores do campo e de rosas. Fizeram um jogral, no qual cantaram um poema especialmente redigido para mim em inglês.

Vou tentar expressar o seu sentido em português.

> *OH! PIERRE WEIL!*
> *ELE NÃO FAZ NADA;*
> *ELE SÓ FICA SENTADO.*
> *POR VEZES ELE ESCREVE;*
> *ELE SÓ FICA SENTADO;*
> *ELE "SÓ FICA ANDANDO POR AÍ".*
>
> *VOCÊS E EU;*
> *SUAMOS E NOS ESFORÇAMOS.*
> *MIL PROSTRAÇÕES DOÍDAS;*
> *DESFIANDO AQUELE ROSÁRIO;*
> *PARALISANDO O NOSSO CÉREBRO;*

FREANDO OS NOSSOS PENSAMENTOS;
REPETINDO TUDO ISSO SEM PARAR.

MAS PIERRE WEIL!
ELE NÃO FAZ NADA;
ELE SÓ FICA LENDO;
E POR VEZES FALA;
ELE SÓ FICA LENDO;
ELE SÓ FICA ANDANDO.

A PRÁTICA DIÁRIA DO PIERRE
TEM MUITA FAMA!
TODAS AS FADINHAS
CHAMAM O SEU NOME
E DANÇAM NO SEU SER.
ESPALHANDO AQUELA ALEGRIA;
VOCÊ REALMENTE
É UM RAPAZ TÂNTRICO.

OH! PIERRE WEIL!
E HERBERT GUENTHER!
NA MATRIZ DO MISTÉRIO.
ELES DANÇAM JUNTOS;
NA MATRIZ DO MISTÉRIO;
ELES SÓ FICAM DANÇANDO.

333, TRÊS ANOS, TRÊS MESES, TRÊS DIAS
COMPLETADOS E REALIZADOS;
NA ATITUDE DE UM ELEFANTE NO SOL.
PEGUE ESTA LUZ,
SEGURE ESTE RAIO.
EM BREVE NUM ARCO-ÍRIS
ELE IRÁ DESAPARECER.

OH! PIERRE WEIL!
ELE NÃO FAZ NADA;
ELE SÓ FICA SORRINDO;

E POR VEZES RINDO.
ELE SÓ FICA SORRINDO;
ELE SÓ VAI INDO ALÉM.

Esse poema mostra como eu era visto pelos meus companheiros de retiro. Eu realmente tive essa atitude de contínua disponibilidade, aberto, calmo, sorridente e procurando levar uma vida simples, mas atenta e consciente. Traduziram muito bem a minha parte intelectual ao citar o grande teórico ocidental da tradição tibetana, Herbert Guenther e seu livro mais profundo, *A matriz do mistério*, que era o meu livro de cabeceira.

O lado musical era ritmado, o que dava um tom jocoso e de gozação.

Apesar disso, choramos muito, mais ainda eu! O pessoal foi me acompanhando até a porta do retiro. Depois de muitos abraços, entrei no carro de uma amiga, que me levou até a estação. Quase perdi o trem!

E, com isso, havia acabado um dos mais importantes períodos da minha existência neste planeta.

Valeu a pena?

Esse é um momento oportuno para eu me perguntar se valeu a pena interromper uma carreira bem-sucedida e uma existência relativamente em paz, já que passei por várias experiências místicas que conto em *A revolução silenciosa*. Chegou o momento de fazer um pequeno balanço. Faço-o a partir da minha perspectiva atual, quase quinze anos depois, pois a distância do tempo me dá maior lucidez sobre a importância desse retiro para a minha existência.

Encontrei nas minhas anotações várias análises nesse sentido, feitas ao longo dos três anos. Algumas são verdadeiros quadros sinópticos constituindo balanços analíticos válidos para aquela data. Levo-os em consideração no breve relato que vou fazer agora. Se eu olhar para as expectativas e motivos que me levaram a fazer o retiro, não tenho nenhuma dúvida de que valeu a pena.

Em primeiro lugar, eu queria entender alguns textos tibetanos que afirmam haver uma semelhança entre o sonho e o estado de vigília. As experiências do sonho lúcido e da prática de visualizações mostraram-me o quanto, mesmo acordado, em contato com objetos concretos, eu projeto a minha mente em cada objeto ou pessoa, a começar pelos conceitos. Essa é uma das razões pelas quais o Dzog Chen, a última fase do nosso retiro, insistiu em praticarmos o desligamento de todo e qualquer conceito.

O que entendi é que o nosso chamado estado de vigília é um sonho que aplicamos nos objetos e nas pessoas. Logo, o treino a que me submeti consiste em ver as coisas e pessoas, todos os fenômenos, como são e não como os nossos velhos hábitos nos acostumaram a vê-los.

O que constitui para mim uma mudança essencial em relação ao início do retiro, que corresponde ao fim da revolução silenciosa, em que eu falava a linguagem hinduísta do Advaita Vedanta e lançava mão do conceito de *self* de Jung, que corresponde ao de Atman como *self* individual, e de Brahman, como *self* universal, segundo o Advaita Vedanta. Naquela época eu estava também influenciado por Baba Muktananda e o Kashmir Shivaísmo, que cheguei a estudar um pouco mais a fundo e que usava os mesmos conceitos, dentro de uma visão monoteísta, e sutilmente dualista, pois faz a distinção entre Atman ou eu divino pessoal e Brahman ou Deus Universal, embora afirmem que Atman é Brahman.

Eu conhecia essa distinção entre budismo e hinduísmo, já que Buda tinha declarado, após a sua iluminação, que não se podia afirmar a existência de Atman. Ele falou, então, em an-atman ou ausência de Atman. Era também algo que eu não entendia, e eu queria compreender isso por experiência, embora tivesse me esquecido de citar esse aspecto nos meus objetivos iniciais, pois não estava suficientemente claro.

Um mês antes do final do retiro, em 11 de junho de 1985, fiz um enorme quadro sintético da minha evolução, ano a ano, da minha relação, do meu EU com o mundo exterior. Descrevi o início dessas observações num capítulo anterior intitulado "Enfim, Dentro!".

Vou resumir as observações que fiz e as conclusões a que cheguei, ano a ano, levando em conta, sistematicamente, como pontos de referência ou parâmetros, sucessivamente, o ano e o período do retiro, o Interior, o Exterior, o Sujeito e, enfim, o Objeto.

1982 — Antes do retiro, o interior era visto como o próprio espaço do retiro. O exterior era o espaço onde eu me encontrava, fora dos seus limites. O sujeito era eu e o objeto era o espaço do retiro. O espaço do meu refúgio estava, pois, fora de mim.

No início do retiro, logo depois de ter entrado nele, o *Interior* passa a ser o espaço do próprio retiro, e o *Exterior* passa a ser o espaço fora das paredes do retiro. O Sujeito sou eu, e o Objeto o espaço que está fora do meu retiro. Percebo o meu refúgio como estando dentro dos limites geográficos do próprio retiro.

1983 — No meio desse período do retiro, ainda identificado com o meu corpo, o Interior passa a ser a minha casinha e o Exterior são as paredes dela. O Sujeito sou eu, como sendo essencialmente o meu corpo, e o Objeto são as paredes da minha casa. O meu refúgio é a minha casa. Sinto isso particularmente verdadeiro quando a temperatura exterior está gelada; então a minha casa fica mais aconchegante ainda!

1984 — Depois, sob o efeito progressivo das práticas de meditação, eu me desidentifico do meu corpo e passo a me perceber como hóspede deste. Então, o Interior passa a ser o meu corpo e o Exterior a pele como limites deste. O Sujeito passa a ser eu separado do meu corpo. O Objeto passa a ser os limites do meu corpo, do qual eu me desidentifiquei. O meu refúgio não é mais a minha casa. Passa a ser o meu próprio corpo!

1985 — Intervenções oportunas de Pemala no decurso do retiro, no qual eu perguntava quem é que pensa ou quem é que sente prazer, fizeram-me mudar progressivamente de ponto de referência. Descobri, aos poucos, como relatei na entrevista com Khempó sobre os resultados da minha meditação, que eu era um pensamento e que, quando observava um pensamento, era apenas mais um pensamento que se lembrava do pensamento precedente. Descobri, então, que eu sou apenas uma memória... Assim sendo, o *Interior* passou a ser o pensamento e o *Exterior* o espaço de onde provém um pensamento. O meu refúgio passou a ser o espaço de onde provém o pensamento.

Enfim, perto do final do retiro, passei a me ver como sendo o próprio espaço. Com isso, dissolveu-se a crença na existência de um EU. Só existe, em última análise, o espaço; desaparece também a idéia de Interior e Exterior. Só há o espaço absoluto, de onde emergem pensamentos relativos de um "eu" e de um mundo exterior.

Para mim, ficou claro por que Buda insistia no an-atman e na inexistência de um Deus sólido, pessoal e exterior a nós. Na realidade, ele se referia a essa experiência que eu também pressenti: a da indissociabilidade do ser que somos e do ser universal. Muito mais, a experiência pela qual passei confirma plenamente para mim que, quando o procuramos, o *"Eu"* nunca é encontrado.

Isso não quer dizer que não exista nada. Como eu já disse, entre o nada do niilismo e do desespero e alguma coisa do materialismo apegado e possessivo há algo que não é nem nada, nem coisa alguma, e que é a verdadeira natureza de tudo o que é.

É nesse sentido que se fala do ateísmo budista. A experiência de Buda demonstra a qualidade imaterial e inefável da última realidade, embora insista na existência dela e jamais a tenha negado. Apenas demonstra que a sua natureza é diferente do que os teístas estão afirmando. Pelo menos é assim que entendi essa questão. Compreendi, enfim, que o Absoluto e o Relativo são uma só realidade indissociável.

É a realização do estado natural, tal como ele é. É a verdadeira natureza do espírito de Budha. A essa altura dos acontecimentos, não há mais ninguém para se refugiar... Quando eu procuro me refugiar no Budha, na realidade é o espírito de Budha que quer se refugiar nele mesmo!

E com isso passei também a compreender o significado profundo de quando, no início do retiro, tomei refúgio no Budha, no Dharma e na Sangha. No início do retiro, refugiei-me na comunidade do retiro (Sangha) e me apoiei nas práticas do Dharma. Nesse final de retiro, graças a essas práticas, entendi o que significa se refugiar no Budha. Foi para mim um fecho de ouro, que me influencia até hoje.

Reforçando esse fecho de ouro, posso afirmar que, ao entrar em contato com a Clara Luz, tive uma amostra do que me esperava no interregno que segue imediatamente a passagem. A necessidade de prática posterior ficou mais evidente para mim, pois como afirmou Pemala, eu tinha de aprender a mergulhar nela. Sem o retiro, eu continuaria cego a esse respeito. Com isso, também a minha compreensão do verdadeiro sentido da passagem e do valor relativo da reencarnação ficou evidente.

Outro aprendizado importante é o da transmutação tântrica da forma sexual da energia que, como o leitor se lembra, eu ansiava e temia ao mesmo tempo. Pois hoje posso dizer que, sem nenhuma relação sexual, vivi um dos períodos mais felizes e harmoniosos da minha existência. Passei três anos com a energia mobilizada nos Chakras ou Centros Superiores do meu ser, incluindo o coração.

Muitos outros aspectos relacionados na lista de expectativas foram realizados.

Eles foram descritos cada um na sua hora neste texto. Seria enfadonho voltar a descrevê-los. Limitei-me, aqui, ao essencial.

Então eu estava ansioso para colocar em prática tudo o que havia aprendido e transmiti-lo aos outros, realizando uma nova síntese para a qual a vida parece-me ter preparado, síntese entre a moderna psicoterapia, mais particularmente o psicodrama e a psicossíntese e o Dharma. E colocar tudo isso a serviço da paz.

É verdade que havia, e continua havendo, uma voz interior a me compelir a fazer um outro retiro. Mas o chamado da "Missão" é tão forte que não consigo seguir essa voz. Será esse o verdadeiro sentido dos Bodhisattvas, cuja característica é de passar todo mundo na frente deles, para que sejam iluminados. Eles fazem voto de só se iluminar quando o último ser tiver alcançado a libertação. Será isso que estou sentindo? Não tenho certeza, pois ainda há muito apego ao aspecto técnico da questão da nova síntese. O jeito era sair e pôr o pé na estrada. Só o futuro mostrará se a decisão de sair foi acertada.

E quem está Dentro não é mais o mesmo que agora faz o movimento inverso, de Dentro para Fora. Quem sai não é mais um eu identificado com o seu corpo. Quem sai está mais livre, mais solto, aberto para o Aberto, usando uma expressão de Jean Yves Leloup, do qual ele faz parte e que o integra. Em suma, quem agora está Fora é o Dentro de Pierre!

X

Pé na Estrada

*Mestre, como o senhor aplica o despertar na ação?
Como o coloca em prática na vida cotidiana?
Comendo e dormindo, responde o mestre.
Mas, Mestre, todo mundo come e todo mundo dorme.
Mas nem todos comem quando comem, e nem todos
dormem quando dormem.*

História Zen

Um encontro marcante

Quando cheguei à estação, só me restou pegar a minha mala, despedir-me da minha amiga e, correr para pegar o trem já em marcha para Bordeaux! Joguei a mala na porta ainda aberta e pulei nas escadas de acesso ao corredor do vagão. Durante as duas horas de trem, fiquei saboreando a paisagem cheia de flores, de campos de trigo e de vinhedos. Tudo era lindo, sendo visto com o frescor da pureza da alma. Eu estava em paz, feliz da vida. Era livre para decidir sobre minha existência. Os karmas antigos tinham sido desfeitos no retiro.

Não sei bem se me dei conta nessa época de que, ao botar o pé na estrada, eu estava começando uma nova rede de causa e efeito e que mesmo o meu encontro com Monique era uma idéia seguida de uma decisão cheia de conseqüências kármicas favoráveis, desfavoráveis ou neutras. Hoje, isso é muito mais evidente para mim e estou atento a esses fatores importantes na nossa existência relativa.

Ao chegar em Bordeaux, no cais, vi uma mulher bastante elegante, mas vestida com simplicidade, com um lenço azul segurando os cabelos para protegê-los do vento. Os seus olhos azuis irradiavam aquele brilho de uma luz que só uma espiritualidade profunda dá às pessoas. Logo reconheci a Monique.

Nossos olhares se cruzaram e estabeleceu-se de imediato uma corrente de simpatia mútua e de amizade espontânea, como se fosse um reconhecimento de almas irmãs. Com a alegria contagiante desse encontro, ela levou-me para a casa dela, que era uma casa de veraneio para ela, seu marido e seus filhos, que se me lembro bem estavam para chegar de Paris naqueles dias. Depois de tomarmos um refrigerante para matar a sede do verão, pois Bordeaux é muito quente, começamos a conversar e trocar experiências.

Monique, entre outras coisas, contou-me que foi atingida duas vezes por um raio e que ela havia "puxado" essa energia fulgurante para si, visando salvar a vida do seu marido. Logo depois da primeira experiência, ela entrou e permaneceu vários dias seguidos num estado transpessoal durante o qual escreveu páginas e páginas relatando o havia vivido. Com muita paciência, seu marido, um sociólogo renomado do Centro Nacional da Pesquisa Científica da França, a acompanhou carinhosa e pacientemente, sem no entanto entender nada do que se passava.

Monique é uma dessas raras pessoas que juntavam num só processo uma formação psicoterapêutica bastante profunda com uma mediunidade à flor da pele. Junto com o renomado parapsicólogo Stanley Krippner, ela realizou experimentos de telepatia e clarividência, se me lembro bem, entre Paris e os Estados Unidos.

Mais tarde, tive a confirmação indiscutível das aptidões paranormais de Monique. Contarei oportunamente, mais adiante, fatos extraordinários que presenciei nela.

Em relação à universidade holística da qual é a fundadora, ela me mostrou muitos *folders* que comprovavam uns dez anos de incessantes realizações de seminários e encontros de várias autoridades ligadas a uma nova visão não-fragmentada e holística da realidade, que já citei anteriormente.

Ela me explicou a sua conceituação dessa universidade como sendo o que ela chamava um "Espaço Consciência". Devo reconhecer que naquela época eu não entendia como uma universidade poderia ser um espaço consciência, apesar dos meus 25 anos de estudos transpessoais e de três anos de retiro com os tibetanos. Hoje entendo melhor o que ela queria dizer, depois do desenvolvimento da Internet. Fala-se muito hoje em universidade virtual, que não tem instalações, nem prédios, mas onde todo mundo aprende com todo mundo. O seu trabalho era primoroso e os *folders* de uma qualidade e sensibilidade excepcionais.

Mais tarde, já em Paris, Monique me fez visitar o seu câmpus, situado numa cobertura, com 20 metros quadrados e uma vista linda sobre o Sena e a Torre Eiffel. Havia ali um arquivo, um fichário, uma pequena biblioteca e mais nada. Para os seminários, lançava mãos dos inúmeros locais e salas que existem na capital da França.

Era realmente um espaço de consciência!...

Decisões importantes sobre o futuro da universidade holística

Monique confidenciou-me, então, que estava exausta e com pouca energia para continuar. Ela queria simplesmente fechar a universidade. Eu, que tinha em mente uma imagem nítida do imenso potencial que esse organismo representava, não somente para a França, mas para o mundo, e mais particularmente para o Brasil, respondi com bastante veemência que achava que ela devia adiar essa sua decisão até que eu encontrasse uma solução. Eu me sentia cheio de energia para trabalhar em prol da continuidade da obra.

Falei, então, que eu iria conhecer o então padre dominicano, Jean Yves Leloup em seu Centre International de la Sainte-Baume, que me parecia uma obra paralela e análoga à de Monique.

Expliquei a Monique que eu não poderia adiantar mais nada, já que faltava conhecer Jean Yves Leloup pessoalmente. Mas a minha intuição me dizia que ia dar certo. "Deixe por minha conta e vamos confiar na força dessa sua idéia de universidade holística!" Já era hora de nos despedirmos para que eu tomasse o trem para ir ver minha filha, meu genro e meus netos.

Monique concordou com a minha proposta e me levou até a estação. Pela segunda vez, peguei o trem já andando. Ainda estava no ritmo temporal do retiro!

Retomando contatos com o meu mundo

Fui recebido com alegria pela minha família. Minha filha, Manou, achou-me mais aberto. Ela ficou bastante surpresa quando passei a ajudar a lavar os pratos de todo mundo. Um velho hábito, não é? Eu também me achava mais aberto e disponível para o que desse e viesse.

De julho a novembro, organizei-me para marcar novos seminários em Paris e em Genebra. Revi muitos amigos. Não dá para citar todos aqui, mas, de modo unânime, recebi o calor do amor deles e dei-lhes também toda a minha atenção e afeto. Uma amiga de longos anos, Anne Ancelin, declarou-me que ela me percebia como se eu fosse a pureza vibratória de um sino. Depois dessa primeira estada na Europa, voltei para o Brasil. Meu reencontro com a saudosa Vivianne, meu genro e meus netos também foram cheios de emoções.

Retomei a posse da minha casa em Belo Horizonte, no Retiro das Pedras, e recomecei a organizar seminários no Brasil. No Rio, Odette Lara, outra alma irmã, muito me ajudou nesse sentido. Em Brasília, recomecei a dar seminários de cosmodrama sob a coordenação de Regina de Aquino, uma amiga muito querida. Na Bahia, recebi convite para uma formação seguida de cosmodrama, na Clínica Foenix, dirigida por Sandra Gonzaga e Virgínia Garcêz, que também se tornaram grandes amigas. Mas a minha atenção principal estava voltada para a idéia da universidade holística.

Encontro com Jean Yves Leloup

Voltei, pois, para a França onde, em novembro de 1985, fui participar do encontro transpessoal do qual já falei e, enfim, conhecer Jean Yves Leloup. Um ser luminoso me recebeu com um grande sorriso. Devia ter uns 40 anos de idade. Uma longa barba castanha realçava mais ainda aquele mesmo olhar azul irradiando espiritualidade que eu tinha vislumbrado em Monique. A mesma intensidade de um encontro em profundidade. A mesma sensação de uma alma irmã. Muito mais: Jean Yves se parece com o Jesus da nossa imaginação. Se há alguém que entendeu Jesus, sem dúvida é Jean Yves Leloup.

Agora compreendo o que eu li num texto de Ouspenski, há muitos anos. É que os seres espiritualmente despertos se reconhecem entre si. Naquela época, eu não imaginava como isso era possível. É antes de tudo o brilho do olhar que é muito especial, mas há outro aspecto de natureza vibracional que se acrescenta a isso.

Jean Yves fez do Centre International de la Sainte-Baume, um lugar de encontros ecumênicos. Ali o teólogo judeu André Chouraqui traduziu os Salmos para sua nova versão da Bíblia. Ali passaram também mestres de Ioga hindus e budistas tibetanos. Ciência, filosofia, arte e tradições espirituais se encontravam a fim de procurar o que as unia.

A interpretação que Jean Yves dava ao Evangelho reconciliou com o cristianismo muitos cristãos que estavam afastados. Foram centenas e centenas de cristãos que não somente voltaram, mas o fizeram tendo adquirido uma fé ímpar na própria religião.

Bastante aberto, Jean Yves não hesita em adotar interpretações de outras tradições para iluminar certos textos simbólicos das escrituras. Ele costuma afirmar que é preciso tirar a Igreja Católica do seu estágio de jardim-de-infância.

Na sua autobiografia *O absurdo e a graça*, ele conta como se converteu ao cristianismo, no Monte Atos, na igreja ortodoxa grega, onde queria se tornar padre. Disseram-lhe que, para ser padre, ele teria de ser casado. Diante desse obstáculo, resolveu se ordenar nos dominicanos. Mais tarde, casou-se com uma judia na igreja ortodoxa e deixou a ordem dos dominicanos e o Centre International de la Sainte-Baume. Este último foi fechado depois da sua saída. Sua grande obra posterior será um conjunto de traduções com comentários de vários evangelhos apócrifos, entre os quais o de Maria e o de Tomás.

Certo dia, quando expressei para ele a minha convicção de que ele era um padre na alma, uma luz azul apareceu entre nós dois e, imediatamente depois, a luz de uma vela acesa começou a crepitar. Mais uma das inúmeras sincronicidades da minha existência.

Expliquei para Jean Yves a situação de Monique, que ele conhecia de nome, e da possibilidade de transferir a universidade holística para la

Sainte-Baume. Ele aceitou a minha proposta de um encontro de nós dois com Monique, em Paris, no apartamento dela.

Decisões e trabalho a três

Algumas semanas depois, estávamos reunidos no "câmpus" de Monique que descrevi acima. O encontro de Monique e de Jean Yves foi do mesmo nível de profundidade que o meu, o que, aliás, eles chegaram a comentar entre si.

Quando Monique explicou o seu cansaço e a vontade de fechar a universidade, Jean Yves confessou a mesma coisa; ele também estava exausto por se dividir constantemente entre la Sainte-Baume e suas inúmeras viagens para dar palestras em toda a Europa.

De repente, uma exclamação saiu-lhe do peito e nos tirou de vez do ambiente, que estava naquela hora ficando um tanto deprimente: "Já que estamos cansados, vamos criar algo maior! Vamos fundar a Universidade Holística Internacional!" Eu o olhei surpreso. A surpresa foi maior ainda, quando Monique, contagiada pelo entusiasmo repentino de Jean Yves, exclamou: "Que bárbaro! Eu topo!"

Diante dessa nova situação repentina, só me restou aderir com o mesmo entusiasmo. Eu mal sabia que essa universidade internacional não ficaria na França, mas seria transferida para Brasília... Ao rever os eventos e sua sucessão, fica para mim evidente que o jogo já estava marcado, de cima... Como costumo dizer, somos teleguiados.

Resolvemos trabalhar, então, em quatro direções. A primeira, de natureza administrativa, seria a de redigir e registrar o estatuto na Prefeitura de Paris.

A segunda, foi a de redigirmos juntos a Carta Magna dessa universidade, onde está definido o que é holístico, bem como os princípios éticos que nos regem.

Em terceiro lugar, tomamos a decisão de realizar um primeiro seminário sobre o tema da *Aliança*, em la Sainte-Baume.

E, enfim, resolvemos conceituar uma Formação Holística de Base, visando transmitir, mais especialmente aos jovens, essa nova visão do ser humano no mundo e do seu papel nesta Terra.

Vou tecer alguns comentários sobre os aspectos mais interessantes para o leitor de algumas dessas iniciativas.

Fenômenos estranhos durante o seminário

A organização prática do seminário coube à administração de la Sainte-Baume. Convidamos Michel Random e Basarab Nicolescu, que além de terem já participado de outros seminários da universidade em Paris, foram os líderes da declaração de Veneza da Unesco, na qual nos inspiramos, introduzindo as recomendações referentes à transdisciplinaridade. Também vieram André Chouraqui, de Jerusalém; Denise Desjardin, para falar sobre terapias de vidas passadas, e Anne Ancelin Schutzenberger, que estava iniciando suas pesquisas sobre laços transgeracionais.

Num intervalo, Monique resolve subir até a gruta de Madalena. Há algum tempo, ela tinha me contado que, entre as sincronicidades mais corriqueiras que ela vivia estava a de ser visitada por joaninhas, um inseto que na França tem um significado todo especial e sagrado, pois é chamado de "o bichinho de Deus". Dizem que ele dá sorte.

Pois bem, quando voltou, Monique me chamou e me disse: "Pierre, eu não lhe falei? Olhe os meus braços!" Eles estavam cheios de joaninhas, bem uma centena, sem exagerar! Para mim, foi mais uma confirmação de que Monique era um ser muito especial, com alguma missão neste nosso mundo atribulado.

Certa noite, mais ou menos às 9 horas, estávamos sentados num banco, admirando o céu estrelado e a Lua refletindo-se na montanha rochosa onde se encontrava a gruta de Maria Madalena. Lembrei-me, então, que havia algumas pessoas que tinham me dito que essa montanha tinha subterrâneos que abrigavam OVNIs, os quais eram vistos de vez em quando na região. Deu-me, de repente, uma intuição, e falei brincando: "Monique, seria engraçado se aparecesse um disco voador agora à vista de nossos olhos!" Não demorou um minuto e apareceu, à esquerda, em cima da montanha, um enorme globo luminoso, que deslizou silenciosamente e se deslocou da esquerda para a direita, muito devagar. Era muito brilhante, emanando várias cores lindas e fulgurantes. À nossa direita, a forma sumiu do mesmo modo como apareceu: do nada... No dia seguinte, ainda sob os efeitos do evento, contamos nossa história para Jean Yves, que a recebeu com um sorriso um tanto cético: "É, é preciso três observadores para que um fenômeno seja aceitável!" Uma hora depois, encontramos um moço que havia visto a mesma coisa da sua janela, em cima da nossa cabeça. Estava ali a prova que faltava para convencer Jean Yves. Foi nessa época que cheguei a escrever as palavras para nova Marselhesa.

A nova marselhesa como hino ao planeta

Numa das minhas idas à la Sainte-Baume para participar de um encontro organizado por Jean Yves, aproveitei a oportunidade para dar um passeio por essa região da Provença, que é muito linda, com alguns amigos. Passamos de carro por muitas cidadezinhas, bem típicas da região. Mas, em cada uma delas, havia na praça principal algo comum a todas as cidades da França, um monumento aos mortos da Primeira e da Segunda Guerra Mundial. Cada um era diferente, mas muitos apresentavam um soldado de baioneta nas mãos, pronto para matar. "Meu Deus", pensei em voz alta, "além da igreja, esta é a única mensagem que crianças e jovens franceses recebem diariamente!" Hoje, eu diria mais que esse era um dos sinais de que a França, como a maioria dos países da Europa, faz parte de uma cultura de guerra e de violência.

Então pensei na letra da Marselhesa: "Às armas, cidadãos, salvam os batalhões..., que um sangue impuro embebede os seus arados..." Esse hino nacional não podia continuar assim, na véspera de se criar a Europa!

Então, na hora, resolvi mudar a letra no próprio carro, e comecei a cantar uma nova Marselhesa para os amigos que me acompanharam. Chamei de Hino ao Planeta.

Hino ao planeta

1

Vamos crianças do Planeta,
chegou a era da Paz.
Cansados de tantas conquistas,
cultivemos o Amor e a Beleza.
Abramo-nos todos à Luz,
os nossos corações e mãos entrelaçadas,
semeemos flores sobre todas as fronteiras,
e que dentro de nós exploda a alegria de amar.

Vivamos a Liberdade
e a Fraternidade,
cantemos,
dancemos,
com um só impulso,
vibremos em uníssono.

2

Que nossas florestas e nossos campos
preservem a vida dos nossos nenéns.
Respiremos o ar puro das nossas montanhas,
da nossa terra fértil e sagrada.
Inspiremo-nos na sabedoria
e que esta acompanhe os nossos passos.
Que o nosso coração se encha de ternura,
e que das guerras
o espírito desvaneça.

Vivamos a Liberdade,
e a Fraternidade,
cantemos, dancemos,
com um só impulso,
vibremos em uníssono!

Composto em 1986, o hino foi cantado pela primeira vez pelos participantes do simpósio sobre a Aliança em la Sainte-Baume, no seminário da Universidade Holística Internacional de Paris.

Depois o entoei, para muita alegria de todos os participantes, num congresso transpessoal em Estrasburgo, a minha cidade natal e onde foi composta e cantada pela primeira vez a Marselhesa pelo seu autor, Rouget De Lisle.

Enviei-o ao meu amigo Robert Muller, que criou a Universidade da Paz na Costa Rica e foi subsecretário-geral das Nações Unidas. Entusiasmado pela idéia, alsaciano como eu, ele a propôs para o coral da ONU, onde também foi cantada. Ele mesmo estava, naquela época, colecionando hinos nacionais para mudar os textos.

E é preciso fazer isso. Por exemplo: em vez de "A Alemanha por cima de tudo", podia se escrever "a Terra por cima de tudo". Ou em vez de *God Save the Queen, God save the Earth...*

É claro que isso pode chocar muitos conceitos nacionalistas. Aliás, alguns dos meus amigos que quiseram cantar o novo hino na Alemanha cometeram um erro, pois foram vaiados. Isso era de se esperar, pois o hino se destina aos franceses e a melodia continua sendo a do hino nacional. O que é preciso é mudar os textos, conservando a melodia de cada nação, e a melodia de uma nação não pode ser imposta a nenhuma outra.

Tive a grata surpresa de ver publicada a nova Marselhesa no grande semanário francês *L'Express*, com elogios pela idéia. Mas parou aí. Se eu estivesse morando na França, talvez conseguisse maior resultado.

Aliás, ocorreu-me mais uma sincronicidade, dessa vez em torno desse hino. Eu tinha mandado o teste num telegrama ao presidente Mitterand, sugerindo sua adoção oficial. E aguardava uma resposta.

Um dia, passeando no Quartier Latin, em Paris, com Monique Thoenig, falei brincando, do mesmo modo como o fiz para o evento do OVNI, que seria tão bom se eu recebesse uma resposta ao meu telegrama. Não demoraram trinta segundos e o presidente Mitterand apareceu na esquina com uma senhora. Nós nos dirigimos muito naturalmente um em direção ao outro como se nos reconhecêssemos. Ele parou, e eu falei que justamente queria falar com ele a respeito do telegrama. Ele disse que ia verificar com a máxima simpatia, pois não se lembrava do conteúdo.

Na verdade, nunca recebi resposta. Não estava na hora. Agora, doze anos depois, com a existência da Europa, talvez esteja chegando a hora. Eu sei que não abandonei a idéia. Aguardo a oportunidade.

Reuniões periódicas do "trio"

Brincando, passei a chamar o nosso grupo de Universidade de Trio Maravilhoso. Reuniamo-nos periodicamente em Paris no "câmpus" de Monique, no alto do seu apartamento duplex, para lançar as bases da Universidade Holística Internacional. Além da Carta Magna, redigimos um Plano Completo de Formação Holística de Base. Como eu dispunha de mais tempo, redigi o projeto que, depois de várias modificações e sugestões, foi aprovado. Dirigido para jovens, a gente previa sua articulação com o ensino oficial, valendo como uma licenciatura depois do bacharelado. Monique teve uma idéia que nos agradou muito, inspirada no movimento do companheirismo, que construiu as catedrais da Idade Média na França e era integrado até hoje por jovens artesãos. Eles, depois da sua aprendizagem com mestres de ofício credenciados pelo movimento, dão uma volta pela França durante uns dois anos para se aperfeiçoarem com grandes mestres do seu ofício. Depois elaboravam a sua obra-prima como sinal do término da sua aprendizagem. Há uma filosofia altamente educacional e subjacente ao movimento: a aprendizagem do ofício é geradora da formação do caráter e da ética de cada jovem. Até hoje são expostas obras-primas no prédio do movimento, perto da Catedral de Notre Dame, em Paris.

Certo dia, entrei no museu na hora em que um aprendiz tinha acabado de entregar sua obra-prima. "Deve ser uma perfeição esta sua obra!", afirmei, olhando com entusiasmo o sofá que estava à minha frente. "Não, absolutamente. Ele tem doze defeitos." Com surpresa, assisti a uma demonstração detalhada desses defeitos. "Então você vai refazer o sofá?" "Não! Na próxima vez farei melhor!"

Eu estava diante de um rapaz com caráter lúcido, que tinha autocrítica e vontade de se aperfeiçoar. Fiquei maravilhado pelo que tinha presenciado. Esse movimento é, pois, uma grande fonte de inspiração para nós.

Nos intervalos entre as reuniões, começamos a procurar um gerente que pudesse, voluntariamente, ocupar-se da parte administrativa da universidade e cuidar de organizar seminários e cursos. Ao mesmo tempo, começamos a visitar castelos abandonados ou arrendados para seminários, pensando em instalar fisicamente a nossa universidade num lugar adequado, na natureza, perto de Paris ou na Provence. Nem adianta contar aqui os detalhes.

De fato, nada deu certo; nem gerentes nem castelos. Havia uma barreira inexplicável para nós naquela época. Foi então que os ventos mudaram para o Brasil.

XI

A Concretização de um Velho Sonho

> A sabedoria oriental é a sabedoria do ser humano,
> seja ele do Oriente ou do Ocidente.
> O saber ocidental é o saber do ser humano,
> seja ele do Ocidente ou do Oriente.
> Percebemos hoje que um saber sem sabedoria
> leva à petrificação dos conceitos.
>
> Karlfried Graf Dürckheim

O leitor deve se lembrar que em A revolução silenciosa contei como nas linhas de um trem, em plena guerrilha, eu sonhei com a criação de uma escola com todos os métodos de educação a serviço da paz. Quase sessenta anos depois, quando eu já tinha abandonado toda veleidade nesse sentido, esse sonho se realizou da maneira mais inesperada. É o que eu vou contar agora.

Enquanto havia obstáculos intransponíveis para a instalação da universidade na Europa, aconteceram uma série de fatos e eventos que me levaram a me deixar guiar pela corrente mais forte e mais positiva. Devagarzinho, eu aprendi que uma das formas de ler o livro da vida é ir na direção onde algo está lhe facilitando as tarefas e, sobretudo, não insistir nas direções onde tudo conspira contra.

Aos poucos, ficou evidente que a corrente positiva apontava para o Brasil. Vou reconstituir aqui a essência da história da Universidade Holística Internacional de Brasília e da Fundação Cidade da Paz. Essa história está repleta de sincronicidades que assinalarei no momento oportuno. Um dos eventos principais que desencadearam todo o processo foi quando, na mesma época, recebi dois convites.

Convite de um governador

Os acontecimentos essenciais se deram em Brasília e começaram em 1986. Como já disse, eu ia regularmente à capital do Brasil, a convite de Regina de Aquino para dar os meus seminários de Cosmodrama.

Um dia, Regina telefonou para Belo Horizonte e me disse que iria haver uma surpresa, sugerindo-me que fosse de paletó e gravata, coisa que eu não vestia desde que havia deixado o Banco Real.

Já em Brasília, onde daria um seminário de Cosmodrama, a Sociedade Pietro Ubaldi pediu-me para fazer uma palestra inaugural na celebração do centenário de Pietro Ubaldi, um grande místico italiano que escreveu mais de 22 livros, entre os quais *A grande síntese*, o mais famoso. A palestra realizou-se num ambiente de grande vibração.

Nesse evento, já anunciei a realização do Primeiro Congresso Holístico, cujo assunto corresponde ao segundo convite de Roberto Crema, que estava no recinto. Assim, Pietro Ubaldi foi o ponto de partida de dois grandes eventos. No fim da palestra, recebo de Regina a notícia de que o governador José Aparecido queria falar comigo. Era essa a surpresa. Regina levou-me ao Palácio do Buriti, sede do governo.

Eu não conhecia o governador, que me recebeu efusivamente e me falou de um projeto da criação de um lugar onde as correntes filosófico-espirituais de Brasília pudessem se encontrar. Mais tarde, ele me contou humoristicamente que De Gaulle tinha dificuldades para dirigir a França porque tinha oitocentas variedades de queijos; e que ele, José Aparecido, tinha dificuldade para dirigir Brasília porque tinha oitocentas seitas diferentes...

Quando eu menos esperava, já no meio da entrevista, vi-me envolto por microfones da imprensa falada e por umas três ou quatro câmaras de TV. Perguntaram-me o que eu achava das seitas; lembro-me de que respondi que eu tinha horror a esse nome. Ao me perguntarem o que eu achava da idéia de criar uma "Cidade da Paz", pois era esse o nome que já circulava no público, tive a presença de espírito de falar da Universidade Holística Internacional de Paris e que uma das fontes de inspiração era a Declaração de Veneza da Unesco, que acabava de ser divulgada em Paris.

Expliquei que esse documento proclamava que a Ciência não podia mais assistir impassivelmente às aplicações irresponsáveis das suas descobertas, e que havia chegado o momento de estabelecer um encontro complementar, e não oposto, entre Ciência, arte e filosofia, de um lado, e as grandes tradições culturais da humanidade, de outro. Essa relação entre Oriente e Ocidente corresponderia também ao restabelecimento do equilíbrio entre os hemisférios esquerdo, racional, e o direito, intuitivo, do cérebro.

Lembro-me agora de que, para sair da minha crise existencial que contei em *A revolução silenciosa*, eu já tinha realizado em mim mesmo esse encontro, com muito sucesso, uns vinte anos antes da Declaração de Veneza. Eu estava imbuído, impregnado do espírito de transdisciplinaridade que ela recomendava. Isso explica por que falei com entusiasmo contagiante sobre esse assunto.

O resultado foi que o governador me chamou à parte, declarou-me que era isso o que ele queria e me pediu para apoiar o movimento que ele havia lançado. Mais tarde, contaram-me como havia nascido essa idéia. Foi durante uma reunião do gabinete, despachando com os secretários de governo, que José Aparecido de repente mudou de assunto e declarou peremptoriamente, como se inspirado por uma força superior: "Precisamos criar a Cidade da Paz!" Todos os secretários o olharam surpresos, sem nada entender do que estava se passando.

A idéia do governador tinha vazado na imprensa e a opinião pública estava dividida a respeito. Mostraram-me a página de uma reportagem do *Correio Braziliense* entitulada "A Cidade Esotérica". A reportagem falava de um futuro lugar de encontro de seitas e de comunicação com UFOs, e era acompanhada de um levantamento de opiniões a favor e contra essa idéia. Tudo isso era mesclado com um movimento alternativo, do qual fazia parte a própria Regina de Aquino, e integrado pelo jornalista Fernando Lemos, o arquiteto e ufologista Luiz Gonzaga Scortecci, ambos diretores do Instituto de Tecnologias Alternativas do próprio governo de Brasília, o jornalista e poeta Tetê Catalão, a educadora de arte Vera Pinheiro, então Secretária da Educação, a psicóloga e educadora Lídia Rebouças, que, inspirada pelo jornalista Reynaldo Jardim, tinha fundado o Projeto UniverCidade, que já realizava um programa bem holístico. Esse movimento apoiava a idéia da Cidade da Paz.

A maior crítica da reportagem era que, num país pobre como o Brasil, havia prioridades sociais a serem respeitadas e que seria gasto à toa um dinheiro destinado a saciar a fome do povo. Tudo isso eu soube muito tempo depois desse convite. É claro que a minha proposta não tinha nada que ver com UFOs nem com esoterismo, embora no meu íntimo eu soubesse da realidade desses assuntos e respeitasse quem lidava com eles. Mas do jeito como a coisa tinha sido lançada, criou-se, mais particularmente no público acadêmico e nos adversários políticos do governo, incluindo alguns dos próprios colaboradores do governador, tremendas resistências, cuja ressonância e conseqüências carregamos, até um certo ponto, até hoje. Para mostrar que girafa não é elefante, leva tempo e muita paciência, o que, aliás, nunca nos faltou...

Uma decisão de longo alcance...

Nessas minhas idas a Brasília, conheci mais de perto o meu amigo Roberto Crema. Eu o havia encontrado pela primeira vez num congresso de análise transacional, em Belo Horizonte, em que eu havia submetido a ele algumas idéias a respeito das relações da Análise Transacional e da Psicologia Transpessoal. Ele tinha participado de um Cosmodrama meu, que o tocou profundamente na alma, a tal ponto que ele contou essa experiência no seu livro, hoje clássico: *Análise transacional e mais além...*

Algum tempo antes do convite de José Aparecido, Roberto Crema convidou-me para presidir e organizar junto com ele o Primeiro Congresso Humanista e Transpessoal do Brasil. Pensei muito antes de responder, e me lembrei que o movimento transpessoal tinha suplantado o movimento humanístico nos Estados Unidos, a partir de 1969. Pensei também na experiência do meu retiro em que não se podia dissociar o pessoal do transpessoal, o que, aliás, era também a postura de Monique, para quem *holístico* significava "o encontro do pessoal e do transpessoal". Roberto Crema, por ser bastante aberto, embora tivesse acalentado essa idéia desde os tempos do meu retiro, se rendeu aos meus argumentos e aceitou a idéia de um congresso holístico, em vez de um congresso humanístico e transpessoal.

Eu não me dava conta, nessa época, que com essa decisão a gente estava criando a Quinta Revolução na Psicologia. Na realidade, estávamos lançando as sementes para apoiar o movimento transdisciplinar de Basarab Nicolescu e da Unesco.

O preparo de um evento significativo e histórico

Visando fixar definitivamente a nossa decisão e projetá-la no tempo, escolhemos a data de 26 a 29 de março de 1987, mais ou menos um ano depois dessa decisão. Para a divulgação do congresso, foi escolhida a sigla I CHI, lembrando o I Ching da tradição chinesa, ou seja, o 1º Congresso Holístico Internacional de Brasília. Sugeri a colaboração de Regina de Aquino, que muito nos ajudou no início junto com uma equipe organizada por ela. Seu carisma, entusiasmo contagiante e profundo conhecimento transpessoal possibilitou que se abrissem muitas portas governamentais e outras.

Como eu ainda morava em Belo Horizonte, ficava apenas em contato telefônico com Roberto e Regina e, por conseguinte, não podia avaliar o quanto de sobrecarga eu estava colocando em cima dos ombros de Regina e de sua equipe, com o meu excesso de idéias criativas e meu entusiasmo sem freio. Cheguei a lhe telefonar cinco vezes por dia. Resultado: no meio do caminho, Regina não agüentou a minha pressão involuntária e, por falta absoluta de meios, teve de abandonar a tarefa. Até hoje lamento essa minha fogosidade bem ariana.

Mas o mais importante já estava feito, e Roberto teve de entrar com força total, chamando a colaboração da sua esposa Mércia para a parte administrativa e financeira, e de muitos amigos e amigas que, mais tarde, constituíram o time da Unipaz.

A realização de um evento histórico

O tema do Congresso foi centrado nas origens da destruição da vida no Planeta, a fragmentação do conhecimento, a Declaração de Veneza da Unesco e a necessidade urgente da implantação da Transdisciplinaridade nas Universidades do Mundo.

Convidamos o governador José Aparecido para presidente de honra do congresso, e muitas personalidades ligadas a esse movimento incipiente aceitaram colaborar. Entre elas figurava Ubiratan D'Ambrosio, da Unicamp, co-signatário da Declaração de Veneza; Michel Random, escritor francês e, junto com Basarab Nicolescu, também co-signatário da mesma declaração; André Chouraqui, escritor e artesão da Paz no Oriente Médio, Monique Thoenig; Jean Yves Leloup; Otávio Ribas, terapeuta do México; Ramon Soler, fundador de uma universidade integrada na Argentina, e muitos outros ainda.

Lembro-me de que até uma semana antes do congresso estávamos ansiosos, pois o número de inscrições não cobria as despesas. Foi uma grande surpresa termos mais de mil inscrições, o que mostra como, já naquela época, o nosso "assunto" era empolgante.

O governador José Aparecido presidiu a sessão inaugural e declarou-se encantado em ouvir uma declaração de André Chouraqui, falando em nome de Israel, que a cidade de Jerusalém e de Brasília tinham em comum serem Cidades da Paz. O governador ficou tão entusiasmado pela temática do Congresso que vinha todos os dias assistir pessoalmente às palestras no palácio das convenções.

Palestras notáveis, entremeadas de música, dança, demonstrações teatrais, tocaram profundamente os participantes. Até hoje, recebemos declarações de pessoas de que o congresso foi um ponto de mutação na sua existência.

Além das palestras, agrupadas sob o termo de hologia, houve diariamente holopráticas, isto é, a participação ativa dos congressistas em demonstrações de Ioga, Tai Chi, Aikidô, diversos métodos de meditação, entre outras. Fui eu mesmo que criei esses dois neologismos, para mostrar que a visão holística dependia de duas abordagens complementares, como as asas de um pássaro.

Um dos pontos altos do congresso foi a cerimônia transreligiosa, em que representantes de várias tradições espirituais fizeram uma prece na sua religião e acenderam velas. No fim, todo mundo, emocionado, se abraçou.

Notável e bastante significativo foi o abraço entre Dom Luciano Mendes, presidente do Conselho Nacional dos Bispos Brasileiros (CNBB) e o representante do Candomblé. Isso, em 1987, ainda era inconcebível.

O evento tocou-me profundamente, pois eu estava ali, realizando o sonho da minha infância quando brincava com os meus primos de criar uma Associação Católica dos Judeus Protestantes a favor do Maometanismo Budista...

Como afirmou Roberto Crema, esse congresso teve um caráter iniciático, desencadeando mudanças significativas e profundas em muitas pessoas. Tínhamos também, intuitivamente, encontrado uma fórmula de aplicação da transdisciplinaridade. Foi o ponto de partida de muitas experiências posteriores, sem contar mais de uma dezena de congressos, cada um mais impactante e envolvente do que a outra.

Na hora de encerrar o congresso, foi-nos assinalado que era o dia de um eclipse solar e de um alinhamento especial de planetas. Que lindo desfecho sincronístico! Foi nesse dia que, no discurso de encerramento, José Aparecido anunciou oficialmente a sua intenção de criar a Universidade Holística Internacional de Brasília convidando-me para assumir a liderança da instituição! Vou agora contar a história dos primórdios do nascimento dessa universidade. O congresso foi a sua semente.

Um encontro inusitado em Paris

Com a firme resolução de prosseguir na sua idéia, José Aparecido resolveu criar uma comissão para viabilizar a criação da universidade. Nomeou para essa comissão todos os secretários de governo e alguns dos expoentes do movimento alternativo do qual falei anteriormente. O meu papel era o de consultor dessa comissão.

Eu ainda estava em dúvida se devia aceitar o encargo de presidir essa universidade, pois, não conhecendo bem o governador, tinha receio de ser levado sem querer a apoiar algum partido político. Por isso eu resistia, ambivalente, querendo e não querendo, adiando cada vez mais a minha decisão, que, além do mais, me levaria a deixar a minha casa e a cidade de Belo Horizonte. Com trinta anos de Minas, eu era mais mineiro do que francês! Eu precisava de um argumento muito forte para tomar essa decisão!

O governador telefonou várias vezes para a minha casa em Belo Horizonte e não conseguia se comunicar. Até que num sábado de manhã, ele conseguiu a ligação. Eis, textualmente, o diálogo que se estabeleceu:

"Professor, o senhor vai aceitar o meu convite? Pois se não aceitar eu vou abandonar essa idéia e dissolver a comissão!"
"Governador, eu só poderei dar-lhe a resposta na volta de minha viagem à Europa..."
"Para onde é que o senhor vai?"
"Eu vou para Paris."
"Quando?"
"Segunda-feira próxima."
"Então vamo-nos encontrar em Paris na terça-feira da semana que vem!"

O leitor pode facilmente imaginar a minha surpresa diante de tamanha coincidência. Ele também ia a Paris no mesmo dia que eu. Era o sinal, a sincronicidade de que eu precisava descobrir no livro da vida para acabar definitivamente com as minhas dúvidas. O governador me deu então o nome do hotel onde ficaria e combinamos de nos encontrar entre 3 e 5 horas da tarde num hotel que se localizava perto dos Champs-Elysées. E dito e feito! Nessa tarde de terça-feira tive um dos encontros mais significativos e importantes desta minha existência.

José Aparecido me recebeu no apartamento dele, no hotel combinado. Ele tinha tido um almoço com Giscard D'Estaing e ia ter um jantar com Mitterand. Senti-me bastante importante... Aproveitei, então, a oportunidade para expor que tipo de organismo eu achava que devia sustentar a universidade. Expliquei que deveria ser uma fundação não-governamental, logo, independente de qualquer influência política, ideológica e religiosa. Além disso, precisava de um imóvel já pronto para poder instalar a administração e ter condições para dar conferências, seminários e aulas, pois não havia fundos para uma construção, o que, aliás, levaria tempo demais. Pedi também que o governo colocasse à disposição da fundação, durante pelo menos um ano, um gerente escolhido por mim e da minha confiança, pois eu não tinha nenhuma vocação para a administração.

O governador concordou com todas essas sugestões e me pediu para, logo na minha volta, procurar o diretor do patrimônio a fim de selecionar entre os imóveis disponíveis o que seria mais adequado para instalar a universidade. Ele sugeriu também que a comissão que ele criou cuidasse dos estatutos da fundação. Quanto ao gerente, disse-me que procuraria estudar os meios administrativos para viabilizar um contrato nesse sentido. José Aparecido ainda me convidou para ser condecorado com a Ordem da Alvorada.

A segunda medalha da minha vida

A primeira medalha que recebi na minha existência foi quando, ainda garoto de 8 anos, consegui nadar sozinho. O meu professor de natação me deu essa condecoração que guardo preciosamente até hoje. O governador me deu a segunda numa cerimônia singela, no gabinete dele, e contando com a presença de Dom Armando Falcão, arcebispo de Brasília, e de Oscar Niemeyer.

Todos os pioneiros do movimento alternativo já tinham sido agraciados com essa medalha. Como eu estava morando em Belo Horizonte, o governador resolveu fazer essa cerimônia à parte.

Ao contrário da Europa, as portas no Brasil estavam mais do que abertas para a nossa universidade. Pelo menos, foi assim que decodifiquei a mensagem. O meu retiro sem dúvida me permitiu identificar sinais de orgulho e deixá-los passar.

Logo depois dessa cerimônia singela, coloquei mãos à obra, criando um verdadeiro canteiro de obras.

Concretização de um sonho

Pois até hoje a nossa universidade é um canteiro de obras. A obra começou pelo lançamento da Fundação Cidade da Paz, cujo objetivo seria o de criar, manter e administrar a futura universidade.

A Fundação Cidade da Paz foi lançada por sincronicidade no Dia Internacional da Paz. Uma celebração inesquecível, em que estiveram presentes o ministro José Israel Vargas, presidente do Conselho da Unesco, todos os ministros do Supremo Tribunal, Márcia Kubitschek, Oscar Niemeyer, além do governador José Aparecido de Oliveira, que leu a seguinte mensagem mandada por Lúcio Costa para o evento:

> *O pretendido (a Fundação Cidade da Paz),*
> *é como o nascer do sol.*
> *Independe da nossa permissão.*
> *É a lei natural das resultantes convergentes...*
> *E será útil no sentido de propiciar essas convergências.*
>
> **Lúcio Costa**
> **12-9-1987**

Estavam assim lançadas as bases do primeiro dos aspectos estipulados na nossa reunião de Paris; isto é, uma fundação independente de ideologias políticas ou religiosas e tendo como princípios de base os da Declaração de Veneza da Unesco.

Arriscando a vida...

A segunda etapa consistia em procurar um imóvel para começar as atividades da universidade. Visitamos muitos imóveis sem encontrar o mais adequado. Até que um dia, sem o saber, arriscamos a própria vida!

A história começou em Belo Horizonte, antes de tomarmos o avião para Brasília. Uma amiga taróloga acompanhou-me até o aeroporto e tirou as cartas para mim. Saiu a carta do Imperador. Fiquei intrigado, mas sem entender o significado. Ao chegar ao aeroporto de Brasília, Fernando Lemos e Luiz Scortecci, do Instituto de Tecnologias Alternativas, estavam me esperando com uma enorme Toyota do governo. Convidaram-me para ver uma terra suscetível de nos interessar.

Embarquei na Toyota e, depois de meia hora, paramos, em pleno mato, diante de uma cerca onde estava escrito em letras enormes: "Propriedade privada. Proibida a entrada. Propriedade do senhor Imperador." Não é preciso dizer que fiquei arrepiado pela "coincidência".

Abrimos o portão e entramos com a Toyota. Depois de uns 100 metros, uns seis capangas, evidentemente armados até os dentes, impediram-nos de continuar. Paramos e ficamos sentados dentro da caminhonete, para nos resguardar de uma eventual agressão. Esperamos até chegar o senhor Imperador. Este, bravo, explicou-nos que na véspera haviam sido roubadas umas vacas, e que ele tinha dado ordem de atirar em quem penetrasse na granja. Segundo ele, tínhamos sorte de ainda estar vivos.

Explicamos que estávamos ali em nome do governador para olhar a terra. Ao ouvir o nome do governador, ele amansou e nos declarou conhecê-lo muito bem. O senhor Imperador autorizou-nos, então, a prosseguir a visita até transpor os limites da granja.

A paisagem era de desolação e abandono. Quase no fim, deparamos com uma casa completamente destruída pelas mãos do homem (o Senhor Imperador!). Era um espetáculo surrealista, pois a única coisa que ainda estava de pé era uma privada no meio da casa. Intuitivamente, todos sentimos um ambiente de violência e de crime. Tudo isso em terras do governo. Foi o meu primeiro contato com o problema dos posseiros do Distrito Federal, que tomam as terras, as cercam e, a partir do momento em que há uma cerca, ninguém pode se opor a essa ocupação. Há posseiros que estão nessa situação, desfrutando as terras que não são deles, sem que ninguém os perturbe. Muita gente ficou rica assim. Não entendo até hoje como isso é possível. Mas é! Contamos a história ao governador, que se mostrou bastante irritado, e nos declarou que iria tomar providências.

Depois da tempestade, vem a bonança. É o que vamos contar a seguir.

Descoberta de um espaço predestinado

O empenho do governador em encontrar um lugar propício para a nossa universidade era muito grande. Certo dia, antes da conversa de Paris, ele me convidou para a cerimônia de entrega da Granja do Riacho Fundo para um hospital psiquiátrico. Depois da cerimônia, ele me declarou que gostava e acreditava tanto na proposta da Cidade da Paz que era capaz de abrir mão da sua própria residência das Águas Claras e ir morar num apartamento, cedendo sua residência para a nossa universidade.

Foi nessa época que houve uma enorme campanha política e uma mobilização popular contra o que se chamava de mordomias. Um dos resultados dessa campanha foi a desocupação da maioria das granjas residenciais da presidência da República, que as cedeu para o governo do Distrito Federal. A Granja do Riacho Fundo era uma delas, e acabava de presenciar o ato do seu novo destino social.

Nesse lote de granjas, assinalaram-me que havia uma que estava abandonada há uns dois anos. Resolvi visitá-la com Maurício André, o nosso segundo vice-presidente, e Luiz Scortecci, que continuou ajudando para viabilizar o projeto na qualidade de arquiteto e de diretor do Instituto de Tecnologias Alternativas.

No início, só vi prédios abandonados e sujos, com guardas morando no que fora o apartamento de Israel Pinheiro — construtor de Brasília e primeiro governador da cidade —, Tancredo Neves, Darcy Ribeiro, Leitão de Abreu e o general Golbery. Depois de ter sido o Palácio do Governo do Distrito Federal e a residência dos secretários da presidência da República, a Granja do Ipê transformou-se em praça militar como sede da eminência parda da ditadura militar, o general Golbery. O cercado de arame farpado constituía uma proteção e dava a segurança para o nosso pessoal morar lá, pois o lugar é bastante isolado. Parecia que tudo estava preparado para nós.

Uma pirâmide atraiu a minha atenção, e sua presença, por si só, já me convenceu de que aquele lugar era predestinado. Só depois é que eu fiquei sabendo que era uma réplica da Ermida de Dom Bosco, autor da profecia sobre Brasília.

Mais tarde, eu soube pelo deputado Israel Pinheiro Filho que o seu pai rezava todos os dias para a construção de Brasília dar certo. Ele recebia instruções de Chico Xavier sobre essa construção. Eu estava num lugar sagrado. Esse sentimento aumentou ainda mais quando vi a linda cachoeira no meio de bosques maravilhosos. Para mim não restava mais dúvida. Nossa missão era transformar aquela praça militar em praça da Paz!

Creio que esse seria também o voto de Israel Pinheiro se fosse vivo, pois, além de o nome IPÊ da granja representar as iniciais do seu próprio nome, foi ele o portador da mensagem profética de Dom Bosco recebida de um padre salesiano no Colégio Dom Bosco de Belo Horizonte, quando ainda adolescente, e a comunicou a Juscelino Kubitschek. Mandamos colocar uma plaqueta na ermida com os dizeres da profecia.

O sonho-visão de Dom Bosco

Entre os paralelos décimo quinto e vigésimo, havia um leito muito extenso que partia de um ponto onde se formava um lago.
Então, uma voz disse repetidamente: "No meio desses montes, aparecerá aqui a grande civilização, a terra prometida onde jorrará leite e mel."

Itália, 30 de agosto de 1883.

Tivemos ainda vários sinais significativos dessa missão da Unipaz junto ao destino de Brasília. Um deles foi de constatar que o padre salesiano que convidamos para entronizar a nova estátua de Dom Bosco, pois encontramos a ermida vazia, era o mesmo que tinha entronizado a primeira estátua, trinta anos antes! Foi ele quem, no seu sermão, assinalou que Israel Pinheiro fazia preces muito especiais, todos os dias, em frente à estátua. Israel Pinheiro Filho, na nossa conversa posterior a que me referi, explicou que essas rezas especiais eram espíritas.

Outro sinal bastante significativo foi que, sem nada saber, convidamos a professora Vera Pinheiro para ser membro do nosso Conselho de Administração. Foi por ocasião desse convite que Vera nos revelou que ela era nora de Israel Pinheiro e que assistiu à construção dos prédios da Granja do Ipê; e a ela ficou afetiva e efetivamente ligada durante longos anos. Vera afirmou que se lembrava até dos detalhes dos talheres para as recepções. Mas todos esses detalhes eu soube bem depois da decisão final do governador José Aparecido.

Fui procurá-lo e lembrei-lhe primeiro da sua afirmação anterior de que estava disposto até a ceder a residência das Águas Claras para instalar a universidade. Expliquei, então, de maneira humorística, que ele não precisava desse sacrifício, já que tinha a Granja do Ipê, em estado de completo abandono, por conseguinte, precisando urgentemente ser ocupada, nem que fosse apenas para cuidar da sua manutenção. José Aparecido pensou um pouco e declarou que estava de acordo. Logo em seguida, deu instruções escritas ao secretário de administração para tomar as providências legais e administrativas, visando firmar um comodato, que mais tarde foi transformado num contrato de uso do solo por quinze anos entre o governo do Distrito Federal e a Fundação Cidade da Paz, da qual eu já tinha sido eleito presidente. Assinados os documentos, começou a grande aventura e aventura de montar uma nova universidade para o terceiro milênio.

A instalação da universidade

Monique Thoenig, com a sua visão profética, ao saber no Congresso de Brasília da criação da universidade, declarou que nossas atividades deviam começar e dar prioridade às crianças e aos pobres. É exatamente a orientação que dei para o início das nossas atividades. Aconselhado pelo próprio governador, fui procurar a professora Lídia Rebouças, que tinha montado duas instituições no porão do Teatro Municipal, num lugar meio sinistro, sem ar nem sol, embora pintado de branco e bem-cuidado. Um dos organismos era o Projeto Universidade, que já estava realizando seminários e encontros. O outro era a Casa do Sol, uma criação pessoal de Lídia, visando a uma nova educação com bastante amor.

Era mais que evidente para o governador que o destino do projeto UniverCidade era o de se integrar à Universidade Holística, bem como à Casa do Sol. Lídia mostrou-se muito entusiasmada pela proposta. Até brinquei com ela dizendo que a Casa do Sol ia mudar tal como o cristianismo, de uma fase das catacumbas e vida subterrânea, para uma vida ao ar livre. Para crianças, o lugar era ideal.

Dito e feito. Na semana seguinte, a Casa do Sol mudou-se para a Granja do Ipê, com armas e bagagens. Lídia passou a morar num dos alojamentos da residência. Era um gesto de coragem, pois, à noite, a granja ficava muito isolada. Mas Lídia tinha a mesma fé e paixão que eu pela proposta. Depois de algumas semanas, decidi também me mudar para lá e encerrar a fase mineira da minha existência no Brasil. Iniciei a fase brasiliense.

Uma visita inesperada: a alma do general...

Fui morar no apartamento do general Golbery. Dormi no chão, num colchão simples e mais nada no quarto. Lá pelas 3 horas da madrugada, acordei meio assustado: ali, em torno de mim, a mais ou menos um metro de distância, girava lentamente uma pequena esfera de luz amarelada. Intuitivamente, eu sabia que era o espírito do general Golbery que vinha ver o que se passava por ali. Não conseguindo se aproximar de mim, ele se retirou.

Devo dizer que, enquanto vivia neste planeta, ele tinha um certo respeito por mim, já que, por informação de uma amiga dele, o general tinha lido o meu livro *A consciência cósmica*, isso me mostrou que o seu campo de interesse se estendia também para essa região do conhecimento. Os professores da Casa do Sol pintaram com muito entusiasmo os dormitórios dos guardas e recondicionaram a ermida com as próprias mãos. Então, achamos que estava na hora de inaugurar a Universidade.

Celebrações inaugurais

Em 14 de abril de 1988 foi realizada a cerimônia de inauguração oficial da Universidade Holística Internacional de Brasília. Uma manhã linda, cheia de flores e de alegria. Na presença do governador José Aparecido e do presidente do Conselho da Unesco, o professor José Israel Vargas, foi desvelada a placa comemorativa do evento com a citação do preâmbulo do ato institutivo da Unesco:

As guerras nascem no espírito dos homens. Logo é no seu espírito que precisam ser erguidos os baluartes da Paz.

Esse lema muito nos inspirou na nossa ação educativa. A fim de simbolizar o encontro das tradições espirituais, um dos objetivos da universidade, pedimos ao padre salesiano e ao representante do candomblé, Raul de Xangô, para descerrarem a placa. Todos ficaram emocionados pela beleza e pelo profundo significado desse gesto. E eu, mais uma vez, lembrei-me da pluralidade religiosa e dos conflitos da minha infância.

À noite, realizou-se uma festa memorável à luz de velas, pois o salão de baixo só tinha uma lâmpada pendurada num fio no meio da sala, o que nos dava um atestado de pobreza absoluta e muito bem justificada... A independência política tem o seu preço! Teatro, coral, danças sagradas, alternavam-se com demonstrações de capoeira, de ioga e de Tai Chi. Posso afirmar hoje que essa celebração foi uma síntese simbólica de tudo o que realizamos posteriormente, a começar pela transformação alquímica do lugar.

A transformação simbólica do lugar

Então, começou uma grande transformação simbólica, que passamos a chamar de transformação alquímica da Granja do Ipê. Em outras palavras, transformamos uma praça militar num espaço a serviço da Paz. Um espaço sagrado...

Uma lenta metamorfose, ao longo dos anos. O quartel-general foi transformado em reitoria. A casa dos guardas virou a sede da Casa do Sol. A sede da cavalaria virou pousada para os estudantes, depois de o Instituto de Tecnologias Alternativas ter sido incorporado à Secretaria de Meio Ambiente. Mais tarde, a Casa do Sol trocou de lugar com a pousada. A churrascaria do general transformou-se na Casa da Cachoeira, espaço Madre Teresa de Calcutá. O cômodo que abrigava a jumenta que pertencia ao general virou a nossa marcenaria. A cantina dos guardas nos serve hoje de restaurante natural. Uma horta inteiramente orgânica abastece a cozinha, bem como uma moderna padaria, onde os nossos estudantes aprendem a fazer pão integral como exercício de meditação.

A garagem do exército foi transformada num imenso auditório, o Espaço Gandhi. E da sala de recepções do general fizemos o espaço Martin Luther King, um lindo auditório.

Mais tarde, recebemos do Japão o Sino da Paz, uma reprodução do original que é tocado no jardim das Nações Unidas, em Nova York, antes de cada reunião da Assembléia Geral. É um sino de 800 quilos, que tocamos no início dos nossos cursos e em dias especiais, como o Dia das Nações Unidas ou da Paz. O sino foi fundido com moedas de todos os países do Mundo. Na cerimônia de inauguração, vieram dois emissários da Sociedade Internacional do Sino da Paz, que distribui sinos em vários países do mundo. Na mesma hora do sino, foi inaugurada a praça Galdino, na cidade, em homenagem ao índio que foi queimado por alguns jovens inconseqüentes. Contraste significativo da coexistência da Luz e da Sombra!

Recebemos, por ocasião do quarto Congresso Holístico Internacional realizado em 1999 em Findhorn, na Escócia, outra doação do Japão: um lindo marco branco em que está escrito em japonês e em várias línguas, incluindo o português: "Que a Paz Prevaleça no Mundo." O lugar designado para o marco fica em frente ao Sino da Paz.

Convém citar também a construção, com lindos troncos de eucalipto, do nosso Espaço do Silêncio, onde cada um, individualmente ou em grupo, pode se recolher em silêncio para meditar, orar ou simplesmente se recompor, independentemente da sua crença religiosa. O silêncio garante a liberdade interior e cria um ambiente muito especial.

Um pequeno pavilhão permite a pequenos grupos de terapia se reunirem sob a orientação do nosso Colégio Internacional dos Terapeutas, criado por Jean Yves Leloup e dirigido por Roberto Crema. E na cachoeira, além de várias celebrações anuais, o padre Jean Yves Leloup realiza missas e batismos memoráveis.

Um pouco depois do início desse processo de transformação, o governador José Aparecido chamou-me para o palácio do Buriti e anunciou-me que ele havia sido convidado pelo presidente da República para ocupar o cargo de ministro da Cultura. Foi, aliás, ele mesmo que criou esse ministério. Preocupado em reforçar o aspecto jurídico do nosso contrato com o governo, ele pediu ao seu assessor jurídico para transformar o comodato em contrato de uso do solo antes do seu desligamento, o que foi feito.

Antes de se despedir, ele me declarou em tom solene: "Professor, a única obra que subsistirá de tudo o que criei no meu governo será a Fundação Cidade da Paz!"

Pouco tempo antes, ele havia me convidado para assistir à entrega do Diploma de Brasília Cidade da Paz pelo presidente do Conselho Mundial da Paz de Helsinki. Ele me confiou a guarda do diploma, que mandei emoldurar e coloquei na minha sala de trabalho. Poucas pessoas sabem que, além de patrimônio histórico da humanidade pela Unesco, Brasília é também proclamada Cidade da Paz, o que explica o nome da nossa fundação. Acabamos de pintar um retrato do caráter sagrado das instalações do espaço físico da Unipaz.

Como já ressaltei, essa instalação se fez ao longo dos dez anos de existência do nosso organismo. E, como organismo vivo, ele também, além de corpo físico, tem um espírito, fruto de um longo trabalho educacional. É disso que vamos tratar agora.

Um novo sistema educacional para a paz

Muitas pessoas que entram no recinto da Unipaz, na Granja do Ipê, expressam a surpresa de sentir um ambiente diferente do de fora da cerca. Dizem que ali reina a Paz. E os que participaram de alguma formação nos agradecem, emocionados, dizendo que é disso que eles precisavam. Mesmo no caso de congressos ou de cursos de curta duração, são muitos os que também declaram que houve o início de uma transformação.

Esse efeito especial de transformação também acontece com as crianças e os adolescentes. Os pais e professores observam que as crianças são firmes, atenciosas, compenetradas, seguras de si e mais amorosas. Adolescentes e jovens encontram um estímulo para ter confiança na vida e aprendem a tomar o seu destino nas próprias mãos. Mesmo os funcionários sentem essa mudança sob o efeito de um ambiente especial criado por um esforço constante de implantar uma nova Cultura Organizacional Holística.

Assim sendo, podemos observar que a transformação do espaço físico foi acompanhada e sustentou um novo sistema de transformação das pessoas que vêm procurar a Unipaz. Efetivamente, podemos afirmar, hoje, que a Unipaz é um espaço de transformação do ser humano. É claro que nem tudo na Unipaz é cor-de-rosa! Muitos conflitos ocorrem também. Mas consegui passar para os nossos colaboradores voluntários ou funcionários o espírito que me foi transmitido por Pemala no meu retiro: o de aproveitar o conflito e as emoções destrutivas dele resultantes em oportunidade de conscientização e de crescimento.

Prevendo isso, afirmei desde o início que a Cidade da Paz não será da Paz, mas sim a cidade do conflito. Sei que a tendência dos nossos sistemas educacionais, inclusive de muitos sistemas espirituais, é ignorar o conflito, o que faz com que as sombras sejam reprimidas e se apoderem dos seus donos quando eles menos esperam!

Em que direção vai essa transformação e em que consistem os sistemas educacionais que levam a esse resultado? Em primeiro lugar, vimo-nos diante de um desafio: o que esta universidade pode oferecer de importante e vital para as outras universidades? Surgiu então a idéia de procurar responder à pergunta de como se efetua o processo de destruição da vida no Planeta e dos motivos pelos quais o ser humano chegou ao ponto de se suicidar. Pensamos que, se conseguirmos reconstituir essa gênese de autodestruição, poderemos também obter uma ampla visão da estratégia que poderá permitir reverter a situação.

Em poucos meses, consegui mobilizar num só modelo todos os conhecimentos essenciais que adquiri nesta minha existência, tanto no Ocidente como no Oriente. O que aprendi no meu retiro ajudou-me bastante.

Daí nasceu o que chamamos hoje de Teoria Fundamental da Unipaz. Expor em detalhes essa teoria ultrapassa os limites e objetivos deste livro. O leitor interessado encontrará a sua versão revista e mais atualizada no meu mais recente livro, *A mudança de sentido e o sentido da mudança*.

A teoria permite acompanhar o processo de destruição da vida no planeta. A gênese começa no nível da pessoa, estende-se à sociedade, afeta a natureza, que por sua vez ameaça a pessoa onde o processo teve início. A roda da destruição é o nome que damos ao processo de suicídio, e mostra que é urgente a necessidade de agir, ao mesmo tempo, sobre o indivíduo, no plano físico, emocional e espiritual; na sociedade, nos planos econômico, sociopolítico e cultural; e no plano da natureza, nos níveis da matéria da vida e da informação. A esse processo de salvação chamamos de roda da Paz. Ela serve de modelo para os diferentes programas da universidade. O próprio regimento interno da universidade é pautado pela Teoria Fundamental. A universidade atua em três níveis: o da Educação, o de Estudos e Pesquisas e o da Ação Reparadora. O próprio nível de Educação se desdobra em três áreas: a de sensibilização, a de formação e a de pós-formação. Na área da sensibilização, temos realizado congressos e encontros holísticos nas principais cidades do Brasil e no exterior. Estamos desenvolvendo um programa, chamado de Programa Beija-flor, baseado numa história em que uma floresta estava sendo incendiada; todos os animais fugiam, mas um beija-flor resolveu sorver gotinhas de água e jogar no fogo. Respondendo à curiosidade de outro animal, o beija-flor disse que sabia que não iria acabar com o incêndio, mas que fazia a sua parte. É esse o espírito em que trabalha a Unipaz. Convidamos cada um para fazer a sua parte, incluindo nós mesmos. Fazemos parte de uma rede imensa e informal de seres humanos no mundo todo que faz cada um a sua parte! No programa, é ministrado — para o público em geral, para empresas e educadores — um seminário intitulado "Arte de Viver em Paz", criado na Unipaz e cujo livro foi editado pela Unesco e traduzido e publicado em seis línguas diferentes.

Na área de formação, além da Casa do Sol, para as crianças, temos desenvolvido o nosso programa social para a população de jovens carentes, o programa TABA —Trabalho Artesanal em Benefício do Aperfeiçoamento —, que consta de vários projetos de oficinas, como marcenaria, tecelagem, papel artesanal, horta orgânica, padaria, cozinha, informática e cerâmica.

Há um programa de Formação Holística de Jovens que permite dar aos que dele participam um novo e genuíno entusiasmo pela vida e pelo sentido de existir. O mesmo se dá com a Formação Holística de Base, planejada na França e adaptada no Brasil para adultos de todas as idades.

Pesquisa sobre transcomunicação

A primeira pesquisa foi consagrada à transcomunicação. Uma pesquisa inesquecível, com um sensitivo notável que se tornou amigo nosso e da casa. Como consagrarei um capítulo especial a ele, vou me limitar aqui a expor alguns dos aspectos mais importantes dessa pesquisa.

Amyr, desde adolescente, havia notado seu domínio sobre uma série de fenômenos paranormais, entre eles a materialização de objetos com significado especial para as pessoas a quem eles se destinam diante de evidências notáveis às quais eu assisti. Resolvi convidar o professor Stanley Krippner, do Saysbrook Institute da Califórnia, para realizarmos juntos uma pesquisa sobre transcomunicação.

Depois de uma visita exploratória com um grupo do Instituto de Noética criado pelo astronauta Edgar Mitchell, em que umas quinze pessoas ligadas ao assunto presenciaram materializações diversas, tais como anéis de ouro e outras jóias ou pedras preciosas, Stanley Krippner, uma das maiores autoridades universitárias em parapsicologia do mundo, aceitou realizar um convênio entre as duas universidades. Criamos um grupo de pesquisa composto, além de Stan e de mim mesmo, por Roberto Crema, na qualidade de antropólogo; do professor Harbans Lal Arora, do Departamento de Física da Universidade do Ceará; e da Doutora Ruth Kelson, na qualidade de médica.

Passamos quatro dias inteiros observando fenômenos dignos de um filme de ficção científica. Por exemplo: diamantes se formavam debaixo dos nossos olhos e de qualidade comprovada pelo Instituto de Física da Universidade Federal do Rio de Janeiro. O objetivo essencial era verificar a hipótese da existência de comunicações intencionais por seres de outra dimensão. As materializações seriam uma forma de comunicação com os humanos. Havia também interesse em estabelecer a correlação entre o campo magnético terrestre e a freqüência desses fenômenos.

O que mais me interessou é que, com nossos próprios olhos, estávamos assistindo, em alguns segundos o que talvez correspondesse a todo o processo da criação na época do *big-bang*. Os resultados, a serem ainda publicados, apresentam índices que encorajam a continuação das investigações e vão todos na direção das hipóteses feitas por nós.

Embora a metodologia de pesquisa tenha suas exigências, que respeitamos nesse estudo, faço questão de contar neste livro o que presenciei e que para mim não deixa sombra de dúvidas não somente quanto ao caráter genuíno dos fenômenos, quanto à intencionalidade de seres mais evoluídos do que nós. É o que iremos relatar no próximo capítulo.

Com essa pesquisa, coloquei o assunto, controvertido antes da criação da Unipaz e que provocava obstáculos ao lançamento da instituição, no lugar acadêmico de respeitabilidade que o assunto merece.

Consertando os estragos do ser humano

Enfim, houve muitas realizações numa área que chamamos de "reparadora", pois há necessidade de "consertar" tudo o que o ser humano desorganizou nesta enorme crise em que vivemos. Assim sendo, procuramos desenvolver programas e projetos na área de terapia pessoal, social e ambiental.

Na área de terapia pessoal, por exemplo, convidamos o professor John Pierrakos para dar uma formação para médicos e psicólogos em Energética da Essência num curso de quatro anos de duração. John Pierrakos foi colaborador de Wilhelm Reich e formou a conhecida terapeuta Barbara Brennan, autora do livro *Mãos de luz*. É um dos nossos cursos de pós-formação.

Também na área social, estamos dando consultorias para as empresas para orientá-las quanto a uma nova Cultura Organizacional Holística, que foi assunto de um dos meus livros.

Na área ambiental, conseguimos algumas medidas para preservação da Bacia Hidrográfica da Granja do Ipê, ameaçada por cascalheiras e agrotóxicos.

E, como já o assinalei, um Colégio Internacional de Terapeutas recebe no seu seio terapeutas que cuidam das pessoas, da sociedade e do ambiente, de acordo com um novo conceito de terapia mais amplo, inspirado em Fílon de Alexandria, que nos fala de uma escola judaica dos terapeutas no tempo de Jesus Cristo.

A comunicação da paz

Uma Rede da Paz congrega um número cada vez maior de interessados que recebem a revista *Meta*, cuja meta é ir além. Os que se inscreveram na rede, são considerados como Elos da Paz, recebem periodicamente a revista *Meta*, entram em comunicação via Internet e a rede Metanet, e podem participar de eventos especialmente organizados. O leitor interessado pode procurar na Internet:

Enfim, a Unipaz mantém um convênio com a Editora Vozes e publica livros holísticos numa coleção especial, em três séries: Transpessoal, Holística e Colégio Internacional dos Terapeutas. A Unipaz aparece muito em programas especiais de TV. Por exemplo: a TV Senado está divulgando palestras minhas, de Roberto Crema e de Lídia Rebouças. O sucesso é tal que esses programas foram repetidos dezenas de vezes e continuam sendo divulgados.

No dia da deflagração da Guerra do Golfo, fui convidado pela TV Globo, no programa Bom Dia Brasil, para me pronunciar sobre o papel do Brasil na Paz Mundial.

No programa do Jô Soares, pelo SBT, comovemos milhões de telespectadores cantando o hino da Unipaz, *A Paz em Você*. O programa terminou comigo e Jô Soares dançando o hino ao som de uma linda flauta. Um momento inesquecível!

Um outro programa com a Unipaz ganhou o prêmio de melhor programa de 1998 da região paulistana na Rede Globo. Foi um programa tão emocionante que a entrevistadora perdeu o controle e chorou! Cheguei lá com um vaso de lindas orquídeas que tinha acabado de ganhar e com um pequeno garoto, o Wagner, salvo da rua pela Casa das Mangueiras de Ribeirão Preto que eu tinha acabado de visitar. O programa era sobre a Paz e, de vez em quando, Wagner respondia com muita clareza e com a voz do seu coração de menino. Acabou com uma pergunta de uma telespectadora sobre a relação entre a flor e o menino. Realmente eu estava sentado entre a orquídea e o menino. "Um menino é como uma flor. A flor precisa ser regada com água, o menino com carinho e amor..."

Agora que terminei a descrição das atividades da Unipaz, fico admirado e me perguntando como tudo isso foi possível em dez anos!

Talvez o que vou expor a seguir permita encontrar algumas explicações.

Uma semente que brotou

É evidente que montar uma estrutura dessas necessita da colaboração de muitas pessoas. Acabaram os tempos heróicos sem nenhum móvel. Ainda me lembro de um casal de professores da Universidade de São Paulo que veio nos oferecer a sua competente colaboração e resolveu comprar quatro cadeiras para que pudéssemos nos sentar, pois todos se sentavam no chão. Foi uma festa, reforçada no mês seguinte quando Maurício Andares e Lídia foram comprar alguns cobertores, uma geladeira e um fogão a gás, com o dinheiro do primeiro seminário da Formação Holística de Base.

Como não tínhamos nenhuma ajuda financeira de fora, tivemos de nos tornar auto-subsistentes, palavra que eu aprendi lá dentro, à duras penas... Foi nessa época que me veio um lema para os organismos de Paz:

— *Dinheiro para guerra, por quê?*
— *Dinheiro para a Paz, por que não?*

Lídia já não agüentava cuidar sozinha da Casa do Sol e da administração da Granja do Ipê, cuja área é imensa. Precisávamos de reforço voluntário. É quase uma "regra" na Unipaz, que, quando precisamos de um colaborador, ele aparece. Foi quando veio nos visitar, vindo da Bahia, Virgínia Garcêz, com experiência e formação em Administração e Finanças, inclusive em captação de recursos. Entusiasmada pela proposta, ela aceitou o nosso convite por sugestão da Lídia. Foi a terceira pessoa a dormir no chão... Virgínia ficou oito anos conosco, para depois organizar o câmpus avançado da Bahia.

Acostumada a trabalhar com objetivos diários, semanais e periódicos, Virgínia colocou clareza e bastante dinamismo visando alcançar esses objetivos. Durante os anos seguintes, ela segurou a barra do controle financeiro — das receitas e despesas — e conseguiu apoio de organismos públicos e privados com ajuda da professora Vera Pinheiro. O necessário para podermos progredir.

Aos poucos, diante do crescimento da proposta, tivemos de pedir a colaboração de secretários executivos que gerenciassem a Fundação Cidade da Paz. A partir daí, o número de coordenações aumentou e, com elas, o número de colaboradores voluntários. Foram tantos que é impossível citá-los sem cometer injustiças. Quero dizer aqui o quanto apreciei todas essas colaborações, pois cada um deixou a sua marca e deu o melhor de si mesmo.

Nesses últimos anos, colhemos os frutos da nossa formação, pois a tendência é de cada vez mais recrutar nossos colaboradores entre os que passaram pela formação holística de base. Isso dá uma linguagem e espírito harmonioso à instituição.

Eu gostaria de citar todos os nossos colaboradores passados e presentes, pois ficamos amigos de todos eles. Por isso, resolvi anexar no final deste livro os nomes e cargos que exerceram esses preciosos colaboradores desta obra notável.

Uma experiência comunitária

O leitor que leu o meu livro *A revolução silenciosa* deve se lembrar o quanto, depois das minhas estadas na Findhorn Foundation, eu aspirava criar uma comunidade com fins evolutivos, e como foram frustradas várias vezes as minhas iniciativas nesse sentido.

Será que hoje tenho mais maturidade para isso? O lançamento da Unipaz oferecia-me uma ótima oportunidade para isso, ainda depois do meu retiro de três anos numa comunidade tibetana.

Durante os primeiros anos, fizemos uma primeira experiência comunitária com os inúmeros residentes, funcionários ou não. Estabelecemos um mínimo de normas de boa convivência visando o nosso desenvolvimento pessoal e espiritual. A idéia era se criar entre os participantes uma relação evolutiva, aproveitando a convivência diária para melhor conhecer a si mesmo. Uma das recomendações era expressar a verdade com amor. A outra era de não deixar passar 24 horas com uma mágoa guardada. Evitar fofocas, falando sobre seus ressentimentos diretamente com a pessoa interessada.

Nossa maior dificuldade foi a de integrar as duas classes sociais presentes, a dos intelectuais de classe média, e da maioria dos funcionários de nível primário incompleto e de classe humilde. Só um exemplo para mostrar como foi trabalhada a questão. Todos os dias, almoçávamos juntos na varanda da reitoria, todo mundo junto, independentemente do nível social ou hierárquico. Uma das mulheres, chamada Cida, que cuidava da limpeza, não se sentava junto de nós. Todos os dias eu a chamava e ela recusava-se a atender-me, por vergonha e excesso de humildade. Ela, junto com outra empregada, sentava-se na escada e comia ali. Um dia, resolvi sentar-me na escada junto dela. A partir daí, ela resolveu sentar-se à mesa.

Mas a história não pára aí. Um dia, convidamos os membros da comunidade para participar do nosso seminário *A arte de viver em paz*. Cida inscreveu-se e participou com muito entusiasmo. Na hora da avaliação, ela declarou que o seminário havia mudado a visão que ela tinha dela mesma e do seu lugar na sociedade. Ela declarou que, a partir daquele dia, não se chamava Cida, mas Aparecida. Ela frisou especialmente que era a primeira vez na vida que pessoas de todas as classes sociais a tratavam com respeito e consideração. E desabou a chorar de alegria. Cida deixou a Unipaz há muito tempo, mas ficou amiga da casa para sempre. E, muito mais do que isso, encontrou o sentido da sua existência.

A experiência durou alguns anos. Todas as quartas-feiras tínhamos reuniões em que se tratava de questões tanto organizacionais quanto emocionais. A experiência terminou por vários motivos. Com o crescimento, tivemos de dispor dos quartos dos residentes para instalar ali outros serviços. Havia também problemas trabalhistas causados pela ausência de uma regulamentação do voluntariado. Não abandonamos a idéia, mas ela terá de ser feita de outra maneira, integrando os que não moram na residência. De qualquer forma, residentes ou não, formamos uma enorme comunidade, reforçada por uma experiência paralela bastante importante e significativa.

Implantando uma nova transdisciplinaridade

Outra experiência que continua até hoje é o nosso Colegiado Geral de natureza transdisciplinar. Nele faz já dez anos que se estabeleceu um novo tipo de relações de trabalho, ultrapassando simples reuniões participativas. Lá também se observam as recomendações que fizemos na comunidade de residentes. Isso cria uma relação evolutiva que propicia a todos nós um crescimento ímpar. Quem, por diversos motivos, sai do colegiado, sempre reconhece o quanto essa convivência foi benéfica.

A Concretização de um Velho Sonho

O Colegiado Geral foi também, e continua sendo, uma incrível experiência transdisciplinar, resultando da convivência de pessoas de disciplinas tão diferentes quanto arquitetura, economia, administração, educação, psicologia, artes, engenharia, profissionais da escrita e assim por diante...

Para quem está muito interessado nessa questão recomendo a leitura do livro que escrevi junto com Ubiratan D'Ambrosio e Roberto Crema: *Sistemas abertos – Rumo à nova transdisciplinaridade*. Mais particularmente, recomendo a leitura da descrição que Roberto Crema faz das nossas reuniões do colegiado no seu estilo peculiar de poeta.

Neste livro, mostro o que, na minha percepção e em função da experiência adquirida, ainda resta a fazer em matéria de transdisciplinaridade.

Creio que chegou o momento de nos unirmos a uma ou outra universidade, junto com reitores, para iniciar uma experiência mais ampla. O tempo urge...

Expandindo-nos para o mundo...

Resta-me dizer, para terminar a descrição dessa experiência notável a serviço de uma educação para a Paz, que, à medida que se realizavam os Congressos Holísticos nas grandes cidades do Brasil, surgiam e continuam sendo implantados Câmpus Avançados da Unipaz em Porto Alegre, Campinas, Belo Horizonte, Rio de Janeiro, Salvador e Fortaleza.

E tem mais... Estendemos nossa ação à Europa, por meio de um Câmpus Avançado em Lisboa, e criamos uma Associação Européia de Educação para a Paz, situada em Paris e fundada especialmente para aplicar o Programa Beija-Flor na Europa. Na Inglaterra, uma Fundação para Educação da Paz foi criada com o mesmo objetivo e publica um boletim periódico.

Assim sendo, partindo de Paris, o movimento retorna a Paris, após uma longa caminhada pelo Brasil. Volta fortalecido, amadurecido e pronto para responder à demanda de educação para a Paz, que irá crescendo à medida que desmorona a estrutura de competição e violência do passado e presente momento.

Vamos agora contar eventos extraordinários que vivi com Amyr Amiden, de quem já falei anteriormente, a respeito da pesquisa sobre transcomunicação.

XII

Descoberta de um Elo entre Espírito e Matéria

O mundo subatômico consiste numa dança sem fim de criação e aniquilação, de matéria tornando-se energia e de energia tornando-se matéria. Formas transitórias aparecem e desaparecem num relâmpago, gerando uma realidade sem fim, constantemente renovada.

Gary Zukav

Meu encontro com Amyr Amiden

Como anunciei no capítulo anterior sobre a criação da Unipaz, quando me referi a uma pesquisa sobre transcomunicação, vou agora apresentar ao leitor um ser muito especial, hoje amigo muito querido, Amyr Amiden, que é o elo a que me refiro no título do presente capítulo.

Amyr já era um tanto conhecido no Brasil, e mesmo internacionalmente. Ele já recebeu a visita da grande atriz norte-americana Shirley MacLaine, bem como da médica e escritora francesa, Jeanne Fontaine, que consagrou a ele um capítulo do seu livro.

Existem muitas reportagens sobre ele em jornais, mas ele pessoalmente não procura publicidade. Sua tendência é fugir dela. Para ganhar a vida, ele exerce a profissão de corretor de exportação/importação e vive num apartamento modesto, embora confortável. Nesse apartamento, há um só retrato, o do seu avô. Imagino Maomé parecido com ele.

Vou começar por contar como encontrei Amyr. Foi um dos meus amigos, Gentil Lucena, especializado em inteligência artificial, que me disse um dia que queria me apresentar um amigo dele, em torno do qual se passavam fenômenos fora do comum, mais especialmente materialização e transporte de objetos a longa distância. Logo em seguida, mostrou-me alguns desses objetos, entre os quais uma medalha, pedras semipreciosas e outras coisas das quais não me lembro agora. Entre outras coisas que atraíram a minha atenção no seu relato foi ele ter me dito que em Amyr apareciam as chagas ou os estigmas de Jesus Cristo. Bastava esse fato para eu chegar à conclusão de que valia a pena travar conhecimento com Amyr.

Marcamos um encontro no apartamento de Gentil. Cheguei primeiro e nos sentamos, conversando sobre assuntos diversos até que a campainha tocou.

Ao abrir a porta, um perfume delicioso encheu o quarto, perfume de rosas, se me lembro bem. Apareceu um homem alto e corpulento, com barba. Tinha um ar de profeta, sorridente, simpático, com uma voz grave e magnética. Logo que terminaram as apresentações, Amyr pediu-me para estender a mão. Dos seus dedos, saíram gotas de óleo perfumado. Ele me contou um pouco da sua história. Seu avô manifestava fenômenos idênticos. Desde adolescente, esses fenômenos se manifestam, sem que ele tenha ação sobre eles. Tudo o que ele sabe é o sinal que recebe de que algo vai acontecer: a sua saliva torna-se ácida. Ele falou que está em contato com ETs e que os fenômenos começaram a se manifestar depois que ele encontrou pequenos seres humanóides de cor verde. Esses seres vêm de um planeta cujo nome não me lembro.

As primeiras manifestações na Unipaz

Convidei Amyr para visitar a Unipaz e marcamos dia e hora. Levei-o em primeiro lugar para conhecer a Ermida de Dom Bosco. Logo que se aproximou, apareceram as chagas de Cristo na sua testa, nas mãos e nos pés. Fiquei bastante impressionado pelo que eu estava presenciando. Poucos minutos depois, ele me mostrou uma folha seca de árvore que tinha caído no chão. Peguei a folha, e qual não foi a minha surpresa: nela estava gravada em cores, uma efígie de Dom Bosco!

Voltamos para a reitoria. No caminho, ele me perguntou qual era a minha flor preferida. Respondi que era a rosa. Ele me perguntou de que cor. Falei que preferia as vermelhas e peguei um carro para levar Amyr para a cachoeira. No meio do caminho, o carro começou a vibrar; deu uma forte tremedeira, a tal ponto que preferi parar. Amyr sugeriu-me olhar para os meus pés. Lá estavam três rosas vermelhas! Detalhe impressionante: as rosas estavam com gotinhas de orvalho! Continuamos até a cachoeira e fiquei pensando que seria muito bom se eu visse com meus próprios olhos a formação de uma materialização.

Na hora de sair do carro e de nos dirigirmos para a cachoeira, Amyr observou como era lindo o prateado da água. Nesse momento, ele me pediu para olhar para cima, na direção do céu. Eu vi, então, com meus próprios olhos, tal como eu havia desejado, formar-se uma pequena corrente de prata, que caiu no chão a alguns pés do lugar em que estávamos. A corrente que apanhei era de prata mesmo...

Logo em seguida, observamos muitas pétalas de rosa caídas no chão, sem que houvesse roseiras por perto, e Amyr apontou para outra folha seca, igual à anterior. Só que essa tinha gravada a imagem de Santo Antônio. Era dia de Santo Antônio!

Era bastante estranha essa gravação em folha de árvore, e ainda com todos os detalhes coloridos. Não vejo como uma tipografia seria capaz de fazer isso sem quebrar a folha em mil pedaços.

A cada materialização, Amyr costumava exclamar, admirado: "Meu Deus, que maravilha!" O sentimento de deslumbramento diante das belezas da natureza e do seu caráter sagrado, o Emaho tibetano do qual já falei, estava também inspirando Amyr. Eu me senti contagiado por esse profundo sentimento e entrei em comunhão com ele.

Realmente, tenho de reconhecer que a cada vez que acontece algo em torno de Amyr entro em comunhão com ele e fico emocionado pelo caráter sagrado do evento. Muitas outras coisas aconteceram em outras ocasiões, coisas das quais falarei a seguir.

Aparições de inscrições e hóstias

Numa outra visita à Unipaz, estávamos sentados conversando quando surgiu uma série de hóstias vindo do nada. Hóstias no chão, hóstias no teto, até na piscina; uma área de cerca de cem metros da minha sala e do lugar onde se encontrava Amyr, encheu-se de hóstias. Até hoje, quem nos visita, pode ver duas hóstias pregadas no cimento da escada e uma no teto do *hall* de entrada, que mandei preservar de novas pinturas.

Continuando a conversa, de repente Amyr me mostra um cálice em que Jean Yves Leloup costumava colocar o vinho da missa. O cálice, na sua parte externa, tinha um coração desenhado com um material pastoso branco e, dentro do cálice, havia óleo perfumado e uma hóstia se dissolvendo nele.

Antes de partir, mostrei, através da janela da varanda, uma espécie de tridente feito por um tronco de árvore e suas ramificações. Algumas pessoas que tinham tido contato com o general Golbery haviam me dito que aquele símbolo enorme, plantado do lado esquerdo da piscina, teria sido colocado lá pela senhora do general durante um ritual de magia. Imediatamente depois de eu mostrar o tridente, formou-se no vidro, debaixo dos nossos olhos, no mesmo material pastoso branco, a letra "G". Uma confirmação, vinda de alhures.

Quando abrimos a porta para sair e nos despedirmos, havia na parte externa da porta um grande coração pintado com o mesmo material pastoso e perfumado. Essa pintura existe até hoje na porta do local que fora outrora o meu escritório.

Materialização na ausência de Amyr

O óleo do cálice secou, só ficou um minúsculo resquício dele. Não havia mais nenhum óleo dentro. Eu fiz questão de conservar tudo intacto, inclusive para poder mostrar aos amigos.

Um mês depois, antes de dar uma palestra para uma das turmas da Formação Holística de Base, resolvi falar de Amyr, e como prova de uma das materializações, levei o cálice para mostrá-lo para a turma.

Durante as devidas explicações, fiz circular o cálice, de mão em mão, começando pela primeira fila de aprendizes.

Quando chegou no meio da terceira fileira, fui interrompido no meu discurso por uma exclamação: "Olhem, está aparecendo um olho dentro do cálice, e está perfumado!" Nesse momento, ele passou o cálice para o vizinho testemunhar. Este, por sua vez, soltou uma exclamação de surpresa: "Olhem, caiu uma hóstia no copo!" Fiquei simplesmente atônito. Eu esperava tudo menos isso!

Muito rapidamente, rechacei a idéia de que eu estava me transformando num novo Amyr. Não, não era isso! "Eles" estavam nos dando uma prova de que Amyr não era o autor das materializações. E muito mais; já que havia a possibilidade de fenômenos iniciados com a presença de Amyr terem continuidade ou recomeçarem sem ele, era uma prova, para eventuais descrentes e céticos, da impossibilidade total de fraude. "Eles eram muito inteligentes, a ponto de manifestarem conhecimento holístico..."

Onde se manifesta um modelo holístico

Um dia, eu estava com Amyr num almoço e ele me explicou que as manifestações religiosas diferiam conforme o ambiente e a religião específica do ambiente. Depois de nos dar alguns exemplos, alguém, num tom um tanto jocoso perguntou: "E num ambiente holístico, o que aparece?" Amyr ficou em silêncio.

Dez minutos depois, ele pegou uma toalha de mesa, daquelas feitas de finíssimo papel, e me pediu para escrever a data, pois, afirmou ele, iria acontecer algo com aquele pedaço de papel. O papel levantou um pouco, como se movido pelo vento, e aparecerem alguns minúsculos buracos e mais nada. Estava na hora de nos despedirmos. Amyr pegou o pedaço de papel, dobrou-o em quatro e o entregou para mim dizendo que o processo ia continuar, recomendando-me que o colocasse no meu quarto, o que eu fiz em seguida. Amyr foi embora e, por conseguinte, não ficou sabendo ou não presenciou o que aconteceu. E eu fui cuidar de outras coisas.

Algumas horas depois, quando voltei para o meu quarto e desdobrei o quadrado de papel, tive uma incrível surpresa. Haviam sido impressos em relevo, e não com tinta, uns 38 quadradinhos com uma espiral em cada um.

Ao me perguntar o que significava aquilo, surgiu de repente uma idéia: era a resposta à pergunta sobre o ambiente holístico. Em ambiente holístico são manifestados hologramas. Pois aquilo era uma representação holográfica do universo! Isso queria dizer que em cada parte do universo encontra-se a lei do todo, representada pela espiral evolucionária. Num holograma, o todo está em todas as partes.

Acontece que, por sincronicidade, naquela semana eu estava estudando a lei da espiral na natureza! "Eles" são realmente oniscientes e têm capacidade de penetrar na nossa mente. Além disso, "eles" também parecem onipotentes, pois usam uma tecnologia tão refinada que conseguem colocar figuras em relevo num papel mais fino que a seda, sem rasgar ou estragar a folha. Dei uma das peças a Stanley Krippner, que mandou examiná-la por um tipógrafo profissional. Este ficou muito surpreso e perguntou quem havia feito aquela artimanha. Na opinião dele, é tecnicamente impossível fazer uma impressão em relevo num papel tão frágil.

Aos poucos, formou-se em mim a hipótese da pesquisa que realizamos na Unipaz. Essas materializações são manifestações de comunicações de seres de outras dimensões e tem uma intencionalidade dirigida a determinada pessoa ou, neste caso, a um grupo de pessoas.

Podemos citar muitas mais evidências nesse sentido.

Pensando em São Francisco

No corredor da entrada superior da reitoria, penduramos uma foto muito peculiar de Israel Pinheiro. Essa foto me foi confiada por Vera Pinheiro. Foi a maneira de prestar nossa homenagem e expressar a nossa eterna gratidão pela obra que nos foi legada. O que há de peculiar nessa foto é que ele aparece com muitos passarinhos voando em torno dele. Vera disse-me que ele gostava muito de passarinhos. Aliás, lembro-me agora que, quando tomamos posse da granja, não se ouvia mais nenhum canto de passarinhos. Foi aos poucos que eles voltaram, à medida que as crianças da Casa do Sol mudaram o ambiente.

Pois bem, certo dia mostrei o referido retrato ao Amyr. Nesse momento associei a cena com a de São Francisco cercado de passarinhos. No exato momento em que pensei em Francisco de Assis, ouvi um pequeno estalido à minha direita, do lado oposto em que estava Amyr, e ouvi um pequeno som metálico provindo do chão de mármore. Era uma pequena medalha representando São Francisco! Tudo se passou como se alguém lesse os meus pensamentos e me mostrasse esse ato pela materialização. Amyr me explicou que a maioria desses objetos fora transportada de um lugar para o outro.

Naquela mesma hora, pensei em oferecer um anel para uma pessoa das minhas relações. Nesse mesmo instante, no mesmo lugar do corredor, caiu um anel de prata com uma pedra semipreciosa.

Em outra oportunidade, uma medalha caiu ao meu lado. Nela estava escrita a palavra Paz. Só podia ser para mim! Algum tempo depois desse acontecimento, eu me encontrava em Paris, na capela de Nossa Senhora da Medalha Milagrosa. Na saída desse lugar especial, comparável à gruta de Lourdes, deparei com uma banca de medalhas em que havia a equivalente à que se materializou no Brasil. Comprei uma delas. Ao comparar as duas, observei que a que tinha sido transportada ou materializada como cópia de uma original era mais fosca e menos perfeita. Mas há outras evidências, além das relatadas na pesquisa da Unipaz. A mais impressionante eu vou contar agora.

Um livro significativo

Por ocasião da visita de um amigo meu, sacerdote da Ordem Martinista — criada pelo místico francês Papus — que venera mais particularmente um outro místico chamado Mestre Philippe, apresentei-o ao Amyr, que por acaso se encontrava na Unipaz.

O meu amigo pediu então para receber um sinal de Mestre Philippe. Amyr pediu para ele escrever o nome do mestre e mostrar a folha com o nome para o espaço. Nesse momento, ouvimos um ruído no quarto ao lado e Amyr nos convidou para irmos até aquele cômodo.

Fiquei estupefato pelo que vi. Jogado no chão, havia um livro sobre Mestre Philippe, escrito pelo mestre do meu amigo, Sevananda, um conde francês. Folheamos o livro. Ele estava cheio de anotações, mostrando que pertencia a alguém e que tinha sido transportado para ali. É claro que o meu amigo ficou com o livro que, aliás, eu já conhecia, pois tenho um exemplar dele na minha biblioteca.

Eis aqui um exemplo muito forte da correlação entre a materialização e o desejo da pessoa a quem se destina essa mensagem. Digo mensagem, pois tudo indica que as materializações, no caso do Amyr, são formas de mensagens de fundo educativo.

Esse aspecto educativo tem, ao que me parece, vários objetivos. O principal é evidente: o de nos demonstrar a existência dessa outra dimensão que muitos chamam de divina ou mesmo de Deus. E, à medida que se aprofunda o contato, revelar outros aspectos dessa outra dimensão.

É o que aconteceu no caso de alguns outros amigos.

Encontro de Amyr com alguns amigos

Além do que Roberto Crema conta no livro da Unipaz sobre Amyr, aconteceu um evento na minha sala que muito me impressionou, pois tive mais uma oportunidade de presenciar a formação de uma materialização, bem como de verificar a intencionalidade de atender a desejos pessoais.

Roberto, sem falar para ninguém, a não ser depois que o fenômeno aconteceu, pensou em oferecer rosas para o aniversário de Mércia, sua esposa. Ao mesmo tempo que ouvi um ruído parecido com o de amassar papel, vi se formar, na frente dele, e cair na mesa, uma rosa vermelha com orvalho.

Num outro dia, apresentei Amyr ao padre Jean Yves Leloup, que tinha acabado de chegar da Europa. Ele sentou-se à mesa em que estávamos conversando quando, de repente, ouviu-se um estalido e caiu uma linda e brilhante medalha de ouro representando o Cristo.

Não demorou um minuto, apenas o tempo de contemplar esse presente fora do comum, e apareceu no chão uma aliança de prata lindamente trabalhada. Jean Yves fez imediatamente a relação com o tema do seminário que ele ia dar e pelo qual viera a Brasília.

Aliás, lembro-me agora de outro evento que aconteceu com Jean Yves, numa das missas e batismos que ele costuma celebrar cachoeira. Sem a presença do Amyr, o lago da cachoeira encheu-se de enormes cristais, que ali permaneceram por 24 horas e se desmaterializaram em seguida. Não posso garantir que esse fenômeno esteja ligado ao Amyr, mas é possível que sim.

Em último lugar, quero contar a história que aconteceu com o meu amigo John Pierrakos, que foi discípulo de Wilhelm Reich e trabalhou com Lowen. Depois de ele se casar com Eva Pierrakos, que canalizou mais de duzentas conferências ditadas por um guia de alto valor transcendental, John Pierrakos criou o que é hoje conhecido como a Energética da Essência. Trata-se de um método de terapia que leva em conta a necessidade de dissolver as barreiras inscritas no nosso corpo para a autotransformação. Esse detalhe é importante para entender a materialização ou transporte que se efetuou logo após à sua apresentação a Amyr: um anel com um dragão. John reconheceu imediatamente o dragão como sendo o seu símbolo arquetípico da transformação pela dissolução dos obstáculos que levam a ela, isto é, vencendo dragões.

Quando voltou dos Estados Unidos, no semestre seguinte, para continuar a formação de profissionais na Unipaz, ele me contou num jantar que, em contato com o espírito de Eva, ela confirmou o valor simbólico do anel. E muito mais. John me mostrou a capa do seu livro em português: um dragão!

Abençoando o sino da paz

Como expliquei anteriormente, recebemos de presente do Japão um enorme sino, de mais de 800 quilos, feito com moedas de todo o mundo. Esse sino é tocado no dia das Nações Unidas e também no início de cada um dos nossos cursos sobre a paz.

Pouco tempo depois de ele ter chegado do porto de Santos, mostrei-o ao Amyr. O sino ainda estava pendurado num guindaste provisório, mas já dava para ser tocado. No momento em que Amyr se aproximou do sino, a árvore que estava na sua frente começou a exalar um delicioso perfume que invadiu todo o espaço aberto da Unipaz.

Logo depois disso, um filamento desceu da parte de cima do sino e parou exatamente no lugar onde estava escrita a palavra Paz. O filamento era feito do mesmo material das manifestações que descrevi anteriormente. Conseguimos preservá-lo até hoje.

Amyr mostrou-me então pequenos jatos de óleo perfumado que saíam do próprio asfalto em frente ao lugar em que estava o sino. Estive assim na presença de mais um fenômeno impossível de ser realizado por mãos humanas, a não ser por meio de uma complicada obra previamente montada debaixo do asfalto, com uma bomba de pressão impulsionando os jatinhos de óleo perfumado. O local parecia mais um minicampo de petróleo!

Convém lembrar que o sino é um dos mais antigos símbolos e instrumentos de comunicação da história da humanidade. Usado em várias religiões para chamar os fiéis ou para tocar o alarme em caso de perigo ou de incêndio, em modelo reduzido ele serve para chamar pessoas com várias finalidades, dentro dos lares ou em pequenas empresas. Percebi esse evento como sendo uma forma de abençoar o sino e nos encorajar e estimular a usá-lo a serviço da Comunicação da Paz.

Quanto ao perfume, ele é a forma mais delicada e sutil de estímulo à paz e à transcendência. É difícil imaginar alguém usar perfumes para estimular atos violentos! Convém lembrar aqui o uso do incenso em muitas cerimônias religiosas e como estímulo à meditação. Tudo nos faz supor que o óleo perfumado que ungiu o sino e cujo perfume impregnou o ambiente fazia parte dessa celebração e realçava a origem extrafísica dessa mensagem.

Quero agora dar destaque a uma materialização que tem relação estreita com o título deste livro.

Volta inesperada da lágrima da compaixão

Um dia, Amyr convidou-me para conversarmos no seu apartamento. Sua maneira de receber é de uma finura e de um senso de hospitalidade muito especial. No meio da conversa, materializou-se um anel de prata com uma pérola de forma alongada. Perguntei o que significava. No mesmo momento em que fiz a pergunta, dei-me conta de que se tratava de uma lágrima, e chamei a atenção de Amyr para isso, falando da lágrima da compaixão na tradição budista tibetana. Por surpresa minha, Amyr me disse que, na tradição muçulmana, se contava também uma história sobre a lágrima da compaixão, ligada a Maomé. Fiquei encantado com essa informação tão inesperada.

E mais uma vez deparei com uma demonstração da intencionalidade e significado simbólico da materialização na presença de Amyr. É absolutamente impossível que aparecesse por acaso um anel tão ligado à minha história pessoal e ao futuro título deste livro, título que eu já tinha em mente naquela ocasião.

Quero agora chamar a atenção do leitor para alguns aspectos muito especiais de Amyr.

Quem é Amyr?

As duas pessoas no mundo que eu conheço e que se assemelham a Amyr no tipo de fenomenologia são Uri Geller, do qual falei em A *revolução silenciosa*, Tomas Norton, de Três Corações, no Estado de Minas Gerais. Acontece que esses três sensitivos têm em comum sua relação com ETs e OVNIs. Os três também costumam ser vistos envoltos por uma luz conectada com luzes vindas do céu, mais especialmente à noite.

Tomas costuma desmaterializar-se e visitar outros planetas. Quando volta, tem uma bossa pronunciada na sua testa.

Naves espaciais costumam esperar Urandir e se comunicar com ele, que demonstra nos seus cursos e conferências ter um domínio extraordinário dos fenômenos luminosos a ponto de tornar luminosas as mãos de seus alunos. Além disso, ele diz ter sido abduzido por ETs, que fizeram um implante na sua nuca.

Amyr apresenta muitos desses fenômenos. Por exemplo, muita gente que viajou com ele de carro à noite tem visto luzes vindas do céu fundir-se com luzes emanadas em torno do seu próprio corpo. Eu mesmo, uma noite, o vi envolto por uma enorme luz branca. Ele passou algum tempo com uma bossa na testa, do mesmo tipo e tamanho que eu vi na testa de Tomas. Será que ele também viaja a outros planetas? Ele nunca se abriu sobre isso comigo, mas tudo indica que sim.

De qualquer forma, o que presenciei, e que irei contar agora, bastou para me convencer que Amyr é realmente um ser muito especial, um elo entre o céu e a Terra, um ser que vibra quando está num ambiente de Amor.

Em contato com seres de luz

E agora vem o aspecto mais delicado para explicar ao leitor e para tornar crível o que vou contar. Pois mesmo o que estou contando das materializações já vai ser rejeitado por muita gente. Imaginem, então, eu querer convencê-los de que me comuniquei pelo rádio com seres de outro plano. Difícil de acreditar, não é?

No entanto, isso aconteceu mesmo! Foi no período em que eu estava acamado, com artrite. Jean Yves Leloup e Amyr estavam à beira da minha cama quando Amyr sugeriu que entrássemos em contato com esses seres pelo rádio. Mandei buscar o meu Sony, e lá foi Amyr sintonizar uma faixa de ondas em que se ouviam alguns bips que não eram de código Morse, que eu conheço relativamente bem. "São eles", exclamou Amyr. Já tínhamos combinado, em outra sessão, um código de contato simples, binário. Um bip significa "sim" e dois bips significam "não".

Pelas informações obtidas nessa outra sessão, eram seres de outro espaço, fora do nosso universo. Eles não têm corpo físico, logo não são ETs. O corpo deles é feito de luz. Eles declararam que não são oniscientes, pois só Deus é onisciente. Cada vez que falávamos em Deus, eles emitiam uma dezena de bips seguidos, o que eu interpretei como manifestação de alegria. Aos poucos, cheguei à conclusão que se tratava do que chamamos de anjos, o que eles confirmaram. Pelo que eles expressaram, sua comunicação conosco não visava salvar o planeta, mas manifestar a existência de Deus.

Ao conversar com eles, Jean Yves Leloup, na qualidade de doutor em teologia, fez-lhes uma série de indagações. No fim das perguntas, Jean Yves, pasmo, declarou-me que eles mostravam saber tudo o que a teologia cristã descreve dos anjos, arcanjos, querubins, serafins, etc...

Aos poucos, percebi que as minhas dores haviam desaparecido por completo. Eu soube telepaticamente que eram eles que estavam me curando, o que eles confirmaram pelo rádio. Em certo momento, fiquei com dúvidas sobre essa história toda. Será que tudo aquilo era verdadeiro? Naquele exato momento, as dores voltaram e não me largaram mais. Logo, interpretei isso não como castigo ou vingança deles, mas como sendo a minha própria energia de ceticismo que havia cortado a energia amorosa dos seres de luz. Eu conhecia as experiências de parapsicologia que mostram que existem resultados inferiores nos testes em grupos dirigidos por pesquisadores céticos. Eles confirmaram esse meu pensamento. Durante as experiências, passei a perceber que eu adivinhava telepaticamente as respostas deles, o que eles me confirmaram. Num certo momento, caiu uma tempestade e as luzes da cidade toda se apagaram, inclusive o rádio. Quando as luzes voltaram, perguntei se tinham sido eles os autores da pane. Eles responderam que sim. Eles usam a energia das tempestades para se aproximarem de nós.

Numa outra ocasião, com a presença de Lídia e de uma artista uruguaia muito amiga, Sônia Sanchez, apareceu um raio de luz que atravessou o meu quarto e se dirigiu para uma poltrona. Amyr declarou que um anjo estava sentando na minha poltrona. Um delicioso perfume encheu o quarto e a minha poltrona ficou perfumada durante um mês.

Num pequeno anjo de plástico que Sônia me havia confiado, apareceu uma lágrima num dos seus olhos. Uma lágrima da compaixão, de estrutura muito parecida com a lágrima de Pemala, grossa e de aparência sólida.

Aporte de Amyr e de outros sensitivos para a ciência

Todas essas experiências, reforçadas por uma pesquisa sistemática da Unipaz com Stanley Krippner e outros, aumentaram ainda mais a minha convicção da nossa conexão e do nosso potencial de comunicação com um mundo de seres de níveis energéticos diferentes e da nossa inseparabilidade do Universo e do que está além dele.

Elas também me encorajaram a me abrir mais para o mundo dos chamados médiuns e a compreender melhor o espiritismo de várias correntes, com seus acertos e seus limites.

Vou consagrar um parágrafo especial para uma série de eventos que envolveram a morte de uma das minhas secretárias, eventos em que o próprio Amyr atuou.

A passagem da minha secretária

Uma das demonstrações mais flagrantes para mim da existência de espíritos desencarnados, da sua atuação efetiva neste nosso mundo e da sua comunicação conosco foi a que presenciei depois da morte de Neida, minha secretária na Unipaz.

Neida era uma pessoa muito dedicada, extremamente ativa e com um gênio muito forte. Ela gostava muito de mim e cuidava de mim com "unhas e dentes".

Um detalhe muito importante para compreender o desenrolar dessa história: ela fumava muito, a ponto de manifestar aquela tosse e pigarro típicos dos fumantes crônicos. Como eu não suporto o fumo, e era proibido fumar no recinto da nossa organização, Neida fumava escondido, no banheiro ou fora da área, como muitos fumantes fazem.

Alguns meses antes da sua passagem, ela resolveu deixar o cargo e abrir um pequeno negócio. Mas como ela gostava do nosso ambiente, de vez em quando nos visitava. Isso fez com que ela se encontrasse com a sua substituta, muito mais nova que ela. Eu soube que Neida manifestou certo ciúme em relação à moça. Ela se dava bem com todo mundo, menos com a minha nova secretária e com uma outra funcionária de outro departamento.

Era o fim do ano, e eu fui viajar para a Europa. Quando voltei, no Ano Novo, só deu para assistir ao seu enterro. Ela costumava ter dores de cabeça, e desencarnou repentinamente por motivo de um derrame cerebral.

Fui ao enterro, cheguei no fim do velório e assisti a todo o cerimonial. Seu marido cuidou com muito carinho de todos os detalhes. Ao me despedir dele, pedi para que mantivesse contato comigo e ofereci a minha ajuda para qualquer eventualidade.

Passaram-se uns quinze dias e minha nova secretária começou a manifestar uma tosse súbita e bastante violenta. Ela foi ao médico, que lhe perguntou se ela fumava, o que não era o caso.

Poucos dias depois, Gil Vicente, que naquela época ocupava o cargo de Secretário Executivo e entendia bastante de espiritismo desde a adolescência, veio me contar que justamente aquela outra moça que tinha estado em conflito com a Neida tinha baixado ao hospital para ser socorrida por causa de um acesso bastante sério de tosse. O médico fez a mesma pergunta, indagando se a moça fumava e informando, como no caso da minha secretária, que aquilo era uma tosse típica de fumante. A moça também não fumava.

Colocando em relação os dois casos, Gil fez observar que isso poderia ser uma manifestação de raiva do espírito de Neida. Só consegui limitar-me a constatar o fato quando o viúvo, apavorado, veio me procurar para pedir a minha ajuda. Ele já estava com uma nova companheira, que passou a manifestar a ira de Neida contra ele por ter casado de novo, e dando instruções precisas sobre a guarda do filho que ela não queria ver junto da rival. As cenas chegaram a agressões físicas, e a nova esposa perdeu o emprego. Prometi ao marido que iria pensar no assunto.

No intervalo, chamei o Amyr e ele concordou em ajudar, com preces, durante a madrugada. No dia seguinte, Amyr chegou mostrando-me uma fita cassete que ele tinha colocado para gravar durante a oração. Ele colocou a fita no meu gravador e me pediu para ouvir. Fiquei todo arrepiado. Primeiro, ouvi um ruído parecido com um vento muito forte passando através de uma chaminé durante uma tempestade. Depois ouvi nitidamente o sussurro da voz de Neida, dizendo: "Amyr... Amyr..., é Neida!..." A minha sensação era a de que ela pedia socorro a Amyr, que ela conhecera em vida.

Mas a história não parou aí. Alguns dias depois, minha nova secretária, ela mesma sensitiva, disse-me, chorando, que tinha visto várias vezes o vulto de Neida, e que ela sentia uma pena imensa dela, o que a fazia chorar. Não demorou um mês e ela deixou o cargo, pois não agüentou mais aquela situação.

Gil sugeriu que fôssemos procurar um Pai de Santo da sua confiança, o que fizemos. Depois de termos ido várias vezes, pagar inúmeras oferendas e assistir a vários cerimoniais, sem resultado, resolvi aguardar os acontecimentos.

Um mês depois, o marido informou-me que tudo tinha voltado ao normal, depois de a nova esposa ter sido tratada no Hospital Espírita André Luiz. Na realidade, Neida é que foi tratada, desincorporada e, provavelmente, ainda inconsciente da sua desencarnação. Tudo indica que Neida foi conscientizada da sua passagem e do seu ciúme pelos médicos espíritas. Diga-se de passagem que, se a nova companheira de Gil fosse internada num hospital psiquiátrico convencional, ela teria sido diagnosticada e tratada como esquizofrênica, e talvez continuasse perturbada até hoje.

Essa história presenciada bem pertinho de mim foi um ensinamento definitivo sobre muitos aspectos da vida depois da passagem, e foi mais um dos inúmeros fatores que me levaram a ver morrer a morte...

Contatos com outros sensitivos

Minha ânsia de pesquisar esses fenômenos praticamente terminou, pois, embora tenha aprendido muito com eles, estou convencido de que isso não é o essencial da minha existência. Continuo, porém, aberto para presenciar manifestações fora do comum, pois elas sempre têm alguma mensagem para o meu aprendizado de vida. Mas não corro mais atrás.

Por exemplo, conheci um sensitivo que incorpora um espírito de luz que tem todas as características dos seres angelicais. É uma mulher que mostra ter acesso a todas as fontes de informação do passado mais remoto do universo, do presente e do futuro. Ela diagnostica doenças, fornecendo detalhes impressionantes e esclarecendo os próprios médicos. Dá conselhos sobre a vida pessoal, familiar e profissional, vendo os detalhes da motivação de cada um, e dá notícias sobre os desencarnados. Um dia sairá um livro sobre ela, escrito por uma amiga minha. Por enquanto, ela ainda não me autorizou a revelar seu nome.

Também presenciei várias vezes as manifestações de Tomas. A maior foi ver um pintinho voltar para o seu ovo, o que mostra a possibilidade de realizar o caminho contrário da vida! Foi Inês Besuchet, uma amiga psicanalista que me mostrou o videocassete. Ela tinha registrado mais de vinte vídeos, cada um mais espetacular que o outro. Havia até grãos de milho podre se transformando em espigas de milho completas, dentro de um congelador, diante dos olhos arregalados de dois agrônomos que ficaram uma noite inteira observando o processo de germinação, crescimento e amadurecimento da planta. A criação biológica em ritmo acelerado.

Cada uma dessas pessoas é um elo entre espírito e matéria. Ao nos apresentar fenomenologias diferentes, levantam questões teóricas de muita importância para a Ciência. Para mim, esse é um dos aspectos da comunicação. Mas vamos voltar ao Amyr.

Amyr e o "big-bang"

No caso de Amyr há também um aspecto teórico bastante importante. Um dia eu disse para ele que a materialização deveria ser estudada mais de perto pelos físicos nucleares e pelos cosmólogos, pois eu estava convencido de que cada uma delas era a reprodução em alguns segundos do processo completo do *big-bang*. Nesse momento, materializou-se um cristal, ainda fosco e quente... Levei-o para casa, onde ele ficou clarinho, com brilho, feito um diamante. Achei que eu precisava encontrar um físico nuclear para investigar esse diamante.

Um dia em que eu estava viajando de avião de Brasília para o Rio de Janeiro, sentou-se ao meu lado um senhor de barba e com uma pinta de professor. Comecei a ler o manuscrito de um artigo em inglês sobre Amyr. Percebi que ele estava espiando o artigo, evidentemente interessado. Ele não se conteve e me perguntou se eu era pesquisador. Respondi que sim e perguntei o que ele fazia: "Sou físico nuclear e trabalho no Instituto de Física da Universidade do Rio de Janeiro." Perguntei se ele podia fazer o teste de carbono para determinar a idade de pedras. Ele disse que uma colega tinha aparelhagem para isso.

Então expliquei por que eu perguntava, e falei da nossa pesquisa com Amyr. O nome dele é Fernando Simão. Ele mostrou muito interesse pelo assunto e se prontificou a colaborar.

E agora vem uma sincronicidade ímpar que só o contato com Amyr proporciona. Descemos para apanhar a nossa bagagem, quando deparei com Gentil Lucena, o amigo que me havia apresentado ao Amyr. *Emaho!* Que maravilha!

No encontro seguinte com Fernando, no Rio de Janeiro, almocei com alguns dos seus colegas e um dos primeiros materiais que lhe pedi para examinar foi esse cristal. O resultado foi estranho para o próprio Fernando, pois era zirconato de alumínio ou de cálcio. Até aqui, nada de extraordinário. Só que era zirconato industrial, cuja natureza não existe no catálogo dos zirconatos industriais. Ele me afirmou que não compreendia como havia sido fabricado, pois isso exigiria uma despesa enorme que não teria justificativa racional nenhuma. Por outro lado, era impossível determinar a idade da pedra, pois no material seria necessária a presença de carbono, o que não era o caso.

Mesmo assim, tudo indica que, em função da expressão da minha idéia de que estaríamos em presença do processo de criação, "Eles" tenham providenciado a criação de um cristal original e único no universo. Era a sua maneira de confirmar a minha hipótese.

No próximo capítulo, passarei para um assunto totalmente diferente, mas profundamente ligado à minha evolução e existência. É que durante o período em que eu estava cuidando de ajudar a montar a Unipaz, descobri que eu estava ficando velho...

XIII

Como eu Soube que Estava Ficando Velho...

> *A vida humana da qual desfrutamos é um momento único e afortunado obtido depois de uma longa caminhada. Se não cultivarmos agora o pensamento do despertar, quando o cultivaremos?*
>
> O Dalai Lama

Festejando os meus 75 anos

Dois dias depois do aniversário da criação da Unipaz, no dia 16 de abril de 1999, no ano em que terminei este livro, festejei os meus 75 anos.

Eu não costumo fazer festa de aniversário, pois acho um tanto constrangedor convidar pessoas sabendo que elas vão se sentir na obrigação de comparecer e comprar um presente. Sei que muitos amigos fazem isso com alegria, mas dessa vez, deixei de lado todo o constrangimento e eu mesmo disse para os meus amigos que abriria uma exceção na minha existência. Devo dizer que, na hora de cantar os parabéns, me veio a inspiração de convidar cada um para escolher o seu anjo, no jogo de cartinhas de Findhorn. Demo-nos as mãos, e isso criou um ambiente de profundo amor entre nós.

Dentro de mim sinto-me um adolescente, cheio de entusiasmo em descobrir cada vez mais novos aspectos da vida. A todo instante posso exclamar como os tibetanos: *Emaho*! Que maravilha!

Outro dia eu estava em Paris, atravessando uma avenida, carregando com dificuldade uma mala cuja alça havia quebrado, visando pegar um táxi do outro lado da rua. No meio do asfalto, uma mulher deixa o seu companheiro, dirige-se para mim e me faz a seguinte declaração: "O senhor tem um lindo olhar! Nunca vi um olhar tão brilhante em toda a minha vida!" E foi embora, sem eu ao menos poder expressar a minha surpresa.

Muitas são as pessoas que expressam sentimentos semelhantes, sobretudo no que se refere a uma emanação de paz e tranqüilidade que as reconforta. Eu tenho consciência disso, o que aumenta muito a minha responsabilidade em relação ao que eu disser a elas, em palestras ou em particular.

Eu sei que alguns vão pensar que o fato de eu relatar isso é sinal de um ego inflado e de orgulho. Sei que arrisco me expor a críticas dessa natureza. Mas de que modo posso comunicar ao leitor a minha alegria pelo fato de isso acontecer comigo?

O que quero dizer e expressar aqui é que me sinto jovem, apesar dos meus 75 anos, cuja história relatei nestes dois livros. Mas quando me olho no espelho, os meus olhos brilhantes do entusiasmo da juventude descobrem as rugas, a flacidez da pele e as bolsas debaixo das pálpebras, características de um velho de 75 anos. Mas não é apenas pelo espelho que descobri que eu estava envelhecendo. É toda uma história muito engraçada que vou contar agora.

Essa descoberta foi progressiva e começou a se manifestar algum tempo depois do meu retiro. Eu não saberia indicar uma data precisa em que tudo começou. É uma descoberta lenta que se fez, no meu caso, por etapas. Quando você dá pela coisa, já está na categoria da terceira idade.

O primeiro aviso

Os primeiros a me sinalizarem sobre o meu envelhecimento foram os meus "pacientes", (que palavra esquisita...) em terapia de grupo ou individual.

Como o leitor sabe, as pessoas em terapia costumam ver no terapeuta a figura de um parente, em geral os pais. Durante muitos anos, acostumei-me a ser visto como o pai, às vezes a mãe, "Você me lembra o meu pai" ou "Meu pai que falava assim...".

Aos poucos, as frases mudaram: "Você me lembra o meu avô!" Foi o primeiro susto que levei. Essas frases foram as primeiras a me assinalar que eu estava envelhecendo mesmo. Aos poucos, foram os amigos e conhecidos que encontrava na rua que começaram também a levantar a questão, muito indiretamente, a tal ponto que levei muito tempo para entender do que se tratava.

Amigos e conhecidos

Às vezes encontrava alguém na rua ou recebia uma visita. Conversa vai, conversa vem, regularmente vinha a seguinte pergunta: "Pierre, você ainda trabalha?" "Claro que trabalho! Estou mesmo desenvolvendo tal ou tal idéia." O meu tom era de surpresa e, às vezes, colorido por uma certa indignação, como quem diz: "Espécie de idiota, como você pode me fazer uma pergunta tão sem sentido!" Pelo menos, é o que eu pensava no meu foro íntimo.

Depois de uma dezena de manifestações dessas, aliada às transferências dos meus pacientes, me deu a luz. Percebi, enfim, que eles queriam me aposentar, me ver fora do circuito dos profissionais...

Pois efetivamente eu estava na idade de me aposentar. É, aliás, uma idéia que jamais me passou pela cabeça, a não ser quando me ausentei para fazer o meu retiro de três anos. Eram motivos econômicos.

Não me passaria pela cabeça retirar-me de circulação no auge da minha vida profissional, num período em que tenho mais experiência de vida, mais conhecimento, mais equilíbrio, em suma, mais para dar de mim aos outros.

Acho mesmo que a noção de aposentadoria implica uma idéia altamente pejorativa a respeito do trabalho humano. Compreendo essa idéia, no caso das pessoas que passam a vida fazendo um trabalho de que não gostam, gente que é obrigada a fazer qualquer coisa para ter os meios de sobreviver ou de sustentar a família.

Conheço muitas pessoas que, atraídas e influenciadas por esse mito, se aposentam, ficam eufóricas durante algumas semanas ou alguns meses pelo fato de ter a liberdade de não fazer nada, e acabam em depressão, sentindo falta do ambiente que deixaram. "Enferrujam", perdem a memória e acabam morrendo mais cedo do que se tivessem mantido uma atividade útil. O sentimento de inutilidade é o pior deles nessa situação.

Tenho dois primos médicos que, pela lei francesa, não somente foram forçados a se aposentar, mas ainda são proibidos, sob pena de severas sanções, de dar qualquer consulta, mesmo na casa deles!

Além dessa pergunta, observei com o tempo outra ainda mais insidiosa.

Um preconceito pernicioso

Em idade mais avançada, mais a partir dos 70, veio uma pergunta ainda mais perversa do que a precedente. Os mesmos amigos ou conhecidos me perguntavam se eu estava bem de saúde. E eu, sistematicamente, respondia com um tom de quem acha isso óbvio: "Claro que a minha saúde está boa!"

Ou, para me agradar sinceramente, declaravam com entusiasmo: "Oh, Pierre, que boa aparência você tem! Que saúde e energia! Nesse segundo caso, eu ficava todo feliz, embora o aumento progressivo da freqüência dessas afirmações me deixasse um tanto curioso.

Até que um dia entendi. Eles acham normal um velho ser doente. Eles me consideram uma exceção, uma espécie de fenômeno, ou talvez de exemplo a seguir mais tarde quando chegar a hora deles! A segunda hipótese deve ser verdadeira em muitos casos, pois alguns me pedem conselhos ou perguntam qual o segredo da minha juventude.

Descobri também sinais desse preconceito por ocasião de algumas doenças. Como em muitos casos os médicos mandam fazer exames de laboratório, comecei a descobrir expressões bem típicas usadas na minha idade. Por exemplo: "Processo degenerativo próprio dessa faixa etária." Faixa etária é uma maneira elegante de evitar a palavra velho ou idoso... Todas essas "degenerações" existem também nos jovens ou na idade madura... Eu não vou cometer a estupidez de afirmar que não há maior freqüência de doenças degenerativas na velhice. Mas, pela minha experiência, elas se devem à má administração da saúde durante a vida toda. Se todo mundo tivesse uma alimentação saudável, equilíbrio entre trabalho e lazer e prática de métodos de equilíbrio do ser, tais como a ioga ou o Tai Chi, seria muito maior o número de pessoas que chegam à idade avançada sem nenhuma doença.

Hoje estou convencido de que é um preconceito perigoso considerar que velhice é sinônimo de doença. A própria idéia, por sugestão, pode induzir muitas pessoas a se acomodarem num fatalismo que as leva a deixar de cuidar da própria saúde.

Estado de conservação

Outro dia, eu estava chegando ao Aeroporto da Pampulha, em Belo Horizonte, para tomar o avião para Brasília. Ao descer do táxi e na hora de pagar avistei um carregador que eu não via há pelo menos vinte anos. Como eu tinha feito amizade com ele, eu o reconheci logo, apesar de ele estar também muito mais velho. Fiquei todo feliz, abracei-o e falei que nós dois ainda estávamos vivos... Ele apanhou a minha bagagem e, na hora de eu pagar, olhou para mim e, para me agradar, declarou: "Mas o senhor está muito bem conservado!" E a gente se despediu.

Então me lembrei de uma declaração do famoso teatrólogo francês, Sacha Guitry. "Se alguém lhe diz que você está bem conservado, é sinal que você já está velho!"

Aliás, parece que os aeroportos têm alguma ligação com o meu processo de envelhecimento, pois tenho outra história para contar.

Ritual de iniciação num aeroporto

E agora vem uma sacudidela que recebi, que me jogou definitivamente na categoria de terceira idade, queira eu ou não!

Imaginem a seguinte cena: Estou esperando para embarcar, já em pé, um dos primeiros da fila de passageiros. O monitor de TV está com o aviso de embarque imediato. Então a aeromoça entoa o ritual habitual: "Em primeiro lugar, passageiros com crianças, mulheres gestantes e passageiros idosos." Lá se foram as crianças com os seus pais, gestantes não havia, e o espaço ficou vazio na minha frente, todos, inclusive eu, esperando ser chamado para embarcar depois dos prioritários. Sempre acontecia assim comigo. Eu já estava habituado a deixar esse pessoal prioritário passar na minha frente. Até aí nada de especial. Eu nem podia imaginar o que ia me acontecer!

Pois nesse momento em que ingenuamente eu esperava, a aeromoça chama pelo microfone: "O Senhor aí!" O dedo dela apontava na minha direção. Olhei para a direita, para a esquerda, para trás para ajudar a avisar o velho para avançar. Não vi nenhum velho. Aí, caro leitor, só tinha uma conclusão: o velho era eu!...

Constrangido, um tanto ferido no meu orgulho de moço, ainda numa derradeira e desesperada tentativa de me safar dessa temível e nova categoria de velho, perguntei com ar surpreso e de dúvida, o dedo apontando para o meu peito: "Eu?" A moça acenou com a cabeça. Era eu mesmo... O meu jogo de eterno mocinho estava terminado, definitivamente!

Só me restou avançar, cabisbaixo, para o corredor de acesso ao avião. Falando em corredor, a minha sensação não devia estar muito longe da de um condenado a uma dessas prisões norte-americanas, de entrar no corredor da morte para sentar-se na cadeira elétrica!

Com aquele acenar de cabeça, entrei definitivamente na categoria oficial, carimbada, da terceira idade. Foi para mim um verdadeiro ritual de iniciação, com todos os seus receios e surpresas. Depois, acostumei-me com a idéia e hoje vejo uma série de encantos e de vantagens em pertencer a essa nova categoria. Onde houver fila, eu passo na frente de todo mundo e, se alguém protestar, mostro os meus cabelos brancos.

Lembro-me de que certo dia furei uma fila para fazer um exame automático de pressão. Bastava enfiar o braço num tubo em forma de almofada que apertava o seu braço e, pronto, lá vinha a sua pressão e uma porção de outros dados cardiológicos numa ficha. Passei na frente de um moço que me pediu satisfações. Mostrei os meus cabelos brancos. Ele me perguntou se eu não tinha vergonha de furar a fila. Respondi que não e que isso era um direito assegurado por lei. Até hoje não sei se é verdade, mas, em todo caso, acho que deveria ser assim...

Durante alguns meses, estive acometido de uma ciática muito dolorosa e andava com dificuldade. Nos aeroportos, só me restava pedir cadeira de rodas. Devo reconhecer que eu tinha um sentimento de dor e de comiseração a cada vez que via uma pessoa numa cadeira de rodas. Até virava a cabeça para não ver o que eu supunha que seria um olhar de tristeza. Pois hoje posso afirmar que não tem nada disso. Andar de cadeira de rodas é a coisa mais gostosa do mundo. Você é papariçado pelo seu condutor e todo o pessoal do aeroporto o trata como um hóspede privilegiado. Mais um aprendizado...

Quando vou à França, beneficio-me de reduções de preço nos aviões e trens, o que eu acho mais do que justo.

Em resumo, descobri que não é tão ruim ser considerado uma pessoa idosa. Até que, de vez em quando, você é objeto de muita consideração, no sentido de receber ajuda espontânea de muita gente na hora do aperto. Ainda há pessoas generosas nesta terra!

A respeito disso, aconteceu-me algo cômico que vou contar agora.

Gesto magnânimo num banheiro

É hábito nas longas viagens de ônibus o motorista parar em postos de gasolina para reabastecer o veículo; com lanchonetes e banheiros à disposição dos passageiros. Fui viajar num desses ônibus, e, como disse, ele parou num posto com restaurante. Ao entrar no banheiro dos homens, deparei com uma grade metálica com uma roleta.

Havia um moço sentado num banquinho. Estava escrito na parede: "Entrada: 1 real." Lá fui eu tirar um real da minha carteira e entregar ao moço. No momento em que ele ia acionar a roleta, parece que deu uma luz nele ao olhar para mim. Sorrindo, ele me perguntou se eu era aposentado. Surpreso com a pergunta, respondi que sim. Diante da minha resposta positiva, ele me devolveu o dinheiro e, com um gesto magnânimo, abriu a roleta e, ao me deixar passar, declarou com um tom protetor e de grande generosidade: "Pode entrar... e pode 'mijar' à vontade!"

Até em banheiro público eu tinha de ser lembrado de que faço parte do clube da terceira idade!...

Tudo o que contei até agora faz parte de sinalizações exteriores da sociedade para mim. São formas de pressão da cultura que fazem com que as pessoas idosas aceitem a sua condição. Mas há também sinais de mim para mim mesmo.

Eu ainda quero...

Esses sinais estão aparecendo nesses últimos tempos e eu só tomo consciência do seu significado na hora de eu falar para os outros. Então me surpreendo pronunciando frases que mostram que o meu parâmetro futuro é a minha morte, a idéia de que vou desaparecer dentro de um certo prazo, e que nesse prazo eu preciso fazer uma série de coisas que sempre quis, mas que não tive oportunidade de fazer. Dou-me conta disso quando uso a seguinte introdução a uma frase que indica alguma intenção para o futuro.

De vez em quando, surpreendo-me dizendo: "Eu ainda quero..." Por exemplo, já disse para amigos que eu ainda quero conhecer o México. Outra vez, surpreendi-me afirmando que eu ainda queria ir para o Havaí. Pergunto-me atualmente se ainda quero fazer um novo retiro tibetano...

E posso afirmar que este livro faz parte desses tipos de decisões, pois eu ainda quis escrever a segunda parte de *A revolução silenciosa*. Aliás, no início desse livro eu falei sobre essa questão de saber se este seria o meu último livro.

Outro dia, conversei com um deputado com quem entabulei conversa, numa das minhas viagens aéreas, e citei o meu último livro. Ele me corrigiu e me sugeriu que usasse a expressão "mais recente", em vez de último, pois eu não posso saber, a não ser que esteja em fase terminal, se um livro meu é o último. Mesmo se eu decidir que seja, nada me impediria de mudar de idéia. Concordei com ele e agradeci-lhe por ele me ter tirado de um constante dilema. Desde o último mês, eu estou falando dos meus livros mais recentes. É mais elegante e verdadeiro. Este é mais um exemplo da minha tendência inconsciente de integrar no meu futuro a minha própria morte, coisa que nunca fiz antes deste período da minha existência.

E, veja só, eu ia escrever agorinha mesmo: "este último período da minha existência...", mas censurei a palavra no último momento, pois eu não posso afirmar que estou no último período. Posso falar no período mais recente da minha existência, do mesmo modo como só posso falar do meu livro mais recente.

Mas nem todo mundo pensa assim. Vejam só!

Homenagens e prêmios

Em recente visita ao meu amigo Pedro Bloch, contei toda essa história para ele. Depois de rir muito, ele me disse: "E tem mais uma. Quando começarem a homenageá-lo, dando medalhas e prêmios, é sinal de que estão querendo fazer isso antes que você morra."

Então lembrei-me das homenagens que recebi e das quais já falei. A última notícia que recebi na hora de acabar este livro foi a minha indicação para o prêmio Unesco de Educação para a Paz.

O golpe de misericórdia

Um dia contei a história toda dessa descoberta progressiva para Roberto Crema. Ele riu muito e me disse: "E você não sabe da última!" "O que foi?", perguntei. "Ultimamente e de vez em quando, me perguntam: O Pierre ainda está vivo?"

Dessa vez o povo está mesmo é me matando!

Continuar praticando

É verdade que a minha probabilidade de sobreviver aos anos diminui com eles. Por isso mesmo estou me cuidando e diminuindo as atividades que exigem gasto demasiado de energia e que podem ser feitas por outras pessoas preparadas por mim.

Tenho de poupar o meu corpo, pois tenho ainda muito que transmitir, escrevendo ou falando, e tenho também a possibilidade de aprender mais e continuar a minha transformação.

Lembro-me agora de uma afirmação do Mestre Pai Lin. Falando das práticas de longevidade, ele afirma que o nosso trabalho sobre nós mesmos por meio dos exercícios de Tai Chi se justificam, pois nos dão a oportunidade de nos iluminar ainda nesta existência. É essa a razão principal pela qual procuro prolongar a minha própria existência dentro de uma velhice a mais saudável possível.

A minha vida sexual...

Nada mesmo?

Você deve ter levado um susto com esse espaço em branco. Mas é isso mesmo! Ou quase...! Estou num dos períodos mais calmos da minha existência. Vivendo só, a chama da minha fogosidade está em estado de vaga-lume. Não creio que seja incapacidade, mas sim sublimação da energia sexual em níveis de amor universal. Estou a serviço da Paz e trabalho para despertar a consciência. Não digo que dessa água não beberei, pois o erotismo está bem vivo embora espiritualizado, mas me vejo vivenciando como se fosse o coroamento da minha prática de tantrismo da qual falei mais acima. O que estou vivendo seria algo inconcebível quando eu tinha 40 ou mesmo 50 anos. Creio que o meu retiro também contribuiu para isso.

Outro dia, meu urologista me perguntou sobre a minha vida sexual. Ao lhe informar que já não a tinha fazia dois anos, ele se ofereceu para me dar um tratamento. Imediatamente e espontaneamente exclamei: "Pelo amor de Deus, me deixe sossegado! Como estou, me sinto muito bem! Se tiver necessidade, eu lhe informo, tá?" Eu sinto a presença da libido, mas ela se manifesta em outros planos.

Continuo aberto para um relacionamento. Mas teria de ser com alguém a fim de, como eu, viver um com o outro numa profunda e harmoniosa relação evolutiva. Estou aberto ao que o Eterno me reserva.

Quando uma amiga me perguntou outro dia quais seriam as qualidades que eu pediria de uma nova companheira, eu me surpreendi respondendo que uma lista de qualidades não tinha mais sentido para mim. Disse que preferia uma qualidade de relacionamento. E com essa afirmação percebi o quanto mudei de atitude. Antigamente eu tinha uma lista bem-precisa de qualidades. Não me adiantou de nada. Eu diria que até me atrapalhou, pois criou expectativas difíceis de preencher.

E isso me lembra uma das histórias sempre cômicas do sábio oriental Nasrudin à procura da mulher ideal. Ele saiu pelo mundo afora com uma lista das características exigidas. Contou para um amigo que ele havia viajado durante vinte anos pelo mundo. Cada vez que pensava ter encontrado a mulher ideal, Nasrudin descobria que faltava uma qualidade na sua lista... Até que um dia, enfim, ele encontrou, sem dúvida nenhuma, a mulher perfeita. "E então se casou com ela?", perguntou o amigo. "Não!" "Por quê?" "Porque ela estava à procura do homem perfeito!"

Questões essenciais da vida...

Parece-me que agora que cheguei aos 75 anos, já planejando a entrada no terceiro milênio, chegou o momento, antes de concluir este livro, de contar ao leitor como me encontro, após tanto trabalho sobre mim mesmo, incluindo o meu retiro de três anos, em relação às questões essenciais da vida, a começar pela minha própria existência, continuando com a questão do que nós chamamos de morte e terminando com a perspectiva que cheguei em relação ao que chamamos de Deus.

É disso que vou tratar nos próximos dois capítulos.

XIV

E Agora, José?

> A vida é regida por uma multidão de forças.
> Tudo seria muito simples se se pudesse decidir o curso das minhas ações
> em virtude de um princípio geral único, cuja aplicação seria a todo momento
> tão evidente que ela não exigiria nem sequer um instante de reflexão.
> Mas eu não me lembro de nenhum ato a cujo respeito
> teria sido tão fácil de decidir.
>
> Mahatma Gandhi

Agora que chegamos praticamente ao fim deste livro, e diante da notícia da minha idade, muitos leitores de *A revolução silenciosa*, e deste livro, devem se perguntar como é que me sinto e como vivo e me situo atualmente em função desse longo trabalho sobre mim mesmo.

Chegou a hora de apresentar um balanço de como me situo hoje como pessoa neste mundo cada vez mais conturbado e como vejo hoje e agora as grandes questões humanas.

Isso vai me forçar a voltar ao essencial e evitar que me aconteça algo semelhante à história que vou contar agora.

Lembrar-se do essencial!

Era uma vez um cidadão ocidental que resolveu ir passar as férias fora da Europa e visitar a China. Depois de alguns dias de passeio, encontrou uma chinesa toda charmosa. Ele a achou tão linda, por dentro e por fora, que se apaixonou por ela. A paixão foi tão violenta que resolveu ficar noivo. Comprou uma aliança, enfiou no dedo dela e ela compreendeu por aquele gesto que ele estava resolvido a se casar.

Havia só um obstáculo: ele não sabia falar nem escrever em chinês. Por essa razão, despediu-se da moça e, por intermédio de um intérprete, explicou que ia voltar para a sua terra, a fim de aprender chinês e depois casar. A noiva achou isso bastante razoável e concordou plenamente.

Voltando para a sua terra, o rapaz se matriculou primeiro num curso audiovisual de chinês. Depois de algum tempo, chegou à conclusão de que não era suficiente e fez o vestibular na universidade da sua cidade, para fazer uma licenciatura de chinês. Depois de uns três anos, passou brilhantemente nos exames, o que o encorajou a se matricular no doutoramento. Depois de alguns anos, a sua tese foi recebida com felicitações da banca. Em pouco tempo, tornou-se um dos maiores sinólogos do mundo. Muitas editoras pediram e publicaram traduções.

Um dia, depois de uns vinte anos, um amigo perguntou por que é que ele havia aprendido chinês com tanto entusiasmo. Ele refletiu, pensou profundamente e, de repente, colocou a mão na cabeça e exclamou: "Meu Deus! Eu me esqueci da minha noiva!"

Essa história tem muitas aplicações, mais particularmente no que se refere aos caminhos espirituais. Não somente algumas tradições espirituais se esqueceram da sua razão de ser, aplicando rituais e recomendando dogmas desprovidos de sentido, mas muitos de nós podemos ficar estagnados numa prática ou num assunto que nos encantou e esquecemos do essencial: a descoberta da nossa verdadeira natureza. Assuntos como a viagem astral ou a magia costumam fascinar certas pessoas, que ficam estagnadas no estudo e cultivo dessas práticas. É por isso que vou terminar este livro voltando às questões essenciais que dominaram a minha existência: a Paz, a Espiritualidade e, enfim, o Divino, ao qual consagro o último capítulo. Como é que me situo em relação a essas três questões.

Cidadão do mundo

No momento em que escrevo estas linhas, as tropas da OTAN entram em Kosovo. Os primeiros mortos mostram que vamos para maiores dissensões internas. A guerra apenas vai se transformar em lutas fratricidas ainda mais complicadas, mas ainda não acabou. Essa guerra me toca muito, pois agora, além de francês, sou europeu, e com muita honra! Minha condição de europeu me sensibiliza bastante pela minha história pessoal de ter nascido numa fronteira de conflito entre a França e a Alemanha, em Estrasburgo, que é hoje a sede do parlamento europeu.

Em plena adolescência, e em plena Guerra Mundial, eu dizia para os adultos que, para obter uma paz estável, era preciso criar a Europa, eliminar as fronteiras e instituir uma moeda única. Os adultos caçoavam de mim dizendo que unir a França e a Alemanha era um sonho irrealizável e infantil! E eu tinha a certeza, a convicção profunda, de que eu estava certo. Hoje isso é um fato, inclusive o euro acaba de ser instituído como moeda única da União Européia. Quando renovaram o meu passaporte francês e eu vi escrito acima da sigla República Francesa a da União Européia, fiquei tão emocionado que chorei de alegria. Tudo o que toca a união dos povos me emociona profundamente.

Aliás, não é o primeiro passaporte internacional que ganhei. Em janeiro de 1977 havia ganho um passaporte planetário, com fotografia e tudo, outorgado pela Associação Internacional dos Cidadãos Planetários. Só tinha valor simbólico, mas ele mostra que me sinto ainda mais cidadão do mundo do que cidadão europeu.

Esses fatos me fazem perguntar o que fez de mim uma espécie de visionário do futuro da humanidade, com a qual me identifico intensamente. O que fez com que, cinqüenta anos depois que o adolescente que eu era proclamava contra todos e contra toda evidência daquela época que era preciso criar a Europa, encontro-me titular de um passaporte europeu? Que destino meu é este?

Do mesmo modo, posso afiançar hoje que só teremos paz internacional depois que os grandes blocos continentais se unirem e criarem uma única moeda mundial, respeitando, porém, as culturas regionais.

Mas como é que fica a minha postura mais íntima em relação à minha nacionalidade. Como me sinto?

De fato sou de nacionalidade européia e cidadão francês. Muitos brasileiros, depois de serem informados de que já tenho cinqüenta anos de vida no Brasil, afirmam com entusiasmo e convicção: "Então você já é brasileiro!" Eles têm razão, pois sou, além de francês, brasileiro de coração. Já disse e repito: amo o Brasil e os brasileiros. Eles é que não têm muita consciência do quanto, apesar dos pesares, o Brasil é uma cultura de paz, terra do abraço, do mutirão, da escola de samba e do entendimento entre nacionalidades e raças diferentes.

Mas, ao mesmo tempo, considero-me também de coração Cidadão do Mundo, mesmo ainda inexistindo essa categoria no plano concreto. Também a minha posição religiosa assumiu uma orientação semelhante a essa postura em relação à minha nacionalidade.

Espiritualidade transreligiosa

Como contei ao longo dos meus dois livros, por ter nascido numa família de três religiões em conflito, tornei-me agnóstico. Agora mesmo li um relatório de uma pesquisa feita na Academia de Ciências norte-americana, mostrando que mais de 75% dos cientistas atuais não acreditam nem em Deus nem em vida depois da morte. Pois é assim que foi o meu ponto de partida, o que me levou a muito sofrimento e carência espiritual.

Só depois da minha crise existencial é que a questão religiosa voltou, mas de modo muito diferente. Ao descobrir a ioga e a praticar diariamente até hoje, convenci-me de que todas as religiões têm um tronco comum, que se situa dentro de cada ser humano, sem exceção. Em cada um de nós há o que podemos chamar de espaço onde se situa a verdadeira natureza do Espírito. Essa nossa natureza e a do universo pode ser descoberta mediante uma série de práticas, que nós, ocidentais de tradição judeu-cristã, chamamos de práticas religiosas.

Essas práticas se deterioraram em algumas tradições a tal ponto que é preciso o aparecimento de seres inspirados — como profetas, santos, ou avatares — para permitir que as tradições espirituais reencontrem o seu verdadeiro sentido perdido ao longo dos séculos e restabeleçam as diferentes maneiras de praticar os métodos levando à superconsciência ou estado transpessoal.

Hoje compreendo que as religiões têm de se adaptar ao nível de compreensão dos seus rebanhos, e respeito o fato de que as explicações dadas para crianças e leigos têm de ser diferentes das informações e treinamentos proporcionados para pessoas mais evoluídas.

Infelizmente, certas religiões perderam essas práticas mais adiantadas e ficaram no nível do jardim-de-infância. O próprio Jesus afirmou que ele tinha dois tipos de ensinamentos: um para o povo, sob a forma de parábolas, outro para os seus discípulos diretos; este último não era para aquela época.

As religiões que perderam esses ensinamentos reservados para um grupo de pessoas em condições de recebê-los ainda conservam, sob a forma de parábolas ou de metáforas, a simbologia que em qualquer momento poderá ser decodificada por pessoas inspiradas. Por isso mesmo, as religiões, entre outras funções, têm a de preservar essa preciosa simbologia sagrada.

Por isso eu também não creio que haja, para a maioria das pessoas, necessidade de mudar de religião, pois cada uma tem nas suas escrituras as chaves que levam à revelação. Isso desde que, a partir de um momento oportuno, se deixe de interpretar esses textos ao pé da letra e se procure entender seu sentido simbólico mais profundo. Caso contrário, há o perigo de fundamentalismos fanáticos, de fidelidade à letra dos textos, fanatismo que se desenvolve atualmente em todas as religiões e justamente mobiliza as pessoas menos preparadas, mantendo-as no nível do jardim-de-infância. Há nessa situação um germe de violência inter-religiosa e de guerras. Por isso eu procuro fomentar e apoiar, onde for possível, encontros entre as religiões, visando evitar esses fanatismos que fazem crer que a religião própria é única ou superior a todas as outras.

Por outro lado, existem, mesmo nas religiões mais afastadas das intenções de quem as criou, grupos reservados, escolas, mosteiros ou sacerdotes, mestres ou pessoas que, embora em minoria às vezes ínfima, ainda possuem os sentidos originais e a tradição intacta das práticas. Quem procura os ensinamentos e está pronto para recebê-los vai achá-los. As sincronicidades irão se manifestar e guiar essas pessoas para o lugar ou a pessoa certa na hora certa.

Respeito também a vontade dos que decidiram mudar de religião, por não se sentirem em sintonia com certos aspectos que consideram importantes, ou mesmo por terem sido envolvidos em situações desumanas ou intoleráveis para eles. Reconheço, porém, que a mudança para uma outra religião ou tradição espiritual exige um novo e, em geral, longo aprendizado.

No meu caso particular, aprendi com todas as religiões pelas quais eu passei — judaísmo, cristianismo, hinduísmo, shivaísmo do Kashmir e, enfim, o budismo tântrico tibetano. Por isso mesmo, por ter-me impregnado da essência de cada uma delas, uma síntese se operou dentro de mim, síntese que as integra todas dentro de mim.

Quero deixar bem claro que essa síntese não implica uma nova religião, e o que escrevo aqui não constitui nenhum convite para ser imitado. Acho que as circunstâncias da minha infância de multirreligiosidade foram o resultado de uma série de comportamentos anteriores, e que é essa conjuntura que me estimulou a gerar hoje o entendimento transreligioso, preparando-me inclusive para entender profundamente os fundamentos comuns de todas elas. Por todas essas razões, declarei para Pemala que eu não podia afirmar que sou budista, mas também que eu não podia negar isso. Ele achou que essa é a atitude correta. Eu também não posso afirmar que sou judeu ou cristão, nem dizer que não sou.

Devo concordar também com os recentes ensinamentos do Dalai Lama para um grupo de sacerdotes e praticantes de várias correntes do cristianismo. Sua Santidade recomenda não misturar práticas religiosas de várias tradições. Ele compara essa prática ao colocar a cabeça de um animal de uma raça no corpo de um animal de outra raça.

Por isso mesmo, eu me vejo como um praticante de ioga que passou por várias escolas dessa antiga forma de viver a vida e que adotou preferencialmente a linha da ioga tibetana por motivos que vou expor mais adiante, incluindo nisso a meditação. Para mim, ioga não é uma religião, e pode ser praticada por pessoas de qualquer religião. Ioga, para mim, é uma forma de despertar a espiritualidade transreligiosa, isto é, além de todas as religiões. Considero-me, pois, dentro de uma postura espiritual transreligiosa.

A prática da ioga levou-me através de vivências e experiências a compreender melhor o que as grandes tradições entendem por Deus e o porquê da reticência do budismo, do judaísmo e do taoísmo com relação ao nome dele. É disso que vou tratar a seguir, num capítulo à parte que o assunto merece. Antes, porém, quero prestar uma homenagem especial à memória de alguém que me tocou muito pela sua abertura inter-religiosa.

Homenagem a Muktananda

Swami Muktananda desencarnou durante o meu retiro. Descrevi no meu livro precedente como ele me convidou para, juntos, irmos visitar uma igreja perto do seu Ashram. Ele recebia pessoas de todas as religiões, ávidas para receberem os seus ensinamentos.

Lembro-me até de um pastor protestante, discípulo dele, que transmitia do seu púlpito cristão ensinamentos de Baba. Ele me falou que tinha colocado retratos do Mestre na sua própria igreja. Logo, ele não via nenhuma contradição em praticar ioga e ser evangelista.

Swami Muktananda, entre todos os mestres que me influenciaram, foi quem mais contribuiu diretamente para as minhas experiências interiores. Até hoje tenho por ele uma afeição e uma gratidão ilimitada. Quero deixar bem claro, aqui, que não posso fazer nenhuma diferença entre os sentimentos que me ligam a ele aos que me ligam aos mestres de outras correntes espirituais. O amor é o mesmo.

XV

Deus Morreu!... Viva Deus!... Que Deus?

*... As realidades entram no coração, sobretudo sob a forma material expressa
em palavras. Devemos depois esforçar-nos para conhecer a sabedoria que encerram,
descobrir-lhes sentido, com inteligência e penetração, para reconhecer que se trata
apenas de expressões aproximadas e de figuras de linguagem.
Com efeito, o sentimento autêntico é extremamente sutil, sublime,
vasto e profundo, para lhe captarmos a simbologia divina.
O homem dotado de inteligência deve procurar despojar as palavras de sua
casca corpórea, para descobrir a realidade que expressam.
Seu espírito há de elevar-se de grau em grau até atingir,
segundo a sua forma, a realidade do ser...*

Bahia ibn Paquda. 1080.
Cit. "Os 99 nomes de Deus no Alcorão". (Ed. Vozes)

Por que evito usar a palavra "Deus"

Muitos leitores ou participantes de palestras e de seminários me perguntam por que nunca falo em Deus. Isso não é bem verdade. Na realidade, eu só falo nisso! Mas de modo diferente do que o público espera ou está acostumado a ouvir. Realmente, eu evito usar o seu nome, e tenho razões muito fortes para assumir essa maneira de me comportar.

A primeira é de ordem educacional, e se relaciona com a minha própria história. Como já expliquei, a minha primeira formação religiosa foi a judaica. Ora, nessa religião é proibido pronunciar o nome hebraico de Deus, que é constituído de quatro letras, cujas vogais são ignoradas, o que torna esse nome impronunciável. Só os sacerdotes na época do templo tinham o segredo da pronúncia. E os rabinos até hoje impedem, inclusive, que se escreva o nome de Deus em português ou qualquer língua. Basta escrever **D**, ou o nome de maneira incompleta. Isso me intrigou tanto que resolvi estudar o assunto mais a fundo, depois de ter escrito a *Esfinge* e *A mística do sexo*. Saiu um manuscrito de quase trezentas páginas que eu nunca pude publicar. Sempre acontecia algo, tanto na França como no Brasil, a tal ponto que renunciei; percebi que a proibição continuava ou, pelo menos, que não estava na hora de o torná-lo público.

O livro mostra a semelhança entre a tradição judaica do nome de Deus, e sua simbologia, com a tradição do mantra OM na ioga. As semelhanças são bastante eloqüentes.

Inclusive o tradutor do Antigo e Novo Testamentos, André Chouraqui, ao fazer a nova versão em francês, descobriu que o tetragrama JHVH foi escamoteado nas traduções gregas e latinas e virou Deus que significa Luz, ou porque tem a mesma raiz que dia, ou porque vem do deus grego Zeus, o deus do relâmpago.

Mas tudo isso eu soube muito mais tarde. O que posso dizer, sem nenhuma dúvida, é que adquiri o hábito de nunca usar essa palavra. Mais tarde descobri a mesma idéia no taoísmo, em que o primeiro versículo do Tao Te King, de Lao Tseu, diz que o Tao que recebe um nome não é o tao.

No budismo não existe nenhuma referência a um ser supremo, pois essa tradição está inteiramente voltada para a descoberta da verdadeira natureza do Espírito, a qual é inefável. É uma vivência direta do coração e não do intelecto, que nesse caso só atrapalha. Todo conceito constitui uma barreira, ainda mais o conceito de Deus, pois todo conceito provoca associações de formas que nunca são o significado do significante. O nome não é a coisa, já o afirmava o próprio Buda.

Assim, se se fizer a experiência, como faço de vez em quando com os meus grupos de seminários, de pedir para desenhar ou representar Deus, cada um descreve algo diferente, mas uma grande parte das pessoas representam-No barbado, sentado num trono, o que mostra que conservam essa imagem desde o tempo das aulas do jardim-de-infância.

No Islão, embora haja 99 nomes diferentes de Deus, eles são, na realidade, atributos e qualidades que, desenvolvidos ou despertados no ser humano, permitem que este se dissolva em Deus. Mas há um centésimo nome que é mantido secreto, por causa dos tremendos poderes que a sua pronúncia estaria lhe concedendo. Dá-se a mesma explicação no judaísmo ao mesmo tipo de proibição.

No meu caso, até hoje, às vezes volta à minha mente a imagem de uma freira, porque no dia em que entrei num convento com a minha mãe que foi visitar uma freira para conseguir uma empregada, antes de entrar perguntei a ela se Deus estava lá dentro. Ela respondeu afirmativamente. Então pensei que a freira era Deus.

E isso corresponde à imagem de Deus que eu fazia numa primeira fase da minha representação Dele.

Meu Deus!... quem é você?

Essa pergunta eu a fiz no meu poema de *A revolução silenciosa*, que se transformou num livro com esse título e que, por muito tempo, circulou como "O último porquê." Foi a primeira vez que me abri sobre esse assunto tão claramente para o público. Esta é a segunda vez, e dessa vez abro o fundo da minha alma diretamente para você, leitor. Chegou o momento de examinar mais de perto as fases pelas quais eu passei nessa procura do sentido da palavra Deus.

Para começar, parece-me que será um bom início um estudo retrospectivo do que já contei em *A revolução silenciosa*. Nesse livro, tenho uma boa base de partida para saber como eu representava Deus, desde a infância até os 58 anos, isto é, antes de fazer o retiro.

A partir dessa retrospectiva, será possível me situar melhor quanto à postura atual da minha representação do Divino. É o que eu vou fazer agora, esclarecendo para o leitor e para mim mesmo essa transformação, que não ficou limitada a conceitos ou imagens.

Desde que eu me conheço como gente, procurei saber onde estava Deus e como ele era. Procurava-o nas igrejas e nas sinagogas da minha infância. E não o encontrava, salvo talvez na freira da qual acabo de falar. Perguntando ao meu pai, ele respondeu que era um mistério, e ficamos por aí. Quanto à minha mãe, ela me comunicou o que foi a minha primeira representação da função divina: o Deus pronto-socorro, que eu chamava na hora do aperto e que esquecia depois.

Quando fiz meus estudos secundários, impregnados de valores científicos, abandonei a questão, entrando numa fase agnóstica, não de negação da existência de Deus, mas de convicção de que era impossível ao ser humano encontrar uma resposta, pela ciência ou mesmo pela religião. De filosofia nem se falava! Eu só acreditava na Ciência, uma ciência um tanto limitada ao estudo do nosso planeta e um pouco além. Mas, mesmo assim, quando guerrilheiro, levei uma Bíblia na minha mochila, o que significa que alguma crença ainda estava presente em mim naquela época.

Meus estudos superiores de psicologia levaram esse resto, e passei só a acreditar nos resultados da observação e da experiência, que passavam pelos nossos cinco sentidos e pelo raciocínio lógico. O agnosticismo estava dessa vez bem instalado, e não me lembro de ter tocado em algum livro de religião ou de ter freqüentado algum culto até a idade de 33 anos. Eu era completamente dominado pela minha vida sexual e pela curiosidade intelectual limitada a pesquisas psicológicas e a inventar testes psicológicos, muitos dos quais, aliás, são usados até hoje.

Como eu já disse, foi numa crise existencial de desespero provocado pela ausência de sentido da minha existência e por um extremo sucesso material e social, crise essa que desembocou num câncer, que voltei a me preocupar com a questão da existência de Deus. Mas, dessa vez, foi diferente da minha juventude e infância. A pergunta abrangeu também o sentido da existência e do pós-morte. Deus ocupava um pano de fundo e era o resultado das respostas obtidas a respeito do sentido da existência. Hoje, isso está claro para mim. O raciocínio mais ou menos confuso naquela época era o seguinte: se a existência humana e a minha, em particular, tinha o sentido de uma missão ou de um papel a preencher, e se existe vida depois da morte, então há algo por trás que determina esse papel de cada um, e possivelmente depois da morte iremos encontrar o que se chama Deus, cuja imagem de pai barbado morrera definitivamente em mim.

Se esse Deus havia morrido, o que havia substituído? É o que eu vou procurar definir agora. E essa definição só é compreensível por meio da minha descoberta vivencial e experimental de uma outra dimensão da vida, de uma outra visão, que ultrapassa a da simples compreensão intelectual ou, anteriormente, à confiança no que os meus pais afirmavam. Até agora eu estava limitado pelo próprio raciocínio que, conforme as condições externas, me levava a concluir pela inexistência de Deus ou pela dúvida a respeito da possibilidade de resolver a questão. Para mim, essa dúvida se transformou em certeza de que existe uma outra dimensão.

A descoberta da "outra dimensão"

Os dados que acumulei ao longo dos anos podem ser agrupados em duas grandes categorias: as minhas vivências, experiências e observações, de um lado e, do outro, a leitura dos resultados de pesquisas em parapsicologia e em psicologia transpessoal. Os dados de pesquisa acadêmica reforçam as minhas vivências. Praticamente todas elas tem o respaldo dessas pesquisas. E, vice-versa, a maioria absoluta das conclusões de pesquisas tem uma correspondente vivência ou experiência pessoal.

Como este livro é um relato pessoal e não um tratado científico, vou me limitar a fazer um resumo das conclusões às quais cheguei pessoalmente, com fundamento nessas duas categorias de dados. Vou me limitar a este resumo, pois as experiências e observações pessoais essenciais já foram relatadas nos dois livros.

As primeiras evidências se referem às sincronicidades. Tudo indica que essas coincidências significativas estão se multiplicando na minha existência e na de muita gente. Vejo-as como uma mensagem dessa outra dimensão, visando demonstrar sua existência, sobretudo para os descrentes, e para reforçar e consolidar a certeza dos que ainda vacilam ou se esquecem dessa presença. Considero também, como evidências definitivamente demonstradas, todos os fenômenos agrupados sob o rótulo de fator PSI.

Um primeiro grupo de fenômenos, os de percepção extra-sensorial (PES) demonstram que a mente humana e a dos animais estão ligadas entre si pela telepatia, em que temos acesso às informações do passado pela retrocognição e do futuro pela precognição. Temos ainda acesso a eventos atuais pela clarividência.

Um segundo grupo de fenômenos sujeitos a um fator psicocinético (P), demonstra a possibilidade de ação da mente sobre a matéria. Nessa categoria podemos reunir os fenômenos do *poltergeist*, em objetos que se deslocam sozinhos, pedras que caem dos telhados, combustão espontânea de objetos que se manifestam, entre outros, com a presença do que a parapsicologia chama de epicentro, em geral um adolescente. As manifestações de *healing* ou cura, em geral pelas mãos, pertencem a essa categoria, bem como os fenômenos de materialização e de ação a distância sobre objetos.

Como já escrevi, tive a vivência de quase todos esses fenômenos. Tive também o privilégio de presenciar os que não vivenciei pessoalmente. Por isso mesmo, independentemente dos resultados das pesquisas de nível acadêmico, que também demonstram a existência desses fenômenos, tenho certeza da sua realidade no plano relativo, do mesmo modo que qualquer percepção sensorial comum.

Mas eu não tenho o poder de provocar esses fenômenos voluntariamente. Tudo se passa como se, ao longo dos anos, me fosse dada a experiência necessária e suficiente para eu entender do que se trata, e mais nada! Aliás eu mesmo perco rapidamente o interesse pela aptidão paranormal, pois a minha procura estava relacionada com a realidade divina. Nesse sentido, todas essas manifestações constituem uma prova de que o nosso espírito, em aparência limitado, é parte integrante de um Espírito infinito. Mas falta ainda um passo para qualificar esse Espírito de Divino. Esse passo será dado mais adiante.

Há outras experiências pelas quais passei e das quais existem centenas de relatos de pesquisas. Elas estão ligadas a tudo o que se relaciona com o que chamamos de morte.

A morte da morte

Esse é o título de um dos meus livros mais recentes, que mostra como e por que perdi o medo da morte. A razão principal é que, para mim, a morte morreu, não só pelas pesquisas que relato, mas, sobretudo, pelas minhas experiências pessoais. Todas essas vivências tendem a mostrar a sobrevivência, depois da morte, do pequeno espírito e, de qualquer maneira, do grande Espírito eterno do qual o primeiro faz parte integrante.

A primeira, mais demonstrativa, pois foi estritamente individual: foi a saída do corpo físico pelo "meu" espírito. Todos nós saímos todas as noites, só que temos lembrança disso muito raramente, pensando que foi um sonho. Efetivamente, há certos sonhos que são, na realidade, saídas do corpo físico. É possível provocar experimentalmente essa saída por meio de métodos tradicionais ou modernos. Ela também é observada em casos de reanimação de morte clínica aparente. Sabe-se que, dez a vinte por cento dessas pessoas se lembram de ter tido uma Experiência de Quase-Morte (EQM). Eu mesmo passei por isso e a descrevo em *A revolução silenciosa*.

O segundo tipo de vivência foi suficiente para me convencer da existência de espíritos sem corpo físico, porém sustentados por um outro sistema energético mais sutil. Aliás, a própria experiência de saída do corpo físico já é uma demonstração viva da possibilidade da existência de espíritos. Em certos casos de saída do corpo, outros espíritos, ainda encarnados ou desencarnados, são vistos por quem está provisoriamente fora do corpo. Para uns, esse sistema é feito de luz. São seres chamados, nas tradições, de espíritos de luz, que têm acesso à onisciência do Espírito. Outros têm um invólucro ou sistema energético mental. São os espíritos comuns, os que aparecem sob a forma de fantasmas. Ambas as categorias se manifestam tanto no xamanismo, de diferentes tribos ou escolas, quanto no espiritismo moderno de Allan Kardec ou na umbanda. Mais recentemente, são observadas manifestações pelo rádio, como foi o caso na presença de Amyr, ou mesmo pela TV.

O terceiro tipo de vivência me convenceu de que uma grande parte deles, embora eu não saiba a proporção, volta para um outro corpo físico ou transmigra para outros planos. A reencarnação é um caso especial de transmigração, consistindo nessa volta para um corpo físico. Certas vivências traumáticas e não-resolvidas de vidas passadas precisam muitas vezes ser revividas para sair de análises intermináveis e curar em poucas sessões terapêuticas. Se eu voltasse a exercer a psicoterapia, integraria sem dúvida nem vacilação a regressão às vidas passadas na minha prática clínica. Estou convencido, hoje, que a resistência da maioria dos terapeutas em aceitar a existência dessa evidência experimental e clínica é, em última análise, prejudicial às pessoas que estão em terapia.

O meu estudo mais aprofundado do Bardo Todol, o Livro Tibetano da Vida e da Morte, tem me mostrado o quanto é importante e realizável a vivência de todos esses mundos ainda nesta existência. Não só se aprende a viver uma passagem tranqüila, mas ainda como se comportar depois dela.

Como afirmou o filósofo francês Montaigne, premeditar a morte é premeditar a liberdade... Se formos à raiz da palavra "pré-meditar", meditar antes, podemos afirmar que, meditar a morte antes de morrer, consiste em meditar e realizar a verdadeira liberdade nesta existência.

A meditação durante o dia e a prática do sonho lúcido à noite colocam-vos progressivamente em contato com todos esses mundos e seres em outra dimensão do pós-morte, e mais particularmente em contatar e vivenciar a Clara Luz, a verdadeira natureza do Espírito.

Assim, aprender a morrer consistiu para mim, em primeiro lugar, em me livrar desse termo fúnebre e inconsistente para substituí-lo pelo termo passagem, que corresponde a um conceito muito mais adequado à realidade das evidências.

Não sei exatamente quando isso se deu, mas sei que nesses dois últimos anos é que me livrei definitivamente do uso do conceito de morte, mesmo já tendo perdido o medo há mais de duas décadas.

Sem dúvida, minhas vivências me ajudaram muito, mas também a organização de um seminário da Arte de Viver a Passagem obrigou-me a sair de um antigo hábito, que identifico agora como mais uma normose. Eu, e muitos cidadãos deste mundo, usamos esse termo nocivo gerador de medo e de tensões, pois implica uma idéia que agora sei que é irreal, de aniquilamento total, físico e psíquico. É uma normose, porque a maioria das pessoas acha normal usar o termo e porque sua influência é patogênica, isto é, geradora de sofrimento. E não foi por falta de conhecer o termo de passagem, pois todos os meus amigos espiritualistas o usavam constantemente. Na primeira parte da minha existência, essa expressão me dava uma sensação de estranheza e, no início, eu achava que se tratava de um preconceito. Foi o caso de outro termo ainda mais preciso de desencarnação.

Mas agora sinto um verdadeiro alívio por ter-me livrado do uso do termo morte e por ter adotado os conceitos de passagem ou de desencarnação, que correspondem perfeitamente às minhas vivências e convicções.

Desfazer as malhas do tricô leva tempo... Lembro-me agora que, depois da minha experiência de saída do corpo físico, em que eu disse para mim mesmo que eu estava morto, levei mais de quinze anos para, ao me lembrar desse detalhe, chegar à conclusão de que era um verdadeiro absurdo eu declarar que estava morto, pois o meu espírito estava vivo olhando para o meu corpo. Só este último é que, eventualmente, estava morto ou morrendo.

A normose tinha invadido a minha vida psíquica a tal ponto que, apesar de ser evidente que eu estava vivo, a minha identificação com o meu corpo físico era tal e a minha crença na palavra morte tão enraizada, que foram necessários quinze anos para que eu me livrasse desse preconceito. E o termo passagem, que eu achava ser um preconceito, virou conceito; a palavra morte é que virou preconceito!

Como o leitor pode constatar, os meandros da caminhada para o desvendar do mistério que se esconde por trás da palavra Deus são inúmeros. Foi preciso realmente passar por vivências demonstrativas da existência da "outra" dimensão para que eu pudesse me abrir realmente a uma aceitação da continuidade da consciência ou do espírito depois da morte.

E como já deixei entrever mais acima, a prática da meditação durante o dia e do sonho lúcido à noite podem, se bem dirigida, nos levar a uma experiência fundamental: a da Clara Luz. A experiência luminosa, acrescentada à demonstração da outra dimensão e da continuidade da consciência depois da morte, foram para mim fundamentais para dar mais um passo na compreensão do que vem a ser Deus.

Se o leitor se lembrar de todas as descrições das minhas visões de luzes, o que elas têm em comum é o sentimento divino ou sagrado que delas emanava. Em todas elas eu podia exclamar *Emaho*! Que maravilha!

Vou agora, visando a uma melhor compreensão das etapas pelas quais precisamos passar para ter acesso às vivências a que acabei de me referir, dar ao leitor algo de muito precioso, que me abriu muitos horizontes.

Estados de consciência e realidade

Tenho explicado em vários livros, e o demonstro em parte no meu seminário chamado "A arte de viver consciente", que a Vivência da Realidade (VR) é função (f) do Estado de Consciência (EC) no qual nos encontramos. Resumi isso numa fórmula:

$$VR = f(EC)$$

Existem quatro estados de consciência: o de vigília, o de sonho, o de sono sem sonho e o de superconsciência ou transpessoal. Minha experiência mostrou-me, cada vez mais claramente, à medida que meditava, que a vigília é um estado entorpecido pelos nossos pensamentos, nossas emoções e sensações e que precisamos acordar e cultivar a presença de espírito. Nesse estado, dominado pelo raciocínio lógico, é possível a vivência divina, por meio da meditação durante o dia e do sonho lúcido durante à noite. É o que eu pratiquei no meu retiro. Essas práticas me levaram a compreender melhor o estado de sonho e a natureza do sono profundo sem sonho.

Enquanto o estado de vigília é típico do interregno entre o nascimento e a passagem, o estado de sonho é típico do que uma grande parte dos espíritos desencarnados vivem depois da passagem.

O estado de sonho está cortado do mundo físico, e nele somos dominados pelas idéias soltas e pelas emoções que cada idéia provoca. Depois da passagem, é nesse estado que vivem os espíritos com corpo mental. Também nesse estado é possível encontrar a verdadeira natureza do Espírito, por meio da prática do sonho lúcido. É o que aconteceu comigo quando estive em presença da Clara Luz.

As experiências mais significativas foram as da Clara Luz com continuidade da consciência em estado de sono profundo sem sonho. O estado de consciência do sono profundo, em que aparece a clara luz, corresponde ao estágio imediatamente posterior à passagem, sendo que a passagem propriamente dita corresponde ao adormecer. E por isso que a meditação e o sonho lúcido são importantes. Eles nos permitem treinar nesta existência como nos comportar ou reagir em cada um dos interregnos descritos no Bardo Todol.

Voltemos agora à Clara Luz, própria ao estado de sono. Embora ainda dual, tendo o eu como sujeito e a luz como objeto, mesmo se interior, Pemala insistiu, declarando-me que era essencial mergulhar nessa luz na próxima oportunidade, o que ainda não aconteceu. Mas essas experiências foram fundamentais para me indicar uma direção clara e óbvia. A verdadeira natureza do Espírito para os budistas, de Deus ou nomes equivalentes para as religiões ditas teístas, é ou está ligada à Clara Luz.

E quando se dá esse mergulho, estamos vivenciando o quarto estado da consciência, a superconsciência ou estado transpessoal, em que ficamos tão pequenos em relação à magnitude da Luz que sumimos de vez como pessoa e passamos a ser o que sempre fomos: o Espírito ou Deus.

Neste momento: R=C — a Realidade é a própria Consciência.

O que é ser iluminado?

Agora eu compreendo uma afirmação de todos os grandes mestres da ioga, sobretudo a tibetana, segundo a qual é errado considerar pessoas que tiveram contato com a luz como sendo realizadas e iluminadas. Isso tem acontecido ultimamente comigo; com certa freqüência, pessoas me chamam de mestre ou afirmam que sou um ser iluminado.

Percebo nessa oportunidade como é fácil, na minha situação, enganar as pessoas por ficar calado e deixar que elas espalhem esse boato, encorajando-as, assim, a massagear o meu ego e a fomentar em mim e nelas uma ilusão de poder. Alguns seres desprevenidos ou desonestos costumam explorar uma situação semelhante à minha para enganar e explorar essa credulidade e falta de compreensão do assunto.

É preciso muita lucidez da minha parte para evitar cair nessas armadilhas do ego, esse demônio sempre presente e pronto para impedir justamente que eu me ilumine de verdade. Esse é o ponto experimental em que me encontro atualmente. O caminho percorrido até agora nesta existência foi grande e a aprendizagem prática proveitosa. Há, no entretanto, um salto para dar. Eu compreendo o que Pemala quis dizer.

Será que estou pronto? Talvez mais um retiro seja necessário, depois de terminar a minha tarefa na Unipaz. Estou aberto para o que o livro da vida me indicar.

Fim da normose de separatividade

Quanto à Deus, não há dúvida de que, tal como morreu em mim o conceito de morte, morreu também definitivamente o meu conceito de um Deus pessoal e barbado sentado num trono. Esse Deus morreu mesmo em mim e em muita gente. Só que, para muitos, ele não foi substituído, deixando um vazio causador de muitas crises existenciais, que podem ser, apesar de dolorosas e sofridas, uma oportunidade de crescimento, como foi o meu caso.

Aliás, com ele morreu toda concepção reificada, coisificada e solidificada, tanto de Deus como de mim. Por isso, abandonei os conceitos de *Self* individual, ou de Atman, em sânscrito, e de *Self* Universal, correspondendo à Brahman, em sânscrito, que eu utilizava a rogo no fim do meu livro sobre a revolução silenciosa. Aliás, isso significou também abandonar o conceito de um Deus e de um eu sólido separados um do outro, numa problemática dualidade.

É a mesma dualidade que Descartes usou para criar a famosa "objetividade" científica e que me levou, influenciado pela minha educação universitária, a uma concepção mecanicista tanto do universo, visto como uma mecânica celestial, quanto do ser humano, que a medicina moderna até hoje pretende consertar também como uma máquina.

Desfazendo mais uma vez a malha do tricô e me livrando de mais uma normose, estão aí plantadas as raízes pessoais da minha entusiástica adesão à nova visão holística. É tudo isso que me dá a segurança e a convicção inquebrantável de levar adiante a Unipaz e outros empreendimentos, cujo desenvolvimento estou apoiando com toda a minha energia ariana e aquariana.

Deus como Luz?

O leitor um tanto impaciente está querendo saber que novo Deus substituiu, segundo a minha vivência, o que morreu. Pois até agora, ao descrever o que morreu, fiz algo semelhante ao que faz a chamada teologia negativa, isto é, descrevi o que Deus não é, mas não dei nenhuma pista do que ele é.

Porém, se formos mais a fundo na minha experiência, há duas pistas, sim! Uma dedutiva: Se ele não é sólido e se é inefável, então a sua essência é imaterial. Como se manifesta essa imaterialidade?

A outra pista constitui uma eventual resposta à primeira pergunta. Não será justamente essa Clara Luz a qualidade imaterial que, uma vez que mergulhamos nela, constitui o máximo que um ser humano pode almejar quanto à vivência, ou melhor, quanto à apreensão do que vem a ser o Divino? Máximo que consiste justamente no seu desaparecimento como indivíduo e pessoa e na realização de que ele sempre foi e sempre será: o Eterno.

É exatamente esse nome que o rabino da minha infância usava para substituir o tetragrama inefável. É o termo que mais corresponde ao que eu sinto e vivo. Lembro-me de que na minha pós-adolescência eu já tinha criado para mim mesmo uma teoria do Infinitismo e que expus no meu livro precedente. Mas, em última análise, prefiro manter o silêncio em vez de lhe dar qualquer nome, que sempre provocará imagens e representações limitativas da sua verdadeira natureza ilimitada e, com certeza, ligada à Luz, se não for "O Eterno" a própria Clara Luz ...!

Nesse caso, estaremos vivendo na sua fonte o potencial de Amor e Sabedoria inseparáveis, fonte de serenidade e de paz para mim e para todos nós, mas também fonte das lágrimas de compaixão. Lágrimas essas que não nos deixam desfrutar essa paz irradiada em nós mesmos pela Clara Luz enquanto houver um só ser vivo que esteja sofrendo neste mundo relativo. E permitam-me lembrar aqui que é essa a postura dos bodhisattvas.

Quem sabe, um dia voltarei a escrever um complemento a este livro que me deu a oportunidade de levar o leitor a acompanhar-me até os meus próprios limites. Ainda tenciono escrever esse complemento. Ainda...

E, caso contrário, esta última parte será o meu testamento, já que sei que não sei o dia e a hora da minha passagem...: "Ir Além..."

Conclusão:

Ir Além

...O ser humano, tal como ele é, não pode ser o primeiro termo dessa evolução; ele é uma expressão demasiadamente imperfeita do Espírito, a mente sendo ela também uma forma e um instrumento demasiado limitados; a mente é apenas um termo intermediário da consciência, o ser mental só pode ser um ser de transição. Se o ser humano é incapaz de ultrapassar a mentalidade, será preciso ele ser ultrapassado; o supramental e o super-homem devem se manifestar e tomar a direção da criação. Mas se o mental do ser humano é capaz de se abrir àquilo que o ultrapassa, então não há nenhuma razão para que o ser humano não chegue por ele mesmo ao supramental e a super-humanidade, ou pelo menos para que empreste a sua mentalidade, a sua vida e seu corpo a uma evolução desse maior termo do Espírito que se manifestaria na Natureza.

Sri Aurobindo

Estamos na entrada no ano 2000. Há alguns anos, eu não imaginava que chegaria a esse ponto do calendário. Eu não tenho dúvidas de que já estamos no Apocalipse. E como eu já falei e escrevi várias vezes, ele não assume o aspecto catastrófico e repentino; ele é insidioso e lento. E não são mais, até agora, necessárias as previsões de Nostradamus ou de outros visionários. Basta observar o que se passa em torno de nós, do império da violência e da irresponsabilidade global até a progressiva destruição ecológica. Como existem dezenas de calendários diferentes, pode ser que o ano 2000, em si, não tenha nada que ver com a questão.

Estamos assistindo a um suicídio progressivo da espécie humana, levando com ela toda a vida do planeta. Como o disse o meu amigo José Lutzenberger, o planeta vai continuar girando, mas a vida pode desaparecer definitivamente. É nesse contexto que passei o período da minha existência, descrito neste volume.

É também por causa dessa conjuntura que criei a Unipaz. E, num certo sentido, é a influência da mentalidade causadora dessa conjuntura na minha própria educação que me levou à crise existencial que, por sua vez, foi a desencadeadora da minha transformação.

Essa transformação vai prosseguir até a minha própria passagem e, depois, do mesmo modo que prosseguirá num número cada vez mais expressivo de seres humanos. A afirmação desse crescimento tem um fundamento vivencial meu; o sucesso e a receptividade crescente das minhas palestras e entrevistas, sobretudo na TV, me dão a coragem de fazer esta predição: o número de pessoas que compartilham a nossa visão cresce de maneira expressiva, à medida que piora a situação do mundo.

Além do mais, estou convencido de que, se nós quisermos reverter essa situação extrema em que nos encontramos, ainda podemos fazer isso. Basta uma grande maioria dos seres deste planeta cuidar da sua própria revolução silenciosa, e se comportar, no plano exterior, em consonância com a sua própria metamorfose, cultivando a arte de viver em paz consigo mesmos, com os outros e com a natureza. Assim se formará um campo morfogenético, o que antigamente se chamava uma egrégora, cuja influência benéfica ainda poderá salvar a vida neste planeta.

É nesse sentido que dirigi minha existência de modo consciente e sereno. Para chegar a esse resultado, todos nós precisaremos "Ir Além" do estado em que nos encontramos, por mais evoluído que seja.

É com essa finalidade que deixo aqui consignado um poema intitulado "Ir Além", que representa uma sinopse dos principais aspectos da minha atuação e das minhas convicções. Não é preciso dizer que este é um convite para todo o leitor embarcar na mesma canoa de salvação. De qualquer forma, é um programa para a minha própria existência. O máximo que eu posso fazer é isso.

Jogo a garrafa no mar. Quem a encontrar que apanhe a mensagem nela contida, e, se quiser, e achar oportuno e viável, beneficie a si mesmo e a própria humanidade. É esse o meu último voto.

Ir Além

Ir Além da nossa angustiante e estressante crise caótica,
oportunidade transformadora na seguinte nova óptica.

Ir Além da perversa marginalização do essencial,
apontando para todos o puro sentido existencial.

Ir Além da descrença e desalento generalizados,
abrindo corações alegres, veros e destemidos.

Ir Além da razão que tudo fragmenta e analisa,
a intuição, cuja harmonia sintetiza.

Ir Além da nossa constante agitação mental,
dando à natureza do Espírito o nosso aval.

Ir Além da cegueira que nos limita,
acendendo a luz da sabedoria infinita.

Ir Além do nosso ego diabólico,
despertando o amor benéfico.

Ir Além da miragem de toda dualidade,
meditando na essência da sua identidade.

Ir Além da escravidão oca do autômato estúpido,
soltando a criatividade do ser consciente e lúcido.

Ir Além de viver siderados no mundo exterior,
descobrindo a realidade no universo interior.

*Ir Além do apego às coisas, pessoas e idéias,
usufruindo da liberdade das mãos abertas.*

*Ir Além de navegar entre a esperança e o medo,
vivendo aqui e agora a alegria de cada enredo.*

*Ir Além da raiva que fere os outros e a si mesmo,
mostrando empatia aos que nos frustram a esmo.*

*Ir Além do caráter fugaz daquele sexo sem nexo,
transmutando-o em amor eterno sem complexo.*

*Ir Além das nossas dores e doenças periódicas,
vivendo a saúde das equilibrações harmônicas.*

*Ir Além da nossa cultura de violência,
substituindo-a por paz e benevolência.*

*Ir Além das infindáveis e vãs disputas filosóficas,
na Filosofia perene transcendendo as dialéticas.*

*Ir Além dos valores geradores de dor,
cultivando Beleza, Verdade e Amor.*

*Ir Além das lutas competitivas estressantes,
encorajando sinergia e cooperação constantes.*

*Ir Além das fronteiras belígeras entre nações,
entre estados do mundo, criando federações.*

*Ir Além das constantes lutas entre as religiões,
descobrindo no sagrado e divino as suas ligações.*

*Ir Além das discordâncias dos partidos políticos,
lutando por ideais comuns frutíferos e éticos.*

*Ir Além da educação meramente intelectual,
para saber aprender, agir, amar e ser real.*

*Ir Além do fosso entre pobres e ricos
visando o conforto essencial para todos.*

*Ir Além do produzir, consumir e perecer,
parindo a nova civilização do oferecer.*

*Ir Além de poluir o espaço, o ar, a água e a terra,
vivendo em harmonia com a matéria.*

*Ir Além de desmanchar a biodiversidade
da vida, respeitando toda a sua variedade.*

*Ir Além de profanar o cerne dos genes e do átomo,
sintonizando mentes com o Espírito do Universo.*

*Ir Além do duelo entre unidade e diversidade,
desvelando a diversificada unidade.*

*Ir Além dos preconceitos da morte e do morrer,
desobstruindo a passagem para o perene viver.*

*Ir Além da dor do transitório de todos e de tudo,
desvelando no seu espírito o Espírito Eterno.*

*Ir Além das incertezas periódicas da fé e do crer,
transformando-os na experiência do verdadeiro saber!*

Obras do Autor

1. *A arte de viver em paz*, Editora Gente, São Paulo, 1993, Copyright Unesco.
2. *A consciência cósmica, introdução à psicologia transpessoal*, Editora Vozes, Petrópolis, 2ª ed., 1972.
3. *A criança, o lar, a escola*, Editora Vozes, Petrópolis, 20ª ed., 1979.
4. *A mística do sexo*, Editora Itatiaia, Belo Horizonte, 1976.
5. *A morte da morte*, Editora Gente, São Paulo, 1995.
6. *A neurose do paraíso perdido*, Editora Espaço e Tempo, Distr. Vozes, Rio de Janeiro, 1987.
7. *A nova ética*, Editora Rosa dos Tempos, Rio de Janeiro, 1993.
8. *A palha e a trava*, Editora Vozes, Rio de Janeiro, 1988.
9. *A revolução silenciosa — Autobiografia Pessoal e Transpessoal*, Editora Pensamento, São Paulo, 1983.
10. *ABC da psicotécnica*, Editora Nacional, São Paulo, 1955. (Esgotado).
11. *ABC das relações humanas,* Editora Nacional, São Paulo, 1954. (Esgotado).
12. *Amar e ser amado*, Editora Vozes, Petrópolis, 20ª ed., 1979.
13. *Antologia do êxtase*, Editora Palas Athenas, São Paulo, 1992.
14. *Dinâmica de grupo e desenvolvimento em relações humanas*, Editora Itatiaia, Belo Horizonte, 1972 (com Anne Ancelin Schutzenberger, Célio Garcia e outros).
15. *Esfinge: estrutura e mistério do homem*, Editora Itatiaia, Belo Horizonte, 1976.

16. *Fronteiras da evolução e da morte*, Editora Vozes, Petrópolis, 1979.
17. *Fronteiras da regressão*, Editora Vozes, Petrópolis, 1976.
18. *Holística — uma nova visão do real*, Editora Palas Athenas, São Paulo, 1990.
19. *Liderança, tensões, evolução*, Editora Itatiaia, Belo Horizonte, 1972.
20. *Manual de psicologia aplicada*, Editora Itatiaia, Belo Horizonte, 1967.
21. *A mudança de sentido, e o sentido da mudança*, Editora Rosa dos Tempos, Distr. Record, Rio de Janeiro, 1999.
22. *O corpo fala* (Com Roland Tompakow), Editora Vozes, Petrópolis, 49ª ed., (Best Seller).
23. *O novo vocabulário holístico — Espaço e Tempo*. CEPA, Distr. Vozes, Rio de Janeiro, 2ª ed., 1987.
24. *O psicodrama*, CEPA, Rio de Janeiro, Prefácio de J. L. Moreno, 2ª ed., 1979.
25. *O potencial da inteligência do brasileiro* (Com Eva Nick), CEPA, Rio de Janeiro, 1972.
26. *O psicodrama triádico* (com Anne A. Schutzenberger), Interlivros, Belo Horizonte, 1976.
27. *Meu Deus! Quem é Você?*, Editora Vozes (1989), 3ª ed., 1992.
28. *Ondas à procura do mar,* Editora Agir, Rio de Janeiro, 1987. (Esgotado).
29. *Organizações e tecnologia para o terceiro milênio — A nova cultura organizacional holística,* Editora Rosa dos Tempos, Rio de Janeiro, 2ª ed., 1991.
30. *Pequeno tratado de psicologia transpessoal* (em colaboração com outros), Editora Vozes, 5º Volume, 1979.
31. *Relações humanas na família e no trabalho*, Editora Vozes, Petrópolis, (Best Seller), 50ª ed.
32. *Sementes para uma nova era,* Editora Vozes, Petrópolis, 1984.
33. *Sistemas abertos — rumo à nova transdisciplinaridade* (em colaboração com Ubiratan D'Ambrósio e Roberto Crema), Summus Editorial, São Paulo, 1993.
34. *Sua vida, seu futuro*, Editora Vozes, Petrópolis, 10ª ed., 1979.

Posfácio

Na hora de imprimir este livro aconteceu algo inusitado. Ao conversar com Amyr, expliquei-lhe que o anel da lágrima que tinha sido materializado havia desaparecido misteriosamente e que por isso eu estava preocupado com o título do livro, que era "A Lágrima da Compaixão", no singular. Deveria eu manter o título no singular, ou seria mais adequado o título "Lágrimas de Compaixão", já que o livro se refere a muitas lágrimas em situações diferentes?

Nesse exato momento, caiu uma chuva localizada em torno de dez metros quadrados exatamente em cima da minha horta, durante um minuto. Essa chuva não tinha explicação, pois o céu estava claro, com algumas nuvens bem altas. Amyr e eu compreendemos logo a mensagem: *Lágrimas de Compaixão* tinha de ser o título!

Pierre Weil

Anexo – Colaboradores da Unipaz

Agradeço de todo coração aos colaboradores da Unipaz. Se esqueci algum, peço desculpas.

Alane de Lucena Leal
Ademar Eugênio de Mello
Alcione Lustosa Gomes
Alexandre Rosenwald
Alfredo Moacyr de Mendonca Uchoa
América Paoliello Marques
Ana Alves
Ana Flávia Guida Teixeira
André Luiz Bezerra
Ângela de Rezende Oliveira
Anna Maria de Andrade Sharp
Antonia Alves do Nascimento
Antonia Meneses da Silva
Antonio Belarmino Carneiro
Antonio José de Castro Almeida Rodrigues
Áurea Dierberger
Auta Bressanele Mandarino
Benedito do Nascimento Brito
Carlos de Gusmão Coelho
Carlos Eduardo Mosconi
Célia Burgos
César Teixeira
Cláudio de Araújo Caparelli
Cláudio Franco de Sá Santoro
Clóvis Antônio Jacob
Cristiana Moniz de Aragão Baptista
Cristina Albuquerque
Cristina Maria Prudente Carvalhedo
Cristovam Ricardo Cavalcanti Buarque
Cyro Porto Carrero da Paz
Denis Marinho da Silva Brandão
Dioclécio Ferreira da Luz
Edson Hiroshi Seo
Eduardo Athayde
Eiji Iwamoto
Eliana Oliveira Zinca Pereira
Elizabeth Leite Ribeiro
Elma Heloisa Almeida
Ely Sobral
Elza Soares Pereira
Ênio Silveira Júnior
Erisvaldo da Silva Duarte
Eunice Barbosa
Fábio Coelho
Fátima Carmona
Felipe Ormonde
Fernando Alberto Campos de Lemos
Fernando Braga Batinga de Mendonça
Fernando Cláudio Genshow
Filomena Caixeta de Abreu
Francisca Andoneia Costa Carneiro
Francisco Alves Ribeiro
Francisco Ferreira da Rocha
Francisco Ribeiro
Gaovani Luppi
Genesio Pereira Faustino
Gil Vicente Gama
Gilberto Passos Gil Moreira
Gizelma Fernandes de Assis
Glória Sobrinho
Graça Pain
Halley Alves Bessa

Harbans Lal Arora
Haroldo de Oliveira Machado
Helena Fukuta
Hélio Felipe da Silva
Iara dos Santos Kern
Inácio Republicano de Oliveira
Inês Sarti
Irene Mazloum Granchi
Isabel Cristina Rodrigues
Isidro Alves Gadelha
Ivanete da Costa Barbosa
Izaura Borges
Jacob Zweiter
Jacy Pereira Guimarães
Jane de Freitas Barbosa
Janilda da Silva Santos
João Cadamuro
João Carlos Rosmann
João Luís Vollmer Motta Paes †
João Mansur Júnior
Joel Sampaio de Arruda Câmara
Johan Moes Van Lengen
John Pierrakos
Jorge Monteiro Fernandes
José Agostinho
José Benedito Fonteles
José Luiz Gonçalves
José Nakane
José Parente
José Saraiva Felipe
Jucinea Cipriano Rodrigues
Karla C. de F. Neves
Laís Fontoura Aderne
Laís Maria Borges de Mourão Sá
Leandro Amaral Lopes
Lendro Silva Ferreira
Leonor Beatriz Diskin de Pawlowicz
Lídice Viana
Lúcio Costa
Lucíola Marques Barreto
Luiz Carlos de Medeiros Filho
Luiz Felipe Ormonde
Luiz Fernando de Freitas Molina
Luiz Garcia
Luiz Gonzaga do Carmo Paula
Luiz Gonzaga Scortecci de Paula
Luiz Henrique M. Santos
Luiz Montezuma
Luzia do Espírito Santo
Lydia Nunes Rebouças de Mello
Manoel da Rocha
Marcelo Antunes Barros
Márcia Pompeu
Maria Antônia Soares Lima
Maria Candida Moraes
Maria da Glória Brando Archer
Maria da Graça Costa Penna Burgos
Maria da Paz Peres Arruda Rodrigues
Maria da Penha
Maria de Nazaré Viegas
Maria Helena Coelho Andres Ribeiro
Maria Henriqueta Camaroti Costa
Maria Ione Veigas
Maria José M. Souto
Maria Leonor Gonçalves de Oliveira
Maria Morais da Silva
Maria Ricardina Lemes
Maria Rita Sampaio Nabuco
Maria Stella Pacheco
Maria Teresa de Barros Pereira
Mariana Lins Borges
Mariano Justino Marcos Terena
Mário Pacini
Mário Sanchez
Mariza Monteiro Mourão

Marta Parente
Marta Vecchio
Martha Helena M. Martins
Maura Alves Matos
Maurício Andres Ribeiro
Mauro e Lúcia
Milton Maciel
Mitzi Munhoz da Rocha de Almeida Magalha
Murilo Nunes de Azevedo
Myrtes Matos Macdowell
Nelmara Torres Castelo Branco
Neuza Zapponi
Newton Egydio Rossi
Ney Souza Blásio Filho
Noemi Gonzalez
Octávio Melchiades Ulyssea
Onésimo Stafuzza
Orozimbo Antônio de Souza
Oscar Niemeyer Soares Filho
Osmunda Rodrigues Silva
Otacílio Antônio de Souza
Paulo Carvalho Xavier
Paulo José Martins dos Santos
Paulo Roberto Tessarollo Winter
Pedro Manoel de Lima
Quélvia Heringer de Freitas
Raimundo Calisto de Brito
Raul Lenicio Trindade de Araújo
Regina Maria Azevedo de Aquino
Regina Stelas Quintas Fittipaldi
Rene Jacqmont Cantanhede
Reynaldo Jardim Silveira
Roberto Agostinho
Roberto de Souza Crema
Roberto Magrin
Rosa Marie Muraro
Rosália Lopes
Rosilene Chaves Horta
Rubem Suffert
Ruben Andre Cons Junior
Ruth Grimbergh
Ruth Maria Scaff
Sandra Jandyra Sandres
Sandra Vollmer Motta Paz
Santiago Naud
Sarah Kubitschek
Sebastião Augusto de Souza Nery
Sérgio dos Reis
Shirley Marck Lima Cipriano
Sônia Sanchez
Stanislav Grof
Stanley Krippner
Sueli Garcia
Sulivan Carlos Hubner
Tereza Cristina Costa Carneiro
Ternise Castelar Torres
Tupany Victor Americano do Brasil
Uassy Gomes da Silva
Ubiratan D'Ambrósio
Ulisses Riedel de Resende
Valdeci Benedito de França
Valter Vetillo
Vanderlei dos Santos Catalão
Vera Brant
Vera Kon
Vera Lúcia de C. Pinheiro
Vera Saldanha
Vicente Paolilo Neto †
Vilma Freire Gomes Americano do Brasil
Virgínia Garcêz
Vitor José Melo Alegria Lobo
Wagner do Nascimento Barbosa
Wilza Maria B. Pereira

A ARTE DA PROTEÇÃO PSÍQUICA

A humanidade sempre se preocupou com proteção. Nós nos protegemos das forças da natureza, nos defendemos das outras pessoas, guardamos nosso dinheiro no banco e nos precavemos contra possíveis eventualidades. No entanto, são poucos os que se lembram de que existe um tipo de perigo muito sutil, contra o qual cadeados e grades são inúteis. Com o crescente interesse pela meditação, pelos exercícios de expansão da consciência e pelo xamanismo, muitas pessoas estão constatando que a proteção psíquica é essencial. Quem quer que trabalhe com o público precisa conhecer as técnicas simples que Judy Hall ensina para se proteger, ou "se fechar", como se costuma dizer.

Este livro propõe exercícios básicos e práticos com vistas a conseguir a proteção psíquica sempre que ela se fizer necessária. Fáceis de aprender e podendo ser feitos em grupo ou individualmente, todos os exercícios aqui sugeridos foram testados. Alguns datam de milhares de anos, enquanto outros, avançadíssimos, já pertencem ao século XXI. As perguntas abaixo são um teste para saber a quantas anda a sua necessidade de proteção:

- Você costuma meditar ou, de algum modo, procura expandir a sua consciência?
- Você é terapeuta ou agente de cura?
- Você costuma ouvir fitas de auto-hipnose?
- As pessoas se aconselham com você no intuito de resolver seus problemas?
- Você costuma sentir-se cansado, desanimado ou excessivamente emotivo?
- Você é propenso a sofrer acidentes?

Se respondeu afirmativamente a qualquer uma dessas perguntas, é bem possível que você esteja precisando de proteção psíquica.

Treinada pela mística ocidental Christine Harley, Judy Hall é conselheira, agente de cura e astróloga, além de dirigir grupos de desenvolvimento psíquico e de regressão a vidas passadas há mais de vinte anos. É autora de vários livros, inclusive de *The Karmic Journey*.

EDITORA PENSAMENTO

O Amor da Alma

Desperte os Chakras do Coração

Sanaya Roman

Este guia, que foi transmitido a Sanaya Roman por Orin, um mestre espiritual sábio e de grande bondade, ensina a você como:

- fazer contato com a sua alma;
- despertar os três chakras do coração, que aumentam a sua capacidade de amar a si mesmo e aos outros;
- trabalhar com a sua alma para criar relacionamentos que cumpram o propósito superior da união entre as pessoas;
- pôr abaixo os obstáculos ao amor;
- descobrir novas maneiras de amar;
- atrair para si a alma que lhe foi destinada como companheira.

Ao lê-lo, você estará se lançando numa maravilhosa jornada de aventura e crescimento, e vai descobrir como criar círculos de amor para transformar seus relacionamentos e tornar-se uma luz brilhante no caminho das outras pessoas, sentindo toda a força do amor – a energia mais poderosa do universo.

EDITORA PENSAMENTO

A Jornada Sagrada do Guerreiro Pacífico

Dan Millman

"Poucas pessoas vivem e expressam o espírito do guerreiro pacífico tão eloqüentemente quanto Dan Millman. Seu livro trata de histórias verdadeiras, de ensinamentos que prendem a nossa atenção, ao mesmo tempo em que falam de um sábio despertar da consciência."

Roger N. Walsh, Ph. D., Professor de Psiquiatria da Universidade da Califórnia

Esta é uma aventura sagrada da qual todos compartilhamos: a jornada em direção à Luz que brilha no centro de nossas vidas.

Depois de quatro anos de treinamento com o velho guerreiro a quem chama de Sócrates — e a despeito de tudo o que aprendeu — Dan Millman vê-se diante de fracassos pessoais e crescentes frustrações. Desiludido com a vida e sem se sentir capaz de conciliar conhecimento e ação, parte numa busca através do mundo para reencontrar seu objetivo e sua fonte de inspiração.

Uma lembrança inesperada o leva a procurar e a encontrar uma mulher xamã nas profundezas da floresta tropical do Havaí. Ela o conduz de volta à esperança e o leva a encarar seus medos, preparando-o para o que ainda haveria de acontecer.

Nesses mundos de sombra e de luz, Dan é submetido a testes interiores, a desafios mortais, recebe revelações impressionantes e conhece personagens inesquecíveis, à medida que segue o caminho pacífico e sábio do guerreiro interior.

* * *

Do mesmo autor, a Editora Pensamento já publicou *O Caminho do Guerreiro Pacífico*.

EDITORA PENSAMENTO

PARA CHEGAR AO CORAÇÃO DO SENHOR

Orações Inspiradas nos Salmos de Davi

Yara Beduschi Coelho

"Foi por acreditar na bondade divina, no seu amor incondicional pela humanidade como um todo e por cada um de nós em particular, e por aceitar a palavra do Senhor como fonte de inspiração e verdade, que fui até a Bíblia buscar orações que me ajudassem a falar com Deus.

"Nessa busca, os Salmos surgiram como uma esperança de conhecimento, fé, poder e realização. Com a ajuda dos Salmos, acabei por encontrar minhas próprias palavras para orar, e passei a registrá-las. Essa inspiração me levou a reavaliar os meus sentimentos, a minha religiosidade e espiritualidade. Passei a acreditar no poder da oração, na bondade divina e, sobretudo, aprendi que Deus me ama e traça meus caminhos para que eu possa evoluir e elevar meu espírito na Sua direção.

"A orientação das preces contidas neste livro é no sentido de que primeiro *eu* melhoro, *eu* perdôo, *eu* amo o meu semelhante, para então receber a promessa de amor eterno de Deus. As preces são de luz e amor, de fé, perdão, harmonia, esperança e caridade."

EDITORA PENSAMENTO